◎ 安徽省高等教育振兴计划教学成果推广项目成果(项目编号:2013cgtg023)
◎ 安徽省重点教学改革研究项目成果(项目编号:2013jyxm160)
◎ 安徽省重大教学改革研究项目成果(项目编号:2014zdjy095)

应用型本科人才培养的实践探索

——以安徽科技学院为例

汪元宏　郭　亮　主编

合肥工業大學出版社

图书在版编目(CIP)数据

应用型本科人才培养的实践探索:以安徽科技学院为例/汪元宏,郭亮主编.
—合肥:合肥工业大学出版社,2015.12
ISBN 978-7-5650-2569-3

Ⅰ.①应…　Ⅱ.①汪…②郭…　Ⅲ.①高等学校—人才培养—研究—安徽省
Ⅳ.①G649.2

中国版本图书馆CIP数据核字(2015)第306222号

应用型本科人才培养的实践探索
——以安徽科技学院为例

汪元宏　郭　亮　著　　　责任编辑　朱移山

出　版	合肥工业大学出版社	版　次	2015年12月第1版
地　址	合肥市屯溪路193号	印　次	2015年12月第1次印刷
邮　编	230009	开　本	710毫米×1000毫米　1/16
电　话	人文编辑部:0551-62903205	印　张	17.75
	市场营销部:0551-62903198	字　数	315千字
网　址	www.hfutpress.com.cn	印　刷	安徽昶颉包装印务有限责任公司
E-mail	hfutpress@163.com	发　行	全国新华书店

ISBN 978-7-5650-2569-3　　定价:36.00元

前　言

自20世纪80年代中期开始，我国部分高校就开始了对应用型本科人才培养问题的理论研究与实践探索，并取得了一定的经验与成效。进入21世纪以来，伴随着高等教育大众化的迅速发展，为破解高等教育同质化发展的困境，积极推进应用型本科教育，大力培养适应地方经济社会发展需要的应用型本科人才，已成为众多高校尤其是新建本科院校的自觉选择，应用型本科人才培养模式改革大潮一浪高过一浪。在这种大背景下，总结一些高校已有的理论研究和实践探索成果，无疑会有助于促进人们更好地认识和把握应用型本科人才培养的规律，有助于促进一些有志于走应用型大学之路的高校更好地实现转型发展。正是基于这样的认识，我们决定将安徽科技学院多年来在应用型本科人才培养方面的实践探索成果加以总结，以期为当下众多高校深化应用型本科人才培养模式改革，积极向应用型大学转型发展提供一点经验借鉴。

安徽科技学院是20世纪80年代初开始独立举办本科教育的，自1985年由皖北农学院改办安徽农业技术师范学院后，便开始了推进应用型本科教育的实践探索。当时学校大力推进人才培养模式改革，为适应培养中等职业学校专业师资的需要，在课程设置上规定本科专业必须设置6～8门专业技能课程。1991年，受教育部职成司委托，学校牵头制定了农艺教育、机电技术教育2个职技高师应用型本科专业全国教改方案，大力改革课程体系和教学内容，先后主（参）编了46部职技高师应用型本科教材，着力强化实验、实习、实训等实践教学环节，努力构建实践教学体系和校内外实习实训基地网络，在全国职技高师应用型人才培养改革中起到了示范带头作用。进入新世纪后，虽然学科专业结构不断拓展，尤其2005年学校更名为“安徽科技学院”后，非师范专业逐渐增多，但学校仍然坚持培养应用型本科人才的办学定位，明确提出学校的人才培养目标是：高素质应用型创新创业人才。同时不断深化人才培养模式改革，大力加强实习实训条件建设，使学校的应用型本科人才培养特色进一步彰显。因此，2009年安徽省开展省级示范应用型本科院校立项建设工作时，学校被顺利遴选为立项建设单位。由于建设成效明显，2013 年省考核验收时，被评为优秀建设单位。2014 年又成功入选省级地方高水平应用型大学项目立项建设单位。在深入推进应用型本科教育教学改革过程中，学校涌现出一大批省、校级教学成果奖，如“应用型本科高校人才培养体系改革与实践”获 2010 年省级教学成果一等奖、“地方应用型本科院校建设的探索与实践”获 2012 年省级教学成果特等奖。事实表明，安徽科技学院在办应用型大学，培养应用型人才方面确实积淀了许多值得推广与借鉴的实践经验。

本书是安徽省高等教育振兴计划优秀教学成果推广项目“应用型本科高校人才培养体系改革与实践”、安徽省重点教学改革研究项目“地方本科高校办学定位与人才培养研究”的研究成果和安徽省重大教学改革研究项目“协同创新视域下应用型本科高校产教融合人才培养标准研究”的阶段性研究成果。全书分为上、下两篇，上篇主要是国内外开展应用型本科教育的情况综述，目的为便于读者将安徽科技学院的实践探索放在国内外发展应用型本科教育的大背景中去观瞻，以便更好地认识其实践探索的特色与价值。下篇主要是介绍安徽科技学院的具体实践探索，因篇幅所限，此书仅择其要点介绍之。书后附录收集了部分文件及改革方案、建设方案，一是为了验证书中的某些论述，二是为读者提供一些必要的分析借鉴资料。

本书共分五章，第一章由潘素华执笔，第二章、第三章由郭亮执笔，第四章由汪元宏执笔，第五章由张宏喜执笔，附录由张宏喜、卢星辰负责收集整理。全书由汪元宏教授负责总体设计与统稿。

本书在写作过程中，参阅了大量国内外研究成果，引述文献已尽量予以标注，但难免存在疏漏，在此对各文献作者表示感谢并请予以理解。

由于研究力量和水平有限，书中错讹之处在所难免，敬请专家和读者批评指正。

汪元宏

2015 年 9 月

目　录

上篇　国内外应用型本科教育的产生与发展

纵观国内外高等教育的发展历史，我们不难发现，应用型本科教育是经济社会和高等教育发展到一定历史阶段的必然产物，要扎实推进本科应用型人才培养模式改革，有必要从国际视野探讨一下应用型本科教育产生与发展的历程。

第一章　国外应用型本科教育的产生与发展

国外发达国家应用型本科教育发展较早，有很多经验值得我们学习借鉴。

第一节　国外应用型本科教育产生与发展的主要动因

本科教育是近代西方高等教育最早形成的一个人才培养层次，也是目前国外发达国家高等教育的主要人才培养层次，迄今已有八百多年的历史。随着高等教育的发展，19 世纪初，本科教育向上拓展形成了研究生教育；19 世纪末 20 世纪初，本科教育向下延伸产生了专科教育，因而本科教育逐渐演变为高等教育的中间层次和主体层次。早期，西方本科教育主要培养学术人才和部分专业人才（如医师、律师、工程师等）；到 20 世纪中期以后，随着学科专业理论与知识的发展以及研究生教育的发展，本科教育转变成主要为培养高层次学术人才或专业人才做准备，因而趋向于通识教育。与此同时，伴随着经济社会的发展和科技的进步，高等教育大众化进程不断加深，促使高等教育“突破精英教育”的范畴，探索本科人才培养模式的改革，本科应用型教育逐渐兴起。一般而言，西方高等教育自 20 世纪 60 ~ 70 年代开始便明确提出了“应用型本科人才”的概念，并积极推进本科应用型人才培养的研究和实践工作。综观国外应用型本科教育的发展历程，我们不难发现，经济基础决定上层建筑，本科应用型教育的产生和发展，是高等教育适应经济社会发展的必然产物。

1. 发展应用型本科教育是适应经济社会发展的客观需要

知识经济和市场经济是当今影响社会发展的两大根本经济因素。知识经济的兴起从根本上改变了人们对知识和技术的看法，经济增长日益取决于对知识和技术的创造、传播和应用，从而为高等教育的大众化提出了迫切的要求和强劲的支撑，促使高等教育必须面向经济社会发展的客观需要。市场经济的发展要求市场作为资源配置的基础地位，人才资源的配置也必然要受市场规律的制约，市场经济的多样性即经济成分的多样性、利益主体的多样性、生产因素的多样性、消费需求的多样性，从根本上决定了高等教育人才培养的层次和类型的多样性。本科应用型人才正是为适应知识经济和市场经济的快速发展而成为高等教育人才培养的必然选择。何以见得？因为传统的高等教育是以学术教育为基础、以培养精英为目的的教育。所以在过去能接受高等教育的人群比例甚小。但随着知识经济和市场经济的发展，对先进科技、先进管理的需求和对高级专门人才的需求都与日俱增，社会各行各业对高等教育人才培养规模的扩大和人才培养模式的变革的要求日益迫切，与此同时，人民群众对接受高等教育的需求也在日益增长。以服务社会为办学宗旨的高等教育，为了适应社会发展的需要，不得不把以培养少数精英为目的教育模式向面向大众的高等教育发展方向转变。

随着高等教育大众化的推进，高等院校办学规模的扩大，高等教育的人才培养普遍面临一个新的问题——其大量培养的学生如何就业？在知识经济时代和市场经济条件下，对劳动者的素质和能力提出了更新更高的要求，行业企业用人的标准也随之不断提升，使得传统的校企分离、以学术为基础的高等教育培养的人才无法满足行业企业的需求，这种情况带来的直接后果是学生不能顺利就业，行业企业招不到合适的人才。这就要求，在知识经济和市场经济迅猛发展的大背景下，高等教育不仅在规模上要迅速扩大，更重要的是培养人才的层次和类型要有根本性的变化。大众化的高等教育必须坚持市场化价值取向，要为受教育者未来的工作、生活做好准备，要适应市场对人才层次和类型的需求，要努力提升受教育者的知识、素质、技能对经济社会发展的适应能力。大众化的高等教育和高等教育必须面向市场的价值取向有力推动了高等教育人才培养模式的变革。西方发达国家从长期高等教育的实践中深刻认识到，本科应用型人才更能适应知识经济和市场经济的需要，原因在于，本科应用型人才比专科生（高职生）有更宽厚的理论基础，比本科学术型人才有更强的技术应用能力和实践动手能力，因而到行业企业、生产一线就业有更强的优势。由此可见，对传统的学术型本科教育模式进行改革，大力发展应用型本科教育是适应经济社会发展新形势的客观需要。

2. 发展应用型本科教育是适应科技发展的客观需要

20 世纪中叶以来，科学技术发展的一个显著特征就是科学技术转化为生产力的速度越来越快，科技进步对经济社会发展的贡献率越来越大，科学技术在生产中的交叉融合应用越来越普遍，这些显著而深刻的变化对高等教育的本科人才培养工作提供了许多新的启示，重点体现在三大方面：本科人才培养既要重视学科专业知识深度、夯实理论基础，又要注意学科专业知识交叉融合、拓宽专业口径；既要重视培养科学素养、学术能力，又要注意训练实践能力和科技应用能力；既要重视校内培养，又要注意与行业企业对接。这些重要启示，促使高等教育在三个方面进行变革。

（1）促使高等教育与行业企业加强合作

科技的快速进步和其在生产中的广泛应用，迫使政府、行业、企业和高等教育的联系与合作更加紧密。在学校方面，高校常以通过加强与行业企业的合作了解最新的业界动态、政策、技术的革新和用人需求等，通过分析这些信息来制定更有利于培养适合行业企业工作岗位需要、有利于学生找到工作的人才培养方案；在行业企业方面，为了招到更适合自己的科技人才和管理人才，很多大型公司常常主动与高校建立联系，合作培养人才和开展科技协作工作。在很多国家，如一些欧美发达国家，其高等教育与行业企业的合作非常密切，行业企业与高校常常共同制定人才培养计划和培养方案，并实施联合培养，以使学生兼备学术研究能力和实践工作能力。

（2）促使高校课程设置实行变革

在科技迅速进步，新技术、新材料、新工艺在生产中的应用日新月异的新形势下，高校为了适应行业企业对从业人员知识、素质、能力的新要求，都在持续不断地调整课程设置，突出课程的应用性与职业性。例如，欧美国家的一些大学提供了国际商务、人力资源、电信管理、网络营销等专业课程，新西兰的一些重点大学提供了专业飞行员培养、体育设施的草坪管理、突发性伤害的保护等课程。这些课程的开设非常符合当时国际国内新形势下行业企业急需的技术或管理方法，还有一些课程设置提供了热门行业和新兴行业所需求的相关内容。总之，各国大多数高校为了使自身的人才培养更好地适应行业企业的职业岗位需求，都在积极调整课程设置，不断开发新课程。这种变革使这些大学更具有活力和吸引力，并为那些想通过学习拥有专门职业技能并能找到合适工作的人敞开了大门，结果显示愿意报考这些大学的人数也在不断上升。

（3）促使高校教学模式的变革

在知识经济时代，科技进步可以说是一日千里，新技术、新材料、新工艺层出不穷，在这种大背景下，高等院校不能在教学中仅仅局限于知识和理论的传授，而要突出对知识、技术的应用和分析问题、解决问题能力的培养上。换而言之，就是要着重培养学生如何学习、如何动手操作、如何解决实际问题、如何与他人合作、如何在千变万化的社会中生存的能力。各国纷纷探索研究强化培养学生知识转化能力、技术应用能力和可持续发展能力的教学模式，如“素质拓展教育”“实践能力培养教育”“创新创业教育”“核心职业能力教育”等，虽然每一种教学模式都带有其所在国家的经济文化特征，但其目标都指向以实际应用能力为核心的人才培养目标。

综上所述，知识经济时代所带来的科技迅速发展，对高等教育的人才培养提出了严峻的挑战，各国高等教育采取的积极应对措施之一便是积极发展应用性高等教育，尤其是应用型本科教育。

3. 发展应用型本科教育是促进学生个性发展的需要

教育应当因材施教，这一点在高等教育进入大众化阶段尤其重要。

在高等教育进入大众化阶段，因材施教就成为高校必须重视解决的突出问题，不仅要在教育过程和教育方法上切实贯彻因材施教原则，还需要在教育类型和人才培养模式上努力体现因材施教原则。高等教育大众化的持续推进，随着毛入学率的不断攀升，学生的类型、志趣、能力、专长更加多样化。例如，从学生的就业目标来说，高教大众化阶段大多数学生接受高等教育，不是定位于以学术为职业，而是为将来从事的实际职业工作做准备。从学生的个性品质来说，有的长于理论思维，有的长于实践动手，有的长于形体表现，有的长于口头表达……面对日趋丰富、多姿多样的学生群体，本科教育模式必须改变单一的培养模式，走向多样性和适应性。教育实践充分表明，“只有适应学生的教育才是最好的教育”。如果在高教大众化时代，针对多样化的生源，仍采用单一的学术型本科教育方式，不仅会使高等教育严重脱离经济社会发展的实际需要，而且也会使高等教育严重违背学生个性成长发展的规律。国外许多国家的实践经验表明，与高等教育大众化相伴而行的是高等教育教学机构和人才培养类型、层次、方式等的多样化过程。如在高等教育大众化进程中，美国的社区学院、德国的应用科技大学、英国的多科技术学院等新型高等院校异军突起，迅速发展。近年来，在我国有考上北大的学生而弃读去技校学习的案例，虽属个案，但确实反映出“因材施教”“因兴而学”的重要性，因此，从促进学生个性发展的客观需要角度看，高教大众化阶段必须大力发展应用型本科教育。

第二节　国外代表性国家本科应用型人才培养的产生与发展——以美国、英国、德国为例

国外发达国家为适应知识经济、市场经济和高等教育大众化的需要，自 20 世纪中叶以来，便开始探索推进本科应用型人才培养工作，并取得了显著成效。现选择几个具有代表性的国家简要介绍。

一、美国本科应用型人才培养的产生与发展

美国是当今世界高等教育最为发达的国家，重视开展本科应用型人才培养，是其高等教育的特色之一。

1. 美国本科应用型人才培养的兴起和发展

美国的本科应用型人才培养大致经历了三个发展阶段。

第一阶段是兴起阶段。19 世纪后期美国政府创建了赠地大学这种办学模式，作为赠地大学之一的威斯康星大学，其校长范·海斯于 1904 年提出的威斯康星思想确立了大学对公共服务的义务和责任，使公共服务成为大学教学和科研之外公认的第三大职能，赠地大学的创建为应用型大学的发展提供了财政经费，而威斯康星思想转变了大学的教育理念，促进了美国大学教育与经济社会发展之间的密切联系，从而促进了本科应用型人才培养的兴起。美国的本科应用型人才培养的兴起正是建立在赠地大学的创建和大学教育理念更新的基础上的。当时，联邦政府根据 1862 年颁布的《莫里尔赠地法案》、1887 年颁布的《哈奇法案》和 1890 颁布的《第二项莫里尔法案》，拨款资助州政府创办赠地大学，赠地大学在“威斯康星思想”影响下，以服务社会为办学目标，积极培养农业和机械工程等方面经济社会发展急需的本科应用型人才。

第二阶段是普遍化发展阶段。第二次世界大战后美国政府和企业都大规模投资高等教育和科研。尤其是受 1955 年颁布的《退伍军人法案》的影响，美国高等教育迅速进入普及化阶段。20 世纪 60 年代后美国由于高等教育规模的迅速扩大，拥有学士学位的毕业生数量大规模增长。然而，在 70 年代初石油危机引起的经济危机的影响下，传统本科学士学位毕业生的就业问题突出，原来以理论和通识教育为主要目标的本科层次人才培养凸显了强烈的职业化和专业化需求倾向。同时，此间美国大公司和教育机构的大规模扩张，对工程师、教师和会计师

等高层次专业化应用型人才的需求也不断增加。在这种大背景下，美国高校的本科人才培养工作大多开始了从单一的学术型培养模式向应用型模式的转变。由此可见，美国本科应用型人才培养的发展是与高等教育的大众化进程紧密结合在一起的。

第三阶段是迅猛发展阶段。20 世纪末科技信息技术的迅猛发展以及全球经济一体化进展进一步推动了美国本科应用型人才培养工作的发展。面对来自中国、印度等新兴国家日趋激烈的经济和技术竞争，美国高等教育更加重视本科应用型人才的培养。因为随着经济与科技的迅速发展，行业、企业在管理和生产上的竞争，最终要表现在人才的竞争上。人才市场的激烈竞争是本科应用型人才在美国迅速发展的重要动力。在传统本科人才就业难，而本科应用型人才的专业需求旺盛的情况下，高校纷纷迅速加大了对本科应用型人才的培养力度，美国高等教育的本科应用型人才培养工作由此进入了迅猛发展阶段。

2. 美国本科应用型人才培养的学位模式与培养模式

（1）学位模式

本科应用型人才培养的学位模式最早出现在 4 年制一般文学士或理学士学位下的专业教育模式，在学位形式上体现为文学士或理学士学位中的具体专业，比如文学士——商业管理，理学士——工程或建筑学等。传统的本科文学士或理学士学位教育注重通识教育，培养学生综合知识和技能，形成自由公民的政治和文化意识等，认为实用的专业和职业技能培训是毕业生就业后就业单位的责任。但是偏重应用型知识和技能的本科专业教育则强调学生在接受通识教育的同时接受实用专业知识和技能的培训。专业知识和技能的培训除了强调课程内容和结构与实践要求挂钩以外，更重要的是将实践训练作为培养模式中必不可少的一个组成部分。实践训练通常是学士学位专业教育模式学位授予的条件之一。

随着高层次专业教育的发展，美国高校相继在一般文学士和理学士学位下设置了各类专业的学士学位。专业学士学位范围广泛，覆盖人文、社科、理科和工科等各个学科，包括：工程学士学位（Bachelor of Engineering）、工商管理学士学位（Bachlor of Business Administration）、商业学士学位（Bachelor of Commerce）、会计学士学位（Bachelor of Accounting）、建筑学学士学位（Bachelor of Architecture）、信息和技术学士学位（Bachelor of Information and Technology）、艺术学士学位（Bachelor of Fine Arts）、教育学士学位（Bachelor of Education）等等。

与一般学士学位相比，专业学士学位的人才培养目标突出特定的专业知识、技能和实践经验的培养。专业学士学位大都和一般学士学位一样为 4 年全日制学习，但是有的高校要求 5 年的全日制学习，这种 5 年制的培养计划中通常包含长期（1 学年）的实习计划或者校企合作教育计划。

（2）培养模式

美国本科应用型人才的培养模式有如下三大类：

一是整体培养模式。这种模式通常实施 4 年或 5 年全日制教育计划，新生录取时即确定专业学习方向、课程和实习计划。整体培养模式的课程设置一般包括通识课程、专业必修课程、专业选修课程、实习课程或者合作教育计划等四部分，而且培养计划的管理主体是高校。

二是高年级分流模式。这种模式通常要求学生修完一定的必修课之后，在高年级（通常为二、三年级）再选择申请专业学士学位。美国本科教育的一大特点是新生录取时不一定确定具体专业，多数高校以学生选修的课程结构最终确定学士学位的类别和专业。如佛罗里达国际大学规定本校或者转校学生在一年级和二年级完成必修的工商管理课程并获得一定平均成绩的基础上，可以在 3 年级申请本校工商管理学院的会计学学士学位。詹姆士麦迪大学商学院也要求学生完成 45 个学分基本必修课之后才能正式申请攻读工商管理学士学位。

三是合作培养模式。这种模式是由高校和一个或多个机构合作共同培养学生。塔夫茨大学、波士顿美术博物馆学院和波士顿美术博物馆合作举办的美术学士学位就是典型的合作培养模式。它是一个将通识教育与艺术实践教育相结合的专业学士学位，目的是培养了解人文、社会科学、文化和技术等学科知识的从事艺术工作或教学的艺术家。攻读这一学位的学生同时注册于塔夫茨大学和美术博物馆学院，课程设置由塔夫茨大学管理，实践计划在美术博物馆学院美术导师的指导下在波士顿美术博物馆进行。这一学位的课程由 84 个艺术实践学分和 14 门理论和专业课程组成。毕业生的美术学士学位由塔夫茨大学颁发。

3. 美国本科应用型人才培养的主要特点

美国本科应用型人才培养具有多方面特点，以下三个方面是其主要的特点：

其一，是通用技能和专业技能并重。除了与专业相关的实践知识和技能之外，几乎所有本科应用型人才培养计划都突出通用技能的培养，包括沟通和交流技能、公开演讲能力、独立学习能力、创新精神、合作和团队工作能力、领导能力等。因为美国高校与企业都深刻认识到，作为高层次的应用型人才除了需要掌握本专业的知识和技能外，还必须具备更加广泛的单位内部和外部综合沟通、协调、管理和领导能力，这样才能更好地适应工作岗位需要。

其二，是多样性。美国本科应用型人才培养模式不仅在总体上可以分成整体培养、高年级分流和合作培养等三大模式，而且各培养模式的具体实现形式也是多样化的。比如，关于实践课程这个各类本科应用型人才培养的关键环节的具体内容、时间长短、实践方式、学分要求及考核形式，各高校和各专业都有不同的要求与规定。

其三，是灵活性。通常本科应用型人才培养只是一个大致的框架，美国高校并不拘泥于任何一种特定的模式，而是由学院或专业自由选择最适合自身的培养方案。即使某一专业或学院采取了一种固定的培养模式，也不影响他们根据具体情况吸收其他模式的长处。尤其是美国本科应用型人才培养模式中的实践计划和要求常常随着经济社会发展变化和就业情况的变化而及时调整。比如，东北大学的合作教育计划中的计算机工程专业原来实行集中全日制半年实习活动的要求与安排，但在20世纪90年代末，因为美国计算机行业就业环境变差，而一度调整为分散型的兼职实习方式。

二、英国本科应用型人才培养的产生与发展

英国高等教育历史悠久，人才培养水平高，在世界高等教育中享有很高的声誉。据统计，全球10所最强大学中，有2所来自英国牛津和剑桥；全球200所最强大学中，英国有30所。过去的50年中，英国大学产生了44位诺贝尔奖得主。英国大学不仅学术成就卓著，注重开展应用型高等教育也是其显著特色。

1. 英国本科应用型人才培养的初步发展

18世纪工业革命后，工商业发展迅速，对应用型工程技术人才、管理人才和经营性人才产生了迫切需要。而英国传统大学强调学术教育，以基础研究为主，偏重理论人才的培养，忽视应用研究，对应用型人才培养不够重视。于是从19世纪20年代开始，英国掀起了兴办近代新大学运动，在一些工业城市陆续办起了一批非教派、不寄宿、收费低、重实业、传播现代科技的理工学院。这些学院建立后，逐渐成为地方工业研究和人才培养的中心。如利兹学院成为纺织业研究和人才培养中心，利物浦学院和纽斯卡尔学院成为海运业的研究和人才培养中心，谢菲尔德学院成为钢铁业的研究和人才培养中心，伦敦学院成为电机工程的研究和人才培养中心。经过二三十年的努力，这些学院一般都获得皇家特许，成为有权授予学位的大学。虽然这些新式大学所培养的学生数量不太多，还不能充分满足工商业快速发展的需要，但是代表了高等教育发展的新趋向，也揭开了英国本科应用型人才培养的序幕。

2. 英国高等教育规模的扩大与本科应用型人才培养的快速发展

1963 年，以罗宾斯勋爵为主席的高等教育委员会在对英国高等教育进行全面调查的基础上，发表了题为《高等教育》的报告（又称《罗宾斯报告》，建议大力扩充高等教育，明确指出，高等教育的目标是改变培养传教士、法官、律师和医生的传统，向为人们提供在社会生活竞争中需要的技术和才能服务的方向转变。《罗宾斯报告》的发表，有效促进了多科技术学院的建立，有力推动了 20 世纪 60 年代英国高等教育的大发展，同时也使英国应用型人才培养步入快速发展期。

1969 年至 1973 年间英国共创立了 34 所多科技术学院，形成了包括古典大学、新大学、多科技术学院、教育学院、继续教育学院和开放大学在内的多层次、多规格的高等教育体制。多科性技术学院冲破了传统大学的限制与束缚，培养目标是技术工程师，为大规模培养社会急需的各种应用型人才闯出了一条新路。英国多科技术学院采取多学制、多层次的人才培养方式，灵活多样地培养各种专门应用型人才。它的学制长短不一，主要有 2 年和 4 年。2 年制课程结束后，可以就业，部分学生可以继续升学，进入 4 年制的高级课程，最后获得大学本科毕业证书和学士学位证书。多科技术学院的快速发展和其注重培养多层次应用型人才的办学特点，不仅大大加速了英国高等教育大众化的步伐，而且成为相当长时期内英国应用型人才主要培养模式，为英国应用型人才特别是本科应用型人才培养做出了重要贡献，使英国本科应用型人才培养步入了快速发展之轨。

3. 英国本科应用型人才培养的普遍化发展

英国本科应用型人才培养的普遍化发展是伴随着一元制高教体制的建立和大学与产业界关系的日益密切而产生的。

（1）一元制高教体制的建立

在 1992 年之前英国的高等教育体制是二元制，分为大学和非大学两大部分。大学部分包括：古典大学、新大学、新新大学、新市政大学、开放大学。非大学部分包括：多科技术学院、苏格兰中央所属学院、高等教育学院、继续教育学院。

这两大类高等教育的差别体现在三个方面：一是学术研究和人才培养类型不同。大学以学术为重，侧重基础研究和学术型人才培养，非大学以服务社会为重，注重应用型研究和应用型人才培养。二是经费来源和管理权限不同。大学具有自治权，经费由政府通过大学拨款委员会拨给，财政开支有较大的独立性，经费供给充足；非大学由地方教育当局管理，财权和人事权都在地区教育委员会或教育局，学校只能按照预算申报年度经费拨给资金。三是办学特征不同。具有“自治传统”的大学有超然性、学术性、保守性和排外性，而具有“服务传统”的非大学都具有适应性、职业性、应用性和开放性特点。

然而随着高等教育和经济社会的发展，英国这两大类高等教育体系也在不断发生变化。一方面，以多科技术学院为代表的非大学逐渐向“大学化”方向发展。这些非大学虽然非常注意保持自己固有的办学特色，但随着规模的不断扩大、学生数量的不断增大以及本科和研究生学位课程在读人数比例的不断上升，它们也越来越多地追求学术，努力确保自己与大学相同的质量与标准，积极地趋向传统大学，“大学化”倾向日益明显。与此同时，传统大学在政府削减高等教育经费、毕业生就业压力增大的大背景下，不得不走向市场，加强与产业界的联系，开展应用性研究和应用型人才培养的探索。于是，大学与非大学在研究能力、学术力量、教师资格和人才培养方向上都越来越相似。大学和非大学之间的差别在很大程度上源自政府的“二元制”政策规定，与当时的高等教育发展现状不尽相符。在这种新形势下，1991 年 5 月，英国议会颁布《高等教育：一个新框架》，建议废除二元制，建立一个单一的高等教育框架。第二年，议会通过了《继续教育和高等教育法》，建议成立“高等教育基金委员会”法人团体。依据这两个法案，政府裁撤了“大学基金委员会”和“多科技术学院与其他学院基金委员会”，改按地区设置“高等教育基金委员会”，同意多科技术学院申请更名为大学，具有大学相等之权力，可自行颁授学位。1992 年英国 34 所多科技术学院以及部分其他学院被改称大学，一个统一的高等教育体制取代了运行多年的二元制高等教育体制，大学与非大学的职能逐渐融合，使整个高等教育更加适应“走向市场”的要求，进一步推动了大学与产业界的联系。

（2）大学与产业界的联系日益加强

自 20 世纪 60 年代起，英国高校就开始尝试与产业界建立联系，到 80 年代，大学与产业界的联系进一步受到重视。1985 年，英国政府在题为《20 世纪 90 年代英国高等教育的发展》绿皮书中指出，加强高校与产业界之间的联系是英国高等教育的发展方向。1987 年，英国高等教育白皮书《高等教育，迎接挑战》在谈到高等教育的目标时明确提出：“高等教育必须更为有效地为经济发展……同工商界建立更密切的联系，并促进各项事业”。同年，英国就业部培训署启动了“高等教育企业精神”（Enterprise in Higher Edacation）试验，简称 EHE，其试验的基石是培养企业精神，在高等教育与用人单位之间建立活跃的伙伴关系，使学生获得可迁移的技能。20 世纪 90 年代多科技术学院等非大学院校升格为大学后，仍然注重更实用的学位课，广泛加强与当地行业企业的联系、共同开发专门技术；而原来的大学也积极吸收多科技术学院的做法，更加注重与产业界的联系。可以说，随着一元制高教体制的建立，英国大学普遍开始加强了与产业界的联系，英国高等教育进入全面改革阶段，大学开始更多关注社会需求，研究社会发展及其对人才的要求，致力于提高高等教育的“社会相关性”。虽然此期，一些老大学还固守传统，偏向理论性、学术性学科，但大学与社会经济发展和产业界的联系日趋密切，已成不可阻挡之势。绝大多数大学都广泛加强同行业企业的合作，大力推进两方面工作，一是大学根据产业界的需求设置专业、开设课程，改革人才培养模式，注意培养适应社会、经济、科技发展需要的应用型人才；二是大学的教师与企业的科技人员联合开展高科技方面的应用研究，在增强大学的教学科研能力的同时又促进了产业界生产技术水平的提高。

总而言之，随着一元制高等教育体制的建立以及高校与产业界联系的日益加强，英国越来越多的大学加入了本科应用型人才培养的行列，本科应用型人才培养进入普遍化阶段。

4. 英国高校本科应用型人才培养的主要特点

在一元制高教体制下，原来的多科技术学院升格为大学后，虽然追求学术研究，但仍然注意保持自己原有的特色与优势，注重加强应用型科研和本科应用型人才培养。而随着大学与产业界之间日益加强的密切联系，越来越多的老大学也加入了本科应用型人才培养的大军。综观英国高校培养本科应用型人才的实践，我们认为可以归纳出以下特点：

（1）专业设置灵活多样，以服务社会为宗旨，各高校都注意加强调研产业界对人才的需求状况，根据产业界的需求及时调整设置专业，有针对性地培养人才。

（2）课程设置新颖实用，及时调整课程设置与内容，紧密联系社会需要，努力满足现代化、多样化、个性化的需求，使课程内容具有职业岗位的现实性、针对性。

（3）突出实践教学，非常重视学生在社会中、企业里进行实际锻炼，大多采用“三明治”教学模式，将课堂教学与企业训练分段交错进行，实践学分占比较高，强调实践动手能力培养。

（4）课程体系体现应用为本，在不同程度上突破学科本位课程体系，根据人才的专业能力培养需要设计人才培养方案和课程安排。

（5）强调人文科学与社会科学素质培养，注重管理能力、公关能力以及表达技能的培养。

（6）师资队伍强调双师型，在教师的选聘和晋职方面更加注重实际应用经验，不仅要求教师有良好的课堂教学能力，还要求教师具有较强的技术开发和技术应用能力。

（7）学校与企业联系紧密，大企业在高校普遍办研究所、实验室，使本科应用型人才的能力、规格和水平与企业的实际要求保持高度一致。

三、德国本科应用型人才培养的产生与发展

德国本科应用型人才的培养是伴随着20世纪60年代末应用科学大学的创立而产生和发展起来的，经过40多年的发展，已经成为德国第二大高校类型，形成了完善、成熟的本科应用型人才培养体系与特色。

1. 德国应用科学大学的形成与发展

德国应用科学大学的办学宗旨就是培养应用型高级专门人才，致力于培养本科应用型人才是其最鲜明的特色。

（1）应用科学大学创建的历史背景

德国最早的高等学校是成立于1386年的海德堡大学，早期的德国大学秉承了12世纪在欧洲形成的中世纪大学传统。1810年柏林大学成立，威廉冯·洪堡提出并在柏林大学加以实施的教育思想从此一直主导着德国大学的发展，并对世界其他国家的高校发展产生了深刻的影响。洪堡教育思想的核心是："高等学校首先是纯科学、（进行）无目的研究和教学的场所，职业准备只是第二位的"；而且只是少数社会精英分子集中的地方，只"考虑到比例很小的学生"。随着经济社会和科学技术的飞速发展，洪堡教育思想越来越不能适应现代工业社会的发展要求和高等教育大众化的发展趋势。

20世纪60年代，在德国爆发了一场"教育讨论"。人们日益认识到：要保持德国经济在国际竞争中的竞争力，需要更多高素质的能快速、有效地解决实际问题的专业人员。德国传统的高等学校由于偏重"纯科学、无目的的研究和教学"已经无法满足工业社会对高素质专业人才的需求。而且，越来越多的适龄青年也希望能在高等学校中接受更好的专业教育和训练，而不是从事单纯的科学研究。事实上，真正的科学家和科学研究人员在从业人员中毕竟只占了很小的比例。

20世纪60年代初，德国在受过高等教育的人数方面远远落后于当时的美国、日本。德国的高等教育已经无法满足社会对高素质应用型人才的需求。与此同

时，人们日益认识到："教育是公民的权利"，主张采取积极的教育政策以取消在教育领域中社会性的和区域性的不平等。60 年代起，要求入学人数急剧增长，原有的大学已经无法满足学生数急剧增长的需求。

另外，由于受洪堡教育思想的影响，德国大学的整个学习过程组织得很松散，没有严格的学制年限划分，造成学习时间过长，平均学习时间近 7 年，普遍长于其他国家的大学学制。人们渐渐认识到，无论从国民经济角度还是从个人的就业角度出发，都有必要缩短学制。

总而言之，20 世纪 60 年代的德国大学无论从学习内容、学生人数以及学习时间上都出现了一系列的问题。洪堡教育思想与客观实际之间的差距越来越大，矛盾也越来越剧烈。在这样的历史背景下，人们认识到，只有改变原有的单一高校体系，建立起不同类型的高等教育体系，才能满足社会对不同类型人才的需求，并符合高等教育大众化的趋势。于是，1968 年 10 月 31 日，在各州州长会议上签订了一个共同建立应用科学大学的协议。从此，应用科学大学开始创立并进入了迅速发展时期，并以其特有的实践性，与综合大学及其同类高校一起构成了德国高等教育新体系。

大多数的应用科学大学是在 1969 年至 1971 年之间建立的，前身是一些高级专业学校（例如：工程师学校，高级经济专业学校）。

2. 应用科学大学的发展现状

德国应用科学大学经过 40 多年发展，已经成为德国第二大高校类别，为德国培养了大量应用型人才，成为德国高等教育最具特色的部分，其特点主要表现在以下几个方面。

（1）法律地位明确且不断提升

1976 年的联邦德国高等教育总法把应用科学大学提高到与综合大学及其同类高校同一层次上。1985 年重新修订的高等教育总法明确规定："不同的高校形式作为不同类型的高校体系中等值的要素而相互存在。"应用科学大学和综合大学及其同类高校是"不同类型、但是等值"的高等学校。德国科学委员会在 1981 年就曾经提出："不同的高校类型既不应该构成等级，也不应该相同。"原来制约着应用科学大学发展的一些因素，如应用科学大学教授与综合大学教授之间工资级别上的差别（应用科学大学只有 C2 和 C3 教授，没有 C4 教授），应用科学大学毕业生与大学毕业生担任公务员时工资级别上的差别（在国家机构中，大学毕业生可以担任高级职务，原则上应用科学大学毕业生只能担任较高级职务），随着 2001 年高校教师法的修订（改革了教授工资级别，应用科学大学教授与综合大学教授的工资级别原则上等同）及新一轮的学位制度改革迎刃而解（综合大学和应用科学大学都可以授予学士和硕士学位）。

（2）生源多样而丰富

德国应用科学大学的生源主要来自：①专业高级中学（fachoberschule）或高级专业学校（senior professional school）；②完全中学（gymnasium）或专业完全中学（professional complete middle school）。前者接受了 12 年的中小学教育，具有“应用科学大学入学资格”；后者则接受了 13 年的中小学教育，具有“一般高校入学资格”和“与专业相关的高校入学资格”，既可以读应用科学大学，也可以读综合大学及其同类高校。由于应用科学大学毕业生极受用人单位欢迎，完全中学毕业生也热衷于报考应用科学大学。1975 年，完全中学毕业生占应用科学大学新生的比例还不足为 20%，目前则已超过 50%，而且继续呈现上升趋势。

鉴于申请应用科学大学学习的完全中学和专业完全中学的毕业生人数不断增多，以至于应用科学大学越来越多的专业采取了入学限制条件，毕业生一般要经过职业培训才能进入应用科学大学学习。现在，入学限制条件几乎涉及所有的应用科学大学。

（3）专业设置范围广泛

大多数应用科学大学是从以前的工程师学校及经济类、社会教育类、艺术造型类和农业类高级专业学校发展而来的，应用科学大学在发展初期专业设置面较狭窄、单一，主要集中在工程、经济以及社会事业三大传统领域。但是，随着科学技术不断地应用于实际生活，应用科学大学的专业面不断得到拓宽和发展。除了未涉及医学类、师范类专业外，如今则不仅有工程、经济、社会教育、艺术、农业类专业，而且已扩展至自然科学的应用专业以及信息技术、法律、管理类专业和语言、文化、保健、护理等领域，并且出现大量跨学科的复合型专业，如经济工程、经济数学、生物工程等。值得注意的是，虽然应用科学的专业设置越来越宽，涵盖了一些原本只在综合大学里才有的内容，但是它始终较好地保持了其较强的应用性和实践性，没有失去自己的特色。

（4）学位授予逐渐通用化、标准化

德国传统的学位制为二级学位制，即 Diplom 学位（人文、社科类专业则授予 Magister 学位）和博士学位。德国应用科学大学具有 Dilpom 学位授予权。由于德国独特的高等教育体制和学位制度，长期以来国外教育机构和社会大众对德国的学位制，特别是应用科学大学的 Diplom 学位不甚了解。为此，德国文化部长联席会议于 1999 年 3 月明确提出：FH 的 Diplom 学位相当于 4 年制的学士学位。

为了顺应高等教育国际化的趋势，根据 1998 年修订的高等教育总法，德国应用科学大学开始设置了国际通用的学士、硕士专业，授予学士、硕士学位。目前应用科学大学设有约 1500 个这样的学士、硕士专业。

有些应用科学大学和普通大学联合培养博士生，由普通大学授予学位，例如德累斯顿技术与经济大学。

（5）国际化程度不断提升

德国应用科学大学在成立之初，受历史客观条件的限制，其国际合作的基础与资源明显薄弱于综合大学。但是，在经济全球化的推动下，德国应用科学大学努力适应德国企业的跨国发展与劳动力市场对国际型人才的强烈需求，积极致力于教育的国际化。据统计，目前德应用科学大学与 92 个国家的高校签订了约 3450 个校际交流协议，约 1/3 的应用科学大学设有国际化专业。

（6）应用研究成果突出

在创建之初，教学是应用科学大学最主要的任务，科研工作在相当长的时间内没有受到政府和学校的重视。20 世纪 80 年代、特别是进入 90 年代，随着"社会科学化"和"科学社会化"进程的深入，应用研究和技术转让越来越受应用科学大学的重视。联邦政府和各州政府也从立法角度给应用科学大学应用研究和开发提供了更大的空间，并给予相应的经费资助。自 1992 年，联邦教育和研究部启动了专门针对应用科学大学应用研究和开发的资助计划，目前每年资助经费近 2000 万欧元。应用科学大学也纷纷成立了技术转让中心，积极与企业合作从事科研开发活动，很多应用科学大学发展成为当地的应用研究中心。

科研也促进了应用型教学的开展，因为只有通过应用型的科研、开发，教学内容的现实性和应用性才能得到保证。

（7）毕业就业率极高

目前，应用科学大学向社会输送了几乎所有的社会工作者和社会教育工作者以及约 2/3 的工程师和一半的企业经济学家和计算机信息技术人员。应用科学大学在整个高校中的地位以及对于劳动力市场的影响由此可见一斑。经济界对其教学质量也给予了充分肯定，并一再要求扩大其在整个高校体系中的比重，其毕业生的就业率也始终高于综合大学及大学类高校毕业生。

总而言之，在过去的 40 多年中，德国应用科学大学得到了长足的发展，已经成为德国高等教育体系中不可缺少的支柱之一。

3. 德国应用科学大学的应用型人才培养特色

德国应用科学大学的人才培养模式特色鲜明，形成了从培养计划、课程体系、教学环节、教学内容到教学模式等完善、成熟的本科应用型高级专门人才培养体系，应用科学大学应用型人才培养模式具体体现在入学条件、师资队伍、专业与课程设置、教学环节安排、教学内容、教学模式等六个方面。

（1）入学条件——强调职业培训

应用科学大学学生来源主要可划分为两大类：其一，专业高级中学或高级专业学校；其二，完全中学或专业完全中学。其中：专业高级中学学制一般为 2 年（其中 1 年为专业实践教育），主要接收实科中学（Realschule）毕业生，已经接受过双元制职业培训的实科中学毕业生可免去 1 年的专业实践教育；高级专业学校本身为职业教育机构，学生一般在此之前都已经接受双元制的职业培训；完全中学和专业完全中学学生在毕业后如果没有接受过职业培训，则一般要进行实习才能进入应用科学大学学习。从应用科学大学的入学条件可以看出，不管学生来自哪一种学校类型，一般在入学前都具有相应的实践经验。

20 世纪 80 年代起，越来越多的完全中学和专业完全中学的毕业生在进入高等学校学习前接受过职业培训。据统计，应用科学大学 62% 的新生进行过职业培训，相反在综合大学里只有 21% 的新生具有职业培训经历。

（2）师资队伍——突出实践能力

应用科学大学的应用型也同样体现在教师的素质要求上。根据德国高等教育总法的有关规定，应用科学大学教授的聘任条件是：①高校毕业；②具有教学才能；③具有从事科学工作的特殊能力，一般通过博士学位加以证明，或具有从事艺术工作的特殊能力；④在科学知识和方法的应用或开发方面具有至少 5 年的职业实践经验，其中至少 3 年在高校以外的领域里工作，已有特殊的成绩。从聘任条件可以看出，应用科学大学的教授们除了具有较高的理论水平外，还必须具有丰富的理论联系实际的实践经验，与应用科学大学教授聘任条件不同的是，综合大学教授们除了要符合①～③点提出的要求外，一般要具有在大学授课的资格（habilitation）或等值的科研成绩，对第四点则不作要求。由此可以看出，由于培养目标不同，对教师的素质要求也不同。对以培养学术型、研究型人才为主的综合大学来说，教授应该具有更强的基础研究能力；对以培养应用型人才为主的应用科学大学来说，教授则应该具有更强的实践能力。根据不同的培养目标，对高校教师的素质要求做出不同的规定，是合理的、科学的。

应用科学大学的教授们还通过与企业紧密合作，进行技术转让或从事应用型科研开发活动使自己的知识结构始终与科技发展、生产实际保持同步。有些联邦州还规定，应用科学大学的教授每 4 年可以申请 6 个月的学术假，下企业了解企业发展的最新状况。

（3）专业与课程设置——密切对接行业企业需求

应用科学大学的专业设置具有鲜明的面向行业的特征，如：布伦瑞克/沃芬比特尔应用科学大学设有车辆工程专业，为所在地区（其中一个校区在大众公司总部沃尔夫堡）培养汽车行业的工程师；奥登堡/东弗里斯兰/威廉港应用科学大学所在地区航海业和造船业发达，该校也设置了相应的专业。不少应用科学大学还设置了所谓的“双元制”专业，与企业合作培养工程师。比如，汉诺威应用科学大学自1986年起在机械生产技术专业设置了“与实践相关的大学学习”，与企业合作培养工程师，学制为9个学期。其中前4个学期，学生每星期2天在学校学习，3天在企业进行职业培训，第四学期结束时参加工商行会组织的技工考试。后5个学期中，第7学期学生每星期2天在学校学习，3天在企业工作；其他学期学生在学校学习，放假期间则在企业进行准工程师的职业训练。

应用科学大学还根据就业体系的需求变化及企业的发展趋势，不断调整课程设置。例如，在工科类专业中，除了技术专业课外，还普遍以必修课及限定选修课的形式设置了一系列非技术类课程，比如企业经济学、法学、项目管理、安全技术、人事管理，等等，其出发点是：一个训练有素的工程师除了掌握必要的技术专业知识外，还应该懂得经营管理、市场销售等等。随着教学改革的深入推进，德国应用科学大学全面引入了模块化课程，模块化课程手册详细规定了每个模块包含的课程及其学时学分、教学内容、考核办法等。

（4）教学环节安排——与企业生产实践相结合

在理论教学与实践教学中，实践教学环节所占比重较大。实践教学环节主要包括实验教学、实践学期、项目教学、毕业设计和学术旅行。

实验教学是非常重要并且经常使用的一种教学形式。在工科类专业中，在专业学习阶段，实验教学占整个教学活动（不包括实践学期）的25%～30%左右。非常重要的是，应用科学大学的教授们亲自参与实验的开发、指导和考核，保证了实验内容与理论教学内容的紧密配合。

实践学期是应用科学大学教学活动中最具特色的部分。各州对实践学期的规定不尽相同，有的安排了一个实践学期，有的安排了两个实践学期。各个应用科学大学以及同一学校的不同系科在具体安排上也会有所区别。共同的目的在于通过实践学期加深学生对工作岗位的了解，培养学生运用科学知识与方法解决实际问题的能力。应用科学大学一般均设有实习生办公室，各系也设有实践学期委员会，负责实践学期的正常进行。学生必须独立与企业建立联系，寻找实习岗位。

实习生办公室或者系里建有实习企业名单，为学生寻找实习岗位提供帮助。学生与实习单位要签订实践学期合同，明确双方的职责、任务及一些有关事项。实习岗位和实习合同都必须得到学校的认可，以保证实习质量。确定实习岗位后，学校会把总的实习计划寄到实习企业，让他们了解实习要求。企业中至少有一名有经验的工程师负责指导实习生，系里有一名指导教授。实习结束时，实习企业要出具实习证明，实习生则必须递交实习报告并答辩。实践学期不仅传授专业实践知识和实践能力，更重要的是培养学生在实际工作环境中的工作方法和思维方法以及交际能力等。

项目教学是结合为企业解决实际问题的项目进行课程设计的一种教学形式。德国500名科学家和教育家曾预言在知识社会里将出现五种典型的教学形式，项目关联学习是其中一种。近年来，项目教学形式受到应用科学大学的极大关注，普遍在教学计划中设置了数个项目教学。项目设计的题目来自企业，并与企业生产活动紧密结合，学生在教师指导下独立完成从市场调研、方案设计、产品制作到作品展示的整个实战过程，并撰写项目设计论文。

应用科学大学学生的毕业论文课题与企业实践相结合的程度也相当高。据统计，在许多专业，特别是工科类专业，毕业论文课题来自企业，并在企业中完成的占60% ~70%左右。其毕业设计也具有鲜明的应用型特征。

应用科学大学的教授们还经常组织学生参观企业，举行学术旅行，以增强学生对实际工作环境和内容的了解。学术旅行的时间可能是一天也可能长达几个星期，经常利用假期进行。

（5）教学内容——偏重于知识的应用

与综合大学的教学内容相比，应用科学大学的理论教学有鲜明的实践导向，不强调学科知识的系统性和抽象性，不把过多的时间用于原理的推导和分析，而是强调科学知识和方法如何运用于实际生产和其他领域，偏重于那些与实践密切相关的专业知识。教学内容不是一成不变的，而是根据学科知识的发展及实际应用的变化不断进行补充和修订。

（6）教学模式——注意运用多种模式

理论教学采用课堂教学的形式，但是很好地融合了研讨教学、现场教学、案例教学等多种教学模式。与综合大学相比，应用科学大学的课堂教学一般在较小的学生群体中进行教学。它保证了课堂教学能在相互交流的基础上进行，也保证了研讨教学、现场教学（课堂与实验室融合）、案例教学等多种教学模式的有效开展。

第二章　我国应用型本科教育的产生和发展

我国应用型本科教育是伴随着经济社会工业化、现代化和高等教育大众化进程而产生和发展起来的。

第一节　我国应用型本科教育产生的动因

我国应用型本科教育产生的动因与国外发达国家大致相同，同时也具有自己一些特点。

1. 科技进步和工业化、现代化进程显著加快的必要要求

自20世纪80年代以来，世界范围内科技进步取得突飞猛进的发展，网络化、信息化快速发展，形成了电子信息产业和以电子信息技术为基础的新兴工业产业群，极大地推动了社会现代化进程，使人类社会工业化进程不断加深和普及，逐渐跨入信息社会，经济形态也由工业经济转变为知识经济。与此同时，我国改革开放不断深化，乘着改革开放的东风，中国工业化、信息化进程显著加快，现代化的工业企业迅速发展，汽车、石油、化工、电力、机械、微电子、信息等产业规模不断扩大，现代化水平日益提高，使工业生产从劳动密集型向资本密集型——信息和技术密集型演进。这种演变的结果表现在人才需求上，就是技术应用型尤其是高层次技术应用型人才需求与日俱增，而传统的高等教育人才培养模式却难以满足这种需求，这迫切要求大力发展应用型高等教育特别是应用型本科教育。2000年世界组织和联合国教科文组织召集世界著名教育与发展专家组成高等教育与社会特别工作组，对发展中国家高等教育进行了研究，在其研究报告中指出，高等教育是现代世界的“基础教育”。各国需要把他们越来越多的年轻人培养到一个更高规格——本科教育目前成为许多高技术高技能工作的基本

资格。没有更高质量的高等教育，发展中国家将很难从全球知识经济发展中获益。因此，大力推动高等教育大众化进程，积极发展应用型本科教育，是利用科技进步加快推动我国工业化、现代化进程的必然要求。

2. 适应我国经济产业结构优化升级的必然选择

进入21世纪以后，世界一体化经济全球化进程明显加快，加入WTO之后又进一步推动我国经济快速融入全球经济发展大潮。一方面，以信息技术为代表的高新技术迅猛发展为我国经济发展和产业升级换代注入了强大的推动力；另一方面，为适应世界经济全球化的发展大趋势，提高经济发展竞争力，迫使我国加快经济产业结构优化升级。随着我国经济高速发展和产业结构调整及优化升级，行业企业不仅对高层次人才的需求量越来越大，而且对人才的需求类型也发生了根本性的变化，表现为越来越重视人才的岗位适应性和实际工作能力，急需大量技术应用型人才，尤其是本科层次的应用型人才。但高等教育的人才培养却不能满足这种需求。高等教育必须积极应对我国经济产业结构不断优化升级后行业企业所出现的人才需求变化，努力解决高等教育人才培养与地方经济转型发展、产业升级换代相脱节的矛盾。这就需要高等教育在专业设置，人才培养层次、人才培养类型以及科研方向等方面做出与国家、地区经济结构战略调整、产业结构优化升级相适应的变革，注重发展应用型高等教育，着力培养应用型人才，特别是大力培养本科应用型人才。可以说，在国家经济结构战略进行重大调整、产业结构不断优化升级的大背景下，大力发展应用型本科教育，是实现高等教育自身使命和展现自身价值、提高服务社会能力的必然选择。

3. 我国高等教育大众化发展的必然结果

21世纪以来，我国高等教育大众化步伐不断加快，目前已接近发达国家水平。从世界高等教育的发展历程可见，高等教育大众化不仅表现在规模的扩大上，而且必然导致高等教育体系产生变化，主要体现在人才培养层次、类型的变化上。在精英化高等教育阶段，主要是培养学术型人才，随着高等教育规模不断扩大，学术型人才供给过剩，而经济社会发展急需的应用型人才却处于短缺状态。因此，在高等教育大众化阶段，高等教育体系的变化成为必然，培养应用型人才的应用性高等教育成为重要组成部分，并成为高等教育大众化阶段的发展重点。因此，随着我国高等教育大众化程度的不断提升，一个必然出现的结果是：大力发展应用型高等教育，大大增加应用型人才培养的数量，特别是本科应用型人才的数量。否则就会出现学术型人才供大于求，毕业生找不到合适工作，而应用型人才出现短缺，行业企业招不到适用人才的尴尬局面。

第二节　我国应用型本科教育的产生和发展

我国应用型本科教育自20世纪80年代开始探索，21世纪高教进入大众化阶段，无论是理论研究还是实践探索都逐渐升级，目前已进入大力发展时期。回顾这一历程，大致可分为以下几个阶段：

1. 少数高校试点阶段——20世纪80年代一些高校开始了强化本科教育应用性的探索。

改革开放之初，高校恢复招生后，本科大学主要是按培养学术型人才模式教学，但随着经济社会的发展和高校办学规模的逐渐扩大，传统的人才培养模式开始受到挑战，大学生的应用能力与用人单位需求脱节现象开始显现。鉴此，教育主管部门和部分大学开始思考人才培养模式改革问题。1984年，国家教委派代表团去加拿大滑铁卢大学考察，了解到该大学以与企业开展合作教育为途径，有效提升了本科生应用能力，其毕业生很受用人单位欢迎的情况，便开始了借鉴学习和试点工作。1985年，上海工程技术大学与滑铁卢大学合作，采用“一年三学期，工学交替”模式，率先进行了合作教育试点[①]。此后直至20世纪90年代末，上海、北京、湖北、天津、浙江等省、市有六七十所学校先后不同程度、不同形式地开展了旨在提高本科生应用能力的合作教育。经过十多年的探索，本科生应用能力培养实践取得了一定的成就，并在一些高校形成了一定的特色。如长江大学形成了“工学交替”“项目加基地”“两基三段式”等合作教育人才培养模式。上海工程技术大学的3学期制（每年分为3个学期，即理论+实践+理论）所体现的工学交替人才培养模式，都颇具特色并富有成效。但由于受学术至上的传统教育观念的束缚，除上海工程技术大学、长江大学等少数高校长期坚持试点并形成了自己的特色外，校企合作培养本科人才的模式并没有在本科高校中全面展开。

2. 部分高校自觉探索阶段——一大批本科高校逐渐确定“培养应用型人才”“建设应用型大学”的办学定位。

自1999年开始，在国家积极推进高等教育大众化的大政策导向下，新建本科院校如雨后春笋大量诞生，据不完全统计，至2014年，新建本科院校有600

① 徐金燕：《中国合作教育发展探究》，石油工业出版社，2004年版，第36页

多所。随着高校数量的增加，尤其是新建本科院校的增加，办学竞争加剧，一些地方院校特别是地方新建本科高校都面临着一个关键问题：向什么方向发展和如何发展？都希望自己能够顺应经济社会发展实际需求和高等教育大众化的发展规律，在激烈的办学竞争中获胜，实现可持续发展。

面对高等教育国际化、大众化迅速推进和高校招生就业市场化运作模式的挑战，同时又处于具有巨大发展优势的老本科院校的竞争压力下，一大批20世纪80年代初和90年代后期新建的地方本科院校逐渐认识高等教育分类发展和多样化发展的重要性，为了与老本科院校进行错位发展并办出特色，一些院校明确提出了“培养应用型人才”“建设应用型大学”的办学定位，自觉而积极地开始应用性高等教育教学改革的理论与实践探索。如北京联合大学等一些高校在新世纪初旗帜鲜明地提出了“发展应用性教育，培养应用型人才，建设应用型大学”的办学目标。

在部分高校率先探索的带动示范下，越来越多的地方本科高校逐渐向发展应用性高等教育、培养高级应用型人才的道路靠拢。为了更好地推进本科应用型人才培养工作，相关的协作组织也应运而生。2001年，部分新建工学院、工程学院和工业学院联合提出了将学校定位于培养适应社会需要的高层次应用型人才，并成立了“本科应用型教育协作组”①。2004年浙江大学城市学院牵头主办了有130多所独立学院参加的“中国成长型大学——独立学院峰会”，这次峰会形成了一个共识：“现在的高等教育人才培养与市场需求存在一定的脱节现象，独立学院的培养目标要充分考虑学生的特点，在教学计划、培养环节、课程设置上进行创新，可采取分类培养、分层教学的方法，做到因材施教。专业设置要与市场需求紧密结合，可采取产学研合作、订单式培养、预就业等举措培养出高素质应用型人才”。② 2005年浙江大学城市学院牵头成立了中国独立学院协作会，每年召开峰会和专题会议，研究独立学院开展应用型人才培养的相关定位、策略、质量保障体系等问题。这些地方院校明确提出要确立“本科应用型教育”的办学定位并积极开展相关教学改革实践，为我国应用型本科教育的全面推进和充分展开积累了经验、奠定了实践基础。

在部分高校积极进行本科应用型人才培养实践探索的同时，关于应用型本科教育的理论研究也逐渐兴起。我国学界关于应用型本科教育的概念的提出，最早

---

① 高林等：《应用性本科教育导论》，科学出版社，2006年版，第40页

② 《2004中国成长型大学——独立学院峰会纪要》，《教育发展研究》，2004独立学院专刊，第92页

可追溯到20世纪末。1998年《江南论坛》第2期发表的《本科应用型应重视创造性培养》，明确提出了“本科应用型”概念，这是通过文献检索所发现的最早以论文形式提出关于“本科应用型”概念的文章。应用型本科教育概念的正式确立是在新世纪之初。2001年4月，教育部在长春召开的“应用型本科人才培养模式研讨会”上明确提出应用型本科教育的概念，使应用型本科教育的概念在高校与国家教育主管部门的层面上达成共识，标志着应用型本科教育概念的正式确立。其后，对应用型本科教育的研究逐渐增多。2002年11月，由全国高等学校教学研究中心组织部分新建本科院校，结合以往各个院校在应用型本科人才培养工作成绩的基础上，在南京召开了“21世纪中国高等学校应用型人才培养体系的创新与实践”课题立项研讨会，全面开始了培养体系研究。2004年8月，由全国高等学校教学研究中心和全国高等学校教学研究会在西安召开“高等学校办学的合理定位与分类发展”学术论坛，明确提出高等教育要分类发展，大力发展应用型高等教育。在应用型本科教育初步探索实践基础上展开的理论研究，又进一步有效推动了地方院校积极投身本科应用型人才培养模式的改革，为应用型本科教育的全面展开提供了理论支撑。

3. 新建地方院校全面展开阶段——2006年以来，在教育主管部门政策导向和前期探索实践基础上，绝大多数新建地方本科院校都积极投身于应用型本科人才培养模式的研究与实践。

自2006年开始，我国应用型本科教育进入到了一个全面展开、扎实推进的新阶段，并呈现出一些显著特点。

（1）政府教育主管部门发展应用型本科教育的政策导向更加明确具体。

新世纪以来，国家和省级教育主管部门发展应用型本科教育的政策导向逐渐清晰、明确，至目前已经十分具体和明确了。

从国家层面看，2001年1月，教育部在长春召开了“应用型本科人才培养模式研讨会”，首次明确提出了应用型本科教育的概念。其后又多次召开“应用型本科人才培养模式研讨会”，为其后出台相关的发展应用型本科教育的政策措施奠定了理论基础。2007年9月时任教育部副部长吴启迪出席首届“中德论坛”开幕式并代表教育部发表讲话，强调指出：“目前，中国正在进行现代化建设，全面建设小康社会，走新型工业化道路，建设社会主义新农村，迫切需要大量高层次应用型人才，应用型高等教育的地位越来越重要。”吴启迪的讲话充分肯定了发展应用型本科教育的重要性和必要性。2012年教育部发布《普通高校本科专业设置管理规定（2012）》，明确提出要优化学科专业结构和人才培养类型结构，进一步强调要加大应用型、复合型人才培养力度。

教育部、国家发展改革委、财政部制定了《中西部高等教育振兴计划（2012—2020年）》（教高〔2013〕2号），明确要求：中西部高校要加强应用型、复合型、技能型人才培养，加强应用研究和科研成果转化，增强社会服务能力。引导中西部高校优化本科和高职专业结构，支持增设以培养应用型、技能型人才为主的专业、区域经济社会发展急需人才相关专业。

2013年1月教育部启动了“应用科技大学改革试点研究”，在全国遴选了33所本科高校分5个组开展了相关专题研究工作，其后教育部和各组牵头院校多次召开研讨会，对地方本科院校，尤其是新建本科院校如何向应用型大学转型发展开展了深入研究。为深入推进应用技术大学的发展，2013年6月27日~28日，全国35所长期致力于应用型本科教育的大学（学院）汇聚于天津职业技术师范大学，共同研讨中国特色应用技术大学建设之路，并发起成立了“中国应用技术大学（学院）”联盟。

2014年国务院做出了《关于加快发展现代职业教育的决定》（国发〔2014〕19号），强调指出：引导普通本科高等学校转型发展。采取试点推动、示范引领等方式，引导一批普通本科高等学校向应用技术类型高等学校转型，重点举办本科职业教育。独立学院转设为独立设置高等学校时，鼓励其定位为应用技术类型高等学校。建立高等学校分类体系，实行分类管理，加快建立分类设置、评价、指导、拨款制度。招生、投入等政策措施向应用技术类型高等学校倾斜。

其后，在国务院决定和教育部的大力推动下，一大批地方本科院校积极向应用型大学转型，着力开展应用型本科教育的实践探索，涌现出了诸如黄淮学院、安徽科技学院、合肥学院等一批转型发展的典型。在此基础上，2014年1月教育部在河南驻马店市（黄淮学院所在地）召开了全国应用型本科高校转型发展座谈会，会议以推动地方本科高校向应用技术大学转型发展为主题，相关高校和省市教育主管部门负责人在会上介绍了转型发展、推进应用型本科人才培养工作的经验。教育部“应用科技大学改革试点研究”项目的启动，使应用型本科教育由地方政府教育主管部门主导和少数地方本科院校的自我探索转变由国家教育部主导下的全国性地方本科院校整体的探索实践，应用型本科教育终于迎来了加速发展的春天。

2014年11月，在“第七届中德应用型高等教育研究与发展研讨会”暨“中国长三角地区应用型本科高校联盟”成立大会上，教育部高教司司长张大良发表了题为“改革创新，努力构建具有区域特色的现代应用型高等教育体系”的讲话，明确指出，“大力培养高素质应用型人才既是我国经济社会发展和产业转型升级的需要，也是高等教育自身发展的需要。”他还强调指出，“如何构建具有区域特色的现代应用型高等教育体系，培养应用型人才，更好地服务地方经济社会发展需要？概括起来讲是九句话，这就是：围绕立德树人根本任务，以主动服务地方经济社会发展和学生就业为导向，制定应用学科发展和应用型人才培养规划及实施方案，优化调整学科专业结构，加强教师队伍建设，深化教育教学综合改革，创新人才培养机制，大力实施创新创业教育，积极利用校内外资源合作科研、协同育人。”张司长的讲话，表明国家教育主管部门对发展应用型本科教育不仅高度重视，而且有更加明确和具体的政策导向和工作要求。

从省市层面看，各地方教育主管部门也纷纷从当地社会经济发展需要出发，制定出台相关政策措施，引导或支持高校加强本科应用型人才培养。如2002年湖北省在部署高校专业建设及专业结构布局时就明确要求，“高校特别是地方高校和高等职业技术学校都要加强应用型专业和特色专业建设，积极设置主要面向地方支柱产业、高新技术产业、服务业的应用型专业”，“以应用为主，紧密结合区域经济建设，发展应用型专业”。[①] 再如安徽省为破解高等教育发展趋同化现象严重，与经济社会发展多样化需求不相适应的难题，在2008年就明确提出了构建“具有区域特色现代应用性高等教育体系”的目标，着力推进“高校分类发展、内涵建设、整体提升、各具特色、争创一流”的行动计划。不仅通过倡导和支持新建本科院校成立了“安徽省应用型本科高校联盟”，大力推进地方本科高校深入开展应用型本科人才培养模式改革工作，而且于2009年启动了“省级应用型示范本科高校”立项建设工作，首批遴先了安徽科技学院、合肥学院等五所本科高校进行立项建设，每年资助建设经费500万元，4年为一周期。2013年又启动了“地方应用型高水平大学”立项建设工作，安徽科技学院、合肥学院、皖西学院、合肥师范学院、黄山学院、滁州学院等6所本科高校入选，省财政每年每校支持经费1000万元，5年为一周期。安徽省所采取的政策和措施有力地推动了应用型高校建设和应用型本科人才培养工作，在全国产生了较大反响。教育部高教司张大良司长2014年在“第七届中德应用型高等教育研究与发展研讨会”上的讲话中，对此给予了充分肯定，认为“安徽的经验和成果，在我国中西部地区高等教育领域具有重要推广价值”。

（2）新建地方本科院校应用型本科人才培养的理论研究和实践探索呈现出

① 湖北省教育厅高教处：《以新的思路做好专业结构调整》，中国高等教育，2002年，第18期

普遍化、深入化趋势。

在教育主管部门的明确政策导向和一批地方院校率先成功探索实践的引领下，自2006年以来，新建地方本科院校除极少数仍有盲目跟从学术型大学发展的倾向，绝大多数都认识到自身不适合走学术性高等教育的发展道路，纷纷走上努力培养本科应用型人才的道路，使应用型本科教育进入普遍化、深入化阶段。这里我们不打算对这一进程作全面描述，仅选取几个标志性的事例加以说明。

第一，旨在从国际视野深入研讨高层次应用型人才培养问题的平台——“中德论坛”的举办。

为进一步深入研讨应用型本科人才培养相关问题，2007年9月19日至22日，由浙江省教育厅主办、浙江科技学院承办的首届“中德论坛：高层次应用型人才培养”在杭州成功举办。来自中德两国30多所应用型大学的100多位校长、学者参加了论坛。教育部副部长吴启迪代表教育部出席论坛开幕并发表讲话。本次论坛取得丰硕成果：一是广泛而深入地研讨交流了应用型本科人才培养的深层次问题。本次论坛的活动形式以大会交流和演讲为主。与会校长、学者分成3个小组，围绕以下6个专题深入展开了交流讨论：①应用型本科人才培养与学校定位、特色培育；②应用型本科人才培养与区域经济发展的联系；③德国应用科学大学（FH）的教学模式和教学改革；④应用型人才培养的模式及中德比较；⑤应用型本科人才培养的目标和知识、能力、素质要求；⑥应用型本科人才培养的质量控制评价体系。论坛期间有33位中德两国校长、专家针对上述6个专题作了学术演讲。此外，本次论坛还收到学术论文45篇。这些演讲和论文紧密围绕“高层次应用型人才培养”这一主题，从不同角度和层面进行了深入的研究交流，介绍、阐述了许多成功的实践经验，探讨了许多深层次问题，提出了许多富有创见的观点和具有很强操作性的建议。二是论坛引起国家教育主管部门的高度重视和支持。教育部副部长吴启迪代表教育部应邀参加论坛开幕式并发表讲话，标志着国家教育主管部门对于地方院校与国外发达国家高校联合研究交流高层次应用型人才培养工作的充分肯定、高度重视和大力支持。吴启迪副部长在讲话中指出：“高等教育的大众化决定高等教育必须走多样化发展道路，这也是经济社会发展对多样化的人才需求所决定的。纵观世界高等教育的发展历程和趋势，不难发现许多国家在高等教育进入大众化阶段后，便从精英教育的一元结构向大众化教育的多元结构发展，其中积极发展应用型高等教育，培养面向生产建设与管理服务一线工作的应用型人才，成为高等教育结构性调整的重要内容。目前，中国正在进行现代化建设，全面建设小康社会，走新型工业化道路，建设社会主义新农村，迫切需要大量高层次应用型人才，应用型高等教育的地位越来越重要。”[①] 吴启迪副部长的讲话明确指出了高层次应用型人才培养在经济社会发展中的重要性，强调了发展应用型高等教育的必要性，充分表明了国家教育主管部门对发展应用型本科教育的充分肯定、高度重视与大力支持，进一步增加了地方本科院校培养应用型人才、办应用型大学的信心。三是签署的《杭州宣言》形成了中德应用型本科高校长期交流合作机制。在本次论坛的闭幕式上，十五所中德高校校长期签署了《杭州宣言》，《杭州宣言》充分肯定了首届中德论坛工作，参与签署高校一致同意：共同建立中德高层次应用型人才培养论坛，并着力推进6方面工作：①加强中德应用型人才培养院校在教学、科研、人员交流方面的合作，共同开展更多的双边或多边合作项目；②长期设立论坛，作为中德合作应用型人才培养院校间开放的联盟，以适应中德两国经济发展的需要；③每两年举办一次论坛大会，会议可在中国或德国进行，以此增进中德应用型人才培养院校间的联系与沟通；④建设论坛专题网站，出版论坛文集，加强在高层次应用型人才培养方面的信息交流；⑤设立中德企业咨询委员会，积极吸纳企业对高层次应用型人才培养的意见与建议，加强校企合作；⑥着力向两国教育主管部门提供高层次应用型人才培养方面的决策依据和建议，争取两国政府支持。自此，中德论坛成为中德两国应用型人才培养高校的校长、专家们进行对话、交流的长期而有效的平台。

自2007年以来，中德论坛作为一个中德应用型人才培养院校校长、专家高层对话、交流平台，规模越办越大，目前几乎全国各省、市都有相关院校参加；研讨交流会内容不断深化，对促进两国应用型本科院校间的合作、交流，深化我国应用型本科教育和人才培养模式的改革，都起到了巨大的推动作用。

第二，旨在大力推进本科应用型人才培养模式改革的省级应用型本科高校联合组织——安徽省应用型本科高校联盟的建立。

为了有效推动地方本科院校整体转型，促进应用型人才培养模式改革，在安徽省教育厅的积极倡导和大力支持下，2008年2月安徽14所地方本科高校在全国率先成立了“安徽省应用型本科高校联盟”（又称“行知联盟”，以下简称“联盟”），在铜陵学院召开的成立大会上，共同签署了《行知宣言》，通过了包括《行知章程》等8个安徽省应用型高校联盟规章制度，坚定地表示：“我们正在探索一条符合我们自身发展的路子，那就是坚定不移地走应用型本科高校的发

① 浙江省教育厅主编：《应用型人才培养的理论与实践》，高等教育出版社，2008年版，第1页

展道路。”联盟成立以后，加盟高校围绕“地方性、应用型”的办学定位，以“开放合作”为办学理念，以“转型发展，服务地方经济社会发展”为目标任务，以“优势互补、资源共享、互惠互利、共同发展”为基本原则，努力打破各种体制机制束缚，由自我封闭发展向开放合作发展转变，由按传统本科办学模式亦步亦趋同质化发展向深化改革、大胆创新发展转变。具体通过校际、校地、校企、国际“四个合作”助力转型发展；通过办学定位、专业结构、课程体系、教学方法、“双能型”师资队伍“五个转变”，推动转型发展；通过“合作共赢、抱团取暖”，积极探索地方本科高校与区域经济协同发展的模式与路径，共同推进地方本科高校整体转型发展。

安徽省应用型本科高校联盟的成立，标志着地方高校开始走上了整体向应用型本科教育转型发展的道路。安徽省应用型本科高校联盟一经问世，便受到社会的高度关注和好评。有学者著文将之与美国的“常春藤联盟”等西方发达国家的高校联盟相提并论，认为“构筑高校战略联盟，推进我国高等教育联盟化，是顺应时代和事业发展需要的一个极为重要且优化的路径选择。”① 实践证明，应用型本科高校联盟的确是推动地方高校实现转型发展、促进应用型本科教育的有效途径。2014 年 3 月安徽省应用型本科高校联盟秘书处对联盟成立五年来的工作成效做出了如下具体总结：

一是开展四个合作，助力转型发展

① 通过校际合作，变“单打独斗”为“抱团发展”

联盟高校通过校际合作，开展“六个共建”，打造安徽省地方本科高校战略联盟共同体，变“单打独斗”为“抱团取暖”，助力转型发展。如共建专业：通过联合制定专业人才培养方案，明确专业建设思路，确定专业核心课程和目标，调整专业建设方法，优化专业结构，提升专业竞争力。共同探索合作育人机制：通过联盟平台，以优势叠加的方式，开放并共建、共享实验室和实践实习基地，接纳联盟内高校学生开展相关实习实训等，开展合作育人教育，仅 2011 年一年就有近 4000 学生深入其中。共同推进“实践教学小学期制”改革：为提高学生实践能力，联盟高校把传统一学年两个学期改为三个学期，增加一个每年 7 ~ 8 月份的实践教学小学期，让学生深入校内外实习实训基地，以专业实习实训、学科竞赛培训、产学研合作和辅修专业实践性教学环节学习等为主要内容。如 2011 年有 451 名学生参加了跨校小学期实践教学活动。共同开展辅修专业教育：经省

① 夏东民：《中国高等教育优化发展之路径选择》，《光明日报》，2010. 11. 07

教育厅批准，联盟高校内部试行辅修专业，培养应用复合型人才，如2013年秋学期合肥学院开设的金融和会计辅修专业，吸引了本校和联盟在肥高校近300名学生报名，251名学生被录取。共建联盟教学质量保障体系：联盟高校创造性开展了“联盟高校教学检查互查”“毕业论文（设计）管理文件汇编”“各校教学质量监控方面管理制度、各主要教学环节质量标准汇编”等三项工作。共建本科教学工程项目：安徽省教育厅高度重视联盟发展，本科教学工程针对联盟单独立项，项目牵头高校与其他高校共同建设，不仅实现资源共享，而且提高了整体实力和竞争力。

② 通过校地合作，创造了“接地气”的发展环境

地方高校发展必须“接地气”，联盟高校通过“三个服务”，积极推动与地方建立互动互助、合作共赢的体制机制。如资源共建共享服务：通过共建图书馆、体育馆和文化设施，开放高校资源，使高校成为属地的开放性教育文化和科技研发中心。人才培养与科技创新服务：以合肥学院、铜陵学院、滁州学院、安徽科技学院、皖西学院、宿州学院等为代表的联盟高校，制定了服务地方行动计划，围绕地方经济社会发展，优化调整专业结构，共建技术创新平台，提升服务地方发展能力。如联盟高校旅游系主编了《安徽省旅游人才建设规划》，对全省旅游人才资源开发和人才队伍建设起到了指导和推动作用。跨区域、跨文化的交流平台服务：依托设在联盟高校的“中国安徽—德国中心”“中国合肥—韩国中心”，安徽省不少经贸合作项目都是经教育合作牵线搭桥，落地开花。如合肥学院先后帮助合肥市有关单位引进了德国大陆轮胎公司、西伟德集团和韩国韩大集团等外资企业，并在协助合肥市同国外有关城市缔结友好城市关系方面发挥了积极作用。联盟高校客座教授2人获中国“国家友谊奖”，10人获安徽省“黄山友谊奖”，1人入选国家“千人计划配套引智工程”项目。联盟高校的贡献，得到地方政府的信任与支持，为地方高校转型发展创造了良好的外部环境。如2011年合肥市财政支持3.24亿元，帮助合肥学院一次性还清银行贷款。

③ 通过校企合作，构建了“互利共赢”的育人机制

产学研合作是培养应用型人才的必由之路。联盟高校强化教产合作、校企合作，努力建立学校与用人单位合作培养人才新机制，引进企业在高校建立“嵌入式”研发基地或联办学科专业，推动“订单式”人才培养和与企业合作开展研发，助力转型发展。联盟高校积极实施“五个引入”，实现校企合作的“双元制”，即大胆引入职业资格标准，来修订完善专业人才培养规格标准；大胆引入行业标准，来修订完善专业建设标准，开展专业资格认证；大胆引入企业核心技

术标准，来修订完善专业核心课程标准；大胆引入行业企业专家，来组建专业教学团队；大胆引入行业企业参与人才培养工作，实现校企深度合作。在学院（系）教学管理、专业负责人和学生指导教师三个层面建立校企合作育人的长效机制。如联盟高校与科大讯飞、铜陵有色、西门子家电等企业联合发布“校企合作宣言”，不断加强校企融合，强化产业指导，深化教学改革，推进产学研合作，完善与产业发展相适应的人力资源开发利用新模式，努力提高应用型人才培养质量。

④ 通过国际合作，以国际化的视野更新办学理念

联盟与德国“U7”联盟等建立合作关系，通过理念借鉴、专业课程共建、教科研项目“三个合作”，走以国际化带动特色化的办学之路，助力转型发展。如理念借鉴：通过与德国下萨克森州联合举办“应用型高等教育发展论坛”（2008 年以来已连续举办六届，中德轮流主办）、引进国外专家担任高校副院长、联合举办“校中院”和开设应用型专业等方式，扩大对外开放的广度和深度，多渠道学习借鉴国外应用型高等教育先进的办学理念和办学模式，创建完善了应用型人才培养体系。学科专业和课程建设的共建共享：提升教学基本建设的质量与水平，培养了具有跨文化交际能力的应用型人才。联盟高校与德、韩等国高校先后开展了“2+3”“3+1”“2+2”等互认学分联合培养项目。如 2011 年教育部批准的安徽省第一个对外合作办学项目——合肥学院中德合作物流管理专业正式招生。高层次教科研项目合作：引进了智力财力，拓展了办学资源，有效提高学校教学和科研水平。近年联盟高校与国外 12 所高校合作承担了欧盟亚洲链、德国联邦教育与研究部、德国学术交流中心等 9 个项目，相继主办或承办了“亚欧环境保护技术与知识转化国际会议”“中德韩三国四校国际青少年教育研讨会”“旅游教育与旅游管理亚太国际论坛”等国际学术会议。

二是推进五个转变，实现转型发展

① 明确办学定位，实现“学术型”向“应用型”转变

为解放思想、统一认识，从更大空间去思考“联盟”建设，廓清应用型本科高校的办学定位和发展路径，提高建设应用型本科高校的水平和质量，“联盟”首先在思想上进行共建，明确地方性、应用型办学定位。一是深入学习与研讨《国家中长期教育改革与发展规划纲要（2010—2020 年）》；二是连续举办了 6 届“中德应用型高等教育研究与发展论坛”；三是邀请德国应用科学大学教授就“德国应用型高等教育管理”“德国应用型人才培养体制及管理措施”“德国应用型人才培养的教学法探讨”等专题，分别举办了多场国际学术报告会；四是

组织高校教师和教学管理者赴国内外高校组团学习考察。通过上述学习和调研，"联盟"从中德高教现状比较分析入手，对德国高等教育管理体制、应用科学大学运行机制、应用型人才培养模式，以及应用型人才培养要素、培养过程等进行全面的学术梳理。"联盟"高校坚定了"办应用型大学、培养应用型人才、服务地方需求"的发展道路，认为应用型本科高校作为一种类型，应以"培养应用型人才为主，以办本科教育为主，以教学为主，以服务地方经济建设为主"。在专业设置上应该强调与地方经济社会发展互动，实行动态调整；在知识体系构建上，以能力导向为核心；在人才培养方案设计上要突出实践教学，在队伍建设上要强化"双能型"教师培养；在教学手段方面要强调产学研结合等等。

② 优化专业结构，实现"资源导向"向"需求导向"转变

专业建设是高等院校发展的一项长期战略任务，对于地方本科高校来讲，加强专业建设更是学校提高教学质量和办学效益、提升核心竞争力、培养高素质人才的核心。为了提高专业建设水平，联盟内高校建立了学科专业预警和退出机制，学科专业调整由"根据资源建专业"向"根据需求建专业"转变。通过调研社会需求，新设了一大批应用型专业，有力支撑了区域重点产业和战略性新兴产业发展需要。同时，以"建设特色鲜明的专业"为目标，以"形成统一应用型本科专业培养标准"为抓手，在联盟中开展专业建设工程。具体方案为：联盟内6所高校拿出各自专业举办历史较长、优势明显的10个国家级特色专业和1个省级特色专业与其他院校进行深入的对口交流，建立专业合作平台。各单位充分利用自身优势资源，共同讨论，相互补充，并将专业建设同联盟合作可持续发展、安徽高教强省建设紧密结合。在建设过程中，各专业专家和学者认真讨论了专业对口合作交流的具体方案，制定了详细的专业对口交流计划，对专业课程体系建构、核心课程的确认、适合应用型人才培养的教材建设、师生的互派、实验室及实习基地共建、实践教学观摩等等一系列活动内容都明确了责任单位和完成时间。在建设过程中，还商讨成立"专业建设标准和核心课程建设"工作小组，以保证合作计划的进一步完善和执行力度的有效性。经过多年努力，初步形成安徽省统一的应用型本科专业培养标准，形成若干在安徽乃至全国有一定影响的名牌专业。目前联盟高校有国家级特色专业18个，省级特色专业39个。

③ 构建模块化课程体系，实现"知识输入"向"知识输出"转变

课程建设是人才培养关键环节。由于应用型人才培养的特殊性，过去传统的以学科导向为主的课程体系不能适应应用型人才培养，必须重构以突出体现技术能力培养为核心的课程体系。经过讨论，联盟高校认为，应用型人才课程体系应

着眼于学生能力培养，应将传统的“哪些内容我要讲授”（以知识输入为导向），改变为“哪些能力应该是经过教学后学生要获取的”（以知识输出为导向），引入了“博洛尼亚进程”后欧洲各国正在实施的模块化教学，重新建构教学内容，构建模块化课程体系。与此同时，联盟轮值主席单位还组织学习了模块化课程的内涵、框架结构等内容。联盟常任主席单位合肥学院 22 个专业已经构建起了模块化人才培养方案，正在推进实施。在教材建设方面，大家认为过去各校使用的教材都是学术型、研究型重点大学编写的，无论是教材内容的选择，还是知识的难度，都不适合应用型本科学生的需要，因此，必须重新编写教材。如从 2009 年 8 月开始，联盟 14 所高校的教学骨干教师坐在一起，成功地编写出一套适合应用型人才培养的《高等数学》教材。

④ 加强自主学习，实现人才培养“要我学”向“我要学”转变

学生是学习的主人，推进转型发展，既要“重教”，更要“重学”。一是调动学生学习内驱力。2006 年，个别联盟高校就开始通过开设“专业导论课”和将大学二年级暑假改成认知实习学期，让学生知道我来学什么，社会需要我具有什么知识、能力和素质，变“要我学”向“我要学”。二是调动学生课外自主学习的自觉性。将第二课堂纳入人才培养方案，学校层面每年专项资金支持学生社团活动和科技创新活动。以合肥学院为例，近三年学生获得国家级科技创新奖 226 项，中国青年报曾以《“小学校”也有“大创意”》为题进行了专题报道。三是加快教学方法与手段改革。联盟高校根据应用型人才培养目标，积极探索适应应用型人才培养的教学方法和手段。如在实施模块化课程改革中，统筹第一、第二课堂，学生自主学习方式和时间列入各模块教学安排，让学生“主动学习”“学会学习”，提高学习能力，从而促进学生知识、能力、素质的协调全面发展；实行“N+2”考试制度改革，变末端考试为过程监控，注意对学生学习过程的指导，培养学生自主学习的意识和能力；开展项目驱动教学法，通过团队分工协作，搜索、分析、整理资料，共同完成项目任务；通过项目制，鼓励教师积极参与与推动教学方法与教学手段改革等。

⑤ 建设“双能型”师资队伍，实现“单一评价”向“多元评价”转变

地方本科高校师资队伍主要存在两方面问题，一是青年教师比例过高，教学能力不足；二是专业课教师缺乏实践背景，产学研能力不足，教学联系实际不够。联盟高校以应用能力提升为重点，改变以教师发表论文、承担项目多少对教师进行单一评价的方式，加强双能型（应用型人才培养能力和产学研合作能力）师资队伍建设。联盟高校注重提高教师培养应用型人才能力和产学研合作能力，

实施教师实训计划，支持并鼓励教师和企业联合开发新产品、新技术，增强解决工程技术问题的实践能力。通过产学研合作，整合校内外师资资源，建立“双挂”“双聘”制度，从产业部门和企业中聘任一批学有专长、实践经验丰富的专家学者和工程技术人员作为兼职教师。突出重视实验师资培养等。在此基础上，改变对教师的评价体系，注重教师的教学能力考核和实践能力考核与产学研能力考核，提高实验教师的地位等。

三是阶段性成果特点

创建应用型本科高校联盟，变“单打独斗”为“抱团发展”，是在资源相对不足的我省进一步优化高等教育资源配置，降低办学成本，探索合作式、一体化举办高等教育，使有限的教育资源发挥最大效益，促进地方本科高校整体转型发展。其阶段成果具有如下特点：

①“地方性、应用型”转型定位适应了区域发展的人才需求

安徽当前正处于工业化中期阶段，急需一线关键岗位的技术与管理人才。联盟高校结合自身特点，探索和构建了具有各校特色的应用型人才培养模式。联盟高校设置一大批应用型专业，积极开展校地合作，有力支撑了区域重点产业和战略性新兴产业发展需要。如安徽科技学院农学类应用型专业，培养出了首届中国十佳大学生村官杨俊森，研发出皖北夏玉米亩产 889.3 公斤关键技术、氨酸法生产氨基酸有机无机复混肥等一批标志性应用科技成果，努力使农业增收、农民受益、农村发展，被评为“安徽省高校科技创新和产学研合作优秀单位”，获首届中国草业科技奖。皖西学院深化拓展“大别山道路”，围绕六安市委市政府提出的建设“五色六安”，积极开展对皖西革命老区“红色”文化和人文厚重“古色”文化的整理、挖掘与研究，弘扬与继承了皖西优秀文化。合肥学院中德合作物流管理专业，促成了德国物流协会合肥分会的成立，中德物流合作将促进安徽省现代物流业的发展创新。联盟高校培养的学生 80% 以上在安徽就业，培养的学生“用得上、下得去、留得住、信得过、离不开”，有力服务了地方经济社会发展。

②“行知联盟”形成了地方本科高校合作发展的长效机制

有效的合作共享机制，是地方本科高校实现整体转型发展的基础和保障。“行知联盟”是全国率先成立的“应用型本科高校联盟”，实行轮值主席与常任主席相结合的领导机制，并在常任主席单位设立秘书处和专职秘书；建立了两级工作机构，即高校联盟管理委员会和教学、科研、学生等工作协作组；成立了一个“教指委”，即联盟教学工作指导委员会，指导联盟工作；建立了三

类会议制度，即联盟管理委员会年会制度、协作组学期例会制度和专题会议制度；办好了一个论坛，即中德应用型高等教育论坛，在“联盟”加快国际化的起点上推进理念转变；形成了一个机制，即先进办学理念合作共享机制；创办了一个刊物，即《应用型高教探索》，加强了应用型高等教育的理论与实践研究；建设了一个网站，即“安徽省应用型本科高校联盟”网站，开创了联盟发展壮大的新天地。

③“一体化、开放式”培养体制创新了应用型人才培养模式

“一体化、开放式”的培养体制，实现了学校人才培养由“封闭系统”向“开放系统”的转变，在人才培养理念上从重知识传授向重能力培养转变，在方案构架上从“知识输入导向”向“知识输出导向”转变，围绕社会对毕业生知识、能力、素质的要求，制定人才培养方案，促进了学生知识、能力、素质的全面发展，创新了应用型人才培养模式。如依托校企合作，联盟高校整合校内外师资资源，建立“双挂”“双聘”制度，加强了双能型（应用型人才培养能力和产学研合作能力）师资队伍建设；开创暑期实践教学小学期制，让联盟校学生共享不同学校的实验设备和实践基地；增设认知实习学期（大学二年级，10 周左右），提前让学生通过企业实习培养职业认知和实践能力；开创实习就业一体化、管理方式一体化、产学研一体化的实习教学新模式；毕业论文真题真做，更加注重考查学生综合应用能力和设计能力；创造性开展了“联盟高校教学检查互查”，共建教学质量保障体系等。

④“国际化”路径提供了地方本科高校转型发展的新思路

学习和借鉴世界先进教育经验，既是推进我国高等教育国际化的战略选择，也是促进大学自身发展的内在需要。各种类型的高等教育，只要定位准确，都可以在国际上找到合适的合作伙伴。地方高校的优势是能紧接“地气”，对地方经济和社会发展的贡献度大，劣势则是办学视野不够开阔，办学理念不够超前。走国际化的发展之路，可以使我们开阔办学思路，加快地方高校的建设和发展。为此联盟高校与国外高校在办学理念、学科专业和课程建设、师资队伍建设、科研项目、人才培养、服务地方平台建设等方面展开了全方位合作。坚持以国际合作促进人才培养质量的提高，促进了区域间经济文化交流，服务了地方经济社会发展。

四是成果的推广及社会评价

五年来，安徽省应用型本科高校联盟发展迅速，其共建成果首先在各成员高校得到应用和推广，并在省内外产生了一定的影响力，社会评价良好。

① 推进了安徽地方本科高校整体转型发展

联盟高校确立了地方性、应用型的办学定位，实现了整体转型发展，办学实力显著增强。如联盟高校一大批专业、课程、实验室、基地等项目列入国家及省级本科教学工程立项建设，5 所学校成为安徽省示范应用型本科高校立项建设单位，4 所学校成为硕士学位研究生培养立项建设单位，2 所学校被教育部列为“卓越工程师教育培训计划建设单位”。经过激烈竞争，3 所学校同时成为首批“国家特需项目”——学士授权单位培养专业硕士试点单位［安徽科技学院、合肥学院和合肥师范学院分别获国务院学位委员会批准开展农业推广硕士、工程硕士（环境工程领域）和教育硕士专业学位研究生教育试点］，实现了安徽省应用型本科高校开展专业学位研究生教育的新突破，这也证明了安徽省地方本科高校顺利转型的成效。

② 促进了学生全面发展和安徽现代应用性高等教育体系建设

联盟高校落实“教学以学生为本”的理念，促进学生知识、能力、素质的全面发展，适应了学生的个性化需求，满足了学生成长成才需要。这些成果在联盟内各高校应用，受益高校 18 所，受益教师近两万人，受益学生 30 余万人，有力促进安徽现代应用性高等教育体系建设，有力服务了安徽经济社会发展。

③ 联盟高校转型发展的示范效应已经显现

2009 年，联盟常任主席单位合肥学院被教育部列入全国第二轮本科教学工作合格评估方案研制的两所试点院校之一，联盟高校的一些做法和经验被吸收到全国第二轮本科教学工作合格评估方案中。如：教育部把“地方性、应用型”作为新建本科院校办学定位的基本要求。2013 年安徽科技学院又作为教育部遴选的全国首批本科教学审核评估试点单位接受了审核评估工作。从 2009 年至今，仅合肥学院一校就有全国 250 多批次省外地方本科高校组团来校专题学习考察应用型高校建设和应用型人才培养方面的做法与经验。依托“行知联盟”，目前正在建设一个全国性的地方本科高校联盟“C60”，联盟的创新成果将在全国范围内发挥更大示范效应，推动中国地方高校的转型发展。

④ 联盟共建的创新成果引起教育部和社会高度关注

全国高等教育学会校际合作研究分会主动邀请安徽省应用型本科高校联盟集体加入。2011 年 10 月，教育部高教司组织光明日报、中国教育报、中国青年报等全国 9 家主流媒体赴安徽专题调研、采访联盟建设情况。2010 年 10 月 12 日中国教育报头版头条以“从单兵作战到抱团发展——安徽 14 所新建本科院校组建联盟，10 个国家级特色专业对口交流”为题，较详细全面地报道了联盟专业共建的情况。国内的一些学者也纷纷赴安徽对联盟高校专业共建、“抱团发展”的体制机制创新开展调研，并作为典型案例进行研究。①

安徽省本科应用型高校联盟的成立及其成功的实践，标志着应用型本科教育已由部分地方院校的自发、独立性探索转变为省级政府主管部门倡导和支持下的地方新建院校的整体探索实践，拉开了地方高校转型发展的大幕，为全国地方高校整体向应用型本科教育转型发展积累经验，开辟了路径。

第三，旨在推动地方新建本科院校全面转型发展应用型本科教育的全国性论坛——驻马店论坛（产教融合发展战略国际论坛）的建立。

2014 年 1 月，在教育部于驻马店市黄淮学院举办的地方本科院校转型发展座谈会上议定，以本次座谈会为基础，建立“驻马店论坛”，每年定期举办论坛，深入研讨地方本科高校转型发展问题。之后，在教育部年倡议下，由中国应用技术大学（学院）联盟、中国教育国际交流协会会同有关地方政府联合发起创立“产教融合发展战略国际论坛”，论坛每年举办一届，并与“驻马店论坛”合而为一。

为落实国务院常务会议做出的“引导部分普通本科高校向应用技术型高校转型”的战略部署，2014 年 4 月，中国应用技术大学（学院）联盟、中国教育国际交流协会在黄淮学院举办了首届“驻马店论坛”（产教融合发展国际论坛），178 所高等学校聚集驻马店，以产教融合发展为主题，共同探讨“部分地方本科高校转型发展”和“中国特色应用技术大学建设之路”。在深入讨论交流的基础上与会 178 所高校，共同发布了《驻马店共识》，全文如下：②

我们深知所承担的使命与责任。

教育是民族振兴、社会进步的基石。随着全球化进程的加速，各国经济、教育文化间相互关联也日益加强。中国正处在全面建成小康社会、加快转变经济发展方式、全面深化改革的关键时刻。信息化和工业化深度融合，农业现代化全面推进，文化创意和设计服务产业迅猛发展，科技型小微企业成为经济活力的重要源泉，新型城镇化战略全面启动，这一切的深刻变化，都要求高等教育向现代生产服务一线提供既掌握现代科学技术知识又接受系统技能训练的应用型、复合型、创新型人才，特别是产业链高端的技术技能人才。

教育寄托着亿万家庭对美好生活的期盼。习近平总书记在阐述中国梦时指

① 此文引自安徽省应用型本科高校联盟秘书处为《联盟五周年纪事》所写的序言

② http：//www/auas. org. cn/info/1010/1111. htm

出：人民“期盼有更好的教育”，“期盼着孩子们能成长得更好、工作得更好、生活得更好”。让青年人有更好的未来，使高校毕业生更好地走向社会，是高等教育最朴素和最基本的职责。高等教育体制和结构改革，必须聚焦到更好地服务青年就业上，推动高等学校人才培养与经济社会需求的紧密结合。

加快高等教育结构调整是国家的需要、人民的期盼，也是高等教育发展的规律。中国已进入大众化高等教育阶段，2020 年高等教育毛入学率将达到 40%，《国家中长期教育改革和发展规划纲要（2010—2020 年）》提出：要建立高等教育分类管理体系，要加快建设现代职业教育体系，重点扩大应用型、复合型、技能型人才培养规模。中国的现代化建设不仅需要一大批拔尖创新人才，还需要数以亿计的技术技能人才，将科技进步的重大成果应用到生产、生活领域，推动产业转型升级和经济社会向前发展。大众化的高等教育，更需要加快先进技术的转移、应用和积累，把培养面向现代生产服务一线的高素质技术技能人才作为自己的主要任务之一。

应用技术型高校因时代而生，部分地方本科院校转型发展势在必行。发达国家高等教育的发展证明，注重实体经济的发展战略和不断深化的工业化进程，催生了应用技术大学。应用技术大学的快速发展，使大众化、普及化高等教育的发展路径更加清晰，为实体经济发展奠定了牢固的基础，青年就业得到了更好保障，社会更加稳定和公平，国家竞争力不断提升。

我们深知所面临的机遇与挑战。

李克强总理指出：发展现代职业教育是“促进转方式、调结构和民生改善的战略举措”。国家已经把建设应用技术型高校摆上了议事日程。基于实体经济发展需求，借鉴国外应用技术大学办学经验，服务国家技术技能创新积累，融入区域产业发展，建设中国特色的应用技术大学（学院），是构建从中职、专科、本科到专业学位研究生教育的技术技能人才培养体系的破冰之旅，是构建人才成长立交桥，打开一线劳动者成长空间的必由之路。

这更是一种挑战，是对我们办学思想和办学理念的挑战，是对学校治理结构和管理体制的挑战，是对人才培养模式和方法的挑战。我们必须清醒地认识到，构建现代职业教育体系，推进地方高校转型发展，建设中国特色应用技术大学（学院），注定是一个长期而艰巨的过程，必然会遇到许多问题、困难和挑战，需要政府、高校、行业企业和社会各界达成共识，凝聚合力，以更大的勇气、信心和决心，发新时期地方高校改革之先声，唱响产教融合主旋律，打好转型发展攻坚战。

我们期盼全社会的关注和支持。

我们期待国家加快部分地方本科高校转型发展的顶层设计，加快高校设置、评估、拨款和管理制度的改革，为转型发展创造良好的政策环境；期待各级政府加大政策创新力度，统筹规划区域产业转型升级和高校转型发展，推进校企合作，建立地方经济社会与高等教育发展共同体；呼吁扩大高等学校办学自主权，使高校自主地探索现代大学制度，面对经济社会发展需求和变化迅速做出决策；呼吁行业企业积极主动参与地方高校转型发展，共同建设技术技能人才培养体系和技术技能积累创新体系，在激烈的市场竞争中合作互赢、共同发展；希望得到更多兄弟院校的支持和帮助，共同面向产业转型升级，建立基础研究、科技创新、技术应用和产业化服务协同创新体系。

转型刚刚开始。我们要直面历史和现实，在困境中突围，在改革创新中发展。定位已经清楚，方向已经明确，但每一所学校都要走自己的路，拓展发展空间，加强国际合作与交流，实现多路径的突破和多样化的发展。我们坚信正在进行的探索和实践，是一场具有深远意义的改革。我们终将实现这样的愿景：因为我们的存在，社会更加美好；因为我们的进步，国家更加繁荣。我们的学生将站在先进技术转移、应用的前沿，充满创新创业的激情，在社会每一个领域的进步和繁荣中创造价值、做出贡献。

驻马店论坛的举办和《驻马店共识》的发布，标志着我国地方本科高校整体走上了全面探索和实践向“应用技术大学转型”和“建设中国特色应用技术大学”之路，对推动我国应用型本科教育的改革发展具有划时代的意义。

第三节　我国发展应用型本科教育的基本经验

我国应用型本科教育通过众多学者的研究和一大批高校的实践探索已取得许多成功的经验，综合起来，主要有以下几个方面：

一、要明确本科应用型人才培养目标

实践证明，目标就是方向，目标不清晰，工作就没有方向。因此，明确本科应用型人才培养目标是扎实推进本科应用型教育的关键。

1. 明确培养目标的意义

所谓培养目标，通常是指“根据一定的教育目的和约束条件，对教育活动的

预期结果，即学生的预期发展状态所做的规定”[①]。培养目标是教育理论研究和实践活动过程中的一个最基本和最核心的概念。没有明确的培养目标，教育实践活动不仅会失去方向，而且也难以实现规范、质量和评价等方面的要求。因为培养目标要解决的是培养什么样的人才问题，它决定培养规格和基本标准。培养目标不同，教育形式、教育内容、教育方法和教育评价均不相同。一个学校要完成人才培养任务，只有在培养目标定位明确之后，才能进入到具体的教育活动实施过程，即采取什么样的方式、方法达到培养目标所确定的规格、标准，包括教学资源配置，师资队伍建设、课程体系构建、教学内容组织、教学方法和教学手段的选择、教学管理制度确定、教学质量评估等各项工作。从这个意义上讲，科学确定人才培养目标，是搞好本科应用型人才培养的关键环节。

2. *本科教育培养目标确定具有层次性*

从我国本科人才培养的实际情况看，其培养目标的确定通常由三个层面构成。

一是法定层面，即国家法律的宏观规定。《高等教育法》指出：“高等教育……使受教育者成为德、智、体等全面发展的社会主义事业的建设者和接班人，……培养具有创新精神和实践能力的高级专门人才，……本科教育应使学生比较系统地掌握本学科、专业必备的基础理论、基本知识、掌握必要的基本技能、方法和相关知识，具有从及本专业实际工作和研究工作的初步能力。”这是目前国家法律确定的本科人才培养目标，是各种类型高等教育确定本科人才培养目标的基本指导。

二是部定层面，即国家教育部的具体规定。国家教育部 1998 年颁布了《普通高等学校本科专业目录和专业介绍》（简称《98 目录》），《98 目录》具体规定了各个专业的培养目标和要求。从实际需要看，在部定层面培养目标上应该有不同类型本科教育培养目标的区分，但《98 目录》确定的人才培养目标，仍然比较强调本科培养目标的通用性，主要指向学术性本科人才培养目标，因而更多地适用于学术性高等教育和培养研究与设计型人才，应用型本科教育培养目标在这一层面还没有得以具体明确。

三是校定层面，即各个高等学校从校情实际出发而作的个性化规定。各类本科院校以国家法规和教育部规定为基本依据，紧密联系经济社会发展状况和学校的办学定位，确定各专业更加具体的培养目标和要求。新世纪以来，随着应用型

① 杨志坚：《中国本科教育培养目标研究》，辽宁教育研究，2004 年第 6 期

本科教育的产生和发展，对本科应用型人才培养目标定位的研究探讨与实践探索都在深入推进，取得了丰硕成果。

3. 本科应用型人才培养目标确定的关键点

我们认为，本科应用型人才培养目标的确定要把握以下两个关键之处：

（1）要把握好与学术型人才、技能型人才的区别点

从高等教育培养的人才类型看，目前学界多数倾向于把人才类型分为三大类，即应用型人才、学术型人才和技能型人才。这三类人才既有区别又有联系。学术型人才重点关注科学研究和工程设计，偏重理论学习，其知识结构更依赖学科，具有系统性和理论性特征，科研、创新能力比较突出。学术型人才通常由学术型办学定位的本科高校培养。技能性人才着重强调对职业、岗位、专业技能的掌握，不追求知识结构的系统性和完整性。技能型人才主要由高职高专院校及中等职业学校培养。应用型人才则介于学术型人才和技能型人才之间。应用型人才主要由应用型本科高校培养。与学术型人才比较，应用型人才相对于科学知识，更注重技术知识；相对于理论研究，更注重技术应用；相对于某学科知识纵向精深，更注重多学科知识综合应用；相对于运用实践验证理论，更注重运用理论指导实践；相对于升学深造，更注重职业需求。与技能型人才比较，应用型人才则更强调扎实的理论教育，强调技术体系知识的系统性和完整性，强调应用科学研究的能力，强调首岗胜任能力与职业发展潜力并重。因此，应用型人才在知识结构方面，要以行业与职业需求为本位，以技术体系为依据，自然科学与人文社会科学相互交融，显性知识与隐形知识并重渗透，形成复合性、动态性和先进性的知识结构；在能力结构方面，要具备较强的分析和解决实际问题的能力、专业实践能力、创新创业能力、社会适应能力和终身学习能力；在综合素质方面，要更加强调职业道德、职业技能、职业行为、职业作风和职业意识的养成。

（2）要把握好应用型本科教育培养目标的内涵定位

应用型本科教育培养目标的内涵界定，主要是明晰两个方面具体内容。

第一，明晰应用型本科教育人才培养类型定位，即应用型本科教育要培养什么样的人才。综合有关学者的研究观点和部分高校的实践，我们认为现阶段我国高等教育培养人才类型大致可分为六种，即科学研究型、工程设计型、技术应用型、复合应用型、特殊职业应用型和技能应用型。科学研究型和工程设计型人才为学术性高等教育的本科人才培养目标，其毕业生可以直接就业，但更多的是继续攻读高级学位（硕士、博士）。技术应用型、复合应用型、特岗应用型是应用型高等教育的本科人才培养目标。技能应用型则是专科层次应用性高等教育的人

才培养目标。应用型本科教育培养的三类应用型人才的具体目标指向是：技术应用型，一般是到第一和第二产业生产一线或工作现场工作的高级技术人才，主要承担生产组织和技术指导工作。培养的目标是现场工程师、管理工程师等；复合应用型，一般是到对知识和技术具有复合性要求工作岗位上工作的高级专门人才，主要承担生产组织和技术管理工作，培养的目标是项目主管（经理）、管理（策划）师、生产总监等；特岗应用型，一般是到一些有特殊技术和素养要求工作岗上工作的高级技术人才，如飞行员、航海员等。这三种应用型本科人才既区别于学术性高等教育培养的科学研究型和工程设计型人才，又区别于高职院校培养的技能型人才。为了具体说明应用型本科教育人和培养目标与其他类型人才培养目标的区别，我们分别选取不同类型高校关于《信息管理与信息系统》专业人才培养目标加以比较（表2－1）。

表2－1　《信息管理与信息系统》专业人才培养目标特征对比

类型层次	工程设计本科	技术应用本科	高等职业教育专科
培养目标	培养掌握管理科学、经济学和计算机科学与技术学科的基础理论，掌握管理、经济和计算机技术领域必需的工程应用理论，具有良好的工程素养，并具有解决实际工作问题的能力，能在企业、事业、科技和行政部门等单位从事信息管理和信息系统的分析、策划、规划、设计和管理等方面工作的高级工程设计型人才	培养掌握管理科学、经济学和计算机科学与技术学科专业领域必备的基础理论，掌握管理、经济和计算机技术领域必需的应用技术理论，具有较强的技术应用能力，能在企业、事业、科技和行政部门进行信息系统设计、开发、集成、实施、组织、管理和市场应用等方面工作的高级技术应用型人才	培养具有工作需要的熟练技术技能和职业素质，以及支撑他们在管理、经济和计算机技术领域必需的技术应用理论和知识、工作领域的经验性知识和工作过程性知识，能在企业、事业、科技和行政部门从事信息系统实际操作、运行和维护等方面工作的高级技能应用型人才

第二，明确应用型本科教育人才培养的基本规格和质量要求。本科应用型人才是一种特殊的人才规格，它既不同于学术研究和工程设计型人才，也不同于技能型人才。应用型人才在社会发展过程中的角色价值主要体现于对知识和技术的综合转化、具体应用能力以及创业创新精神与良好的职业素养。因此，要培养适应社会发展需求的本科应用型人才，关键是要从知识、能力和素质三个方面，来确定人才培养的基本规格，以保证本科应用型人才的培养质量。具体要求如下：

① 优化以职业生涯目标为导向的知识结构。合理的知识结构是形成应用型人才核心能力和专业素质的基础条件。因此，要以大学生将来的职业生涯目标为导向，遵循知识结构的整体相关性、社会适应性和动态开放性的基本要求，坚持以通用知识为保障，以学科知识为支撑，以专业知识为基础，以岗位知识为核心，以创新创业知识为拓展，努力使培养的人才成为适应社会需求的应用型人才。

知识要素是实现人才培养规格、提升人才素质的基础性要素，它从根本上决定着能力要素和素质要素。应用型本科人才的知识要素主要由两大部分构成：即素养性知识和专业性知识。素养性知识，主要由通用性知识和思想道德知识组成；通过通识性课程和思想政治类课程，使学生了解和掌握人类、社会、自然发展及其规律的基本知识、基本理论，了解思想道德基本知识、基本要求。专业性知识由学科知识、专业知识、岗位知识、创新创业知识等内容组成。这两大部分知识之间有着相互联系、相互促进、相互制约的关系。具体可用下图表示（图2－1）：

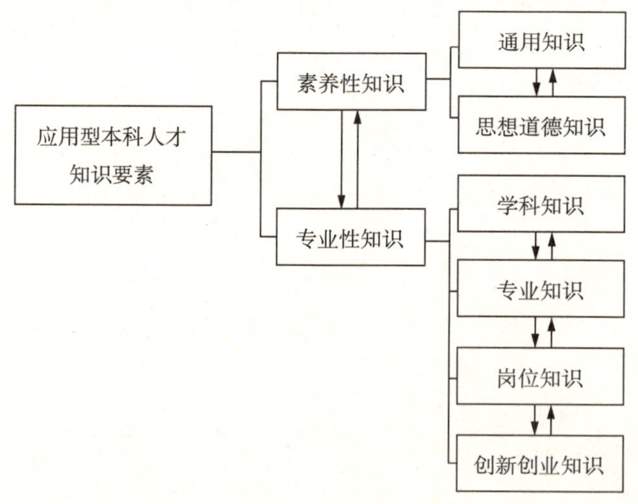

图2－1　应用型本科人才的知识结构

② 强化以专业实践应用能力为核心的能力结构。能力结构决定人才潜在的职业岗位适应能力和可持续发展能力，鉴于本科应用型人才是一种高级应用型人才，我们认为应用型本科教育人才的能力结构应包括专业实践应用能力和职业岗位可持续发展能力两大方面。专业实践应用能力主要是指运用所学知识解决生产一线具体专业技术问题的能力，是本科应用型人才的核心能力，主要包括专业基

本技术实践应用能力、专业关键技术实践应用能力、专业技术升级更新应用能力，职业岗位可持续发展能力。其中，职业岗位可持续发展能力，以往有学者称之为“关键能力”，最早由澳大利亚教育审议会迈耶委员会（Mayer Committee）在1992年提出，其认为关键能力是“有效参与正在出现的工作形式及工作组织所必需的能力”。这种关键能力并不是某种具体的专业能力和职业技能，而是对不同职业岗位的适应能力，其本质是一种可持续发展能力。因此，我们认为用职业岗位可持续发展能力来表达更为确切。这种可持续发展能力一般应包括：学习能力、创业能力、创新创造能力、社会适应能力。具体可用下图表示（图2-2）：

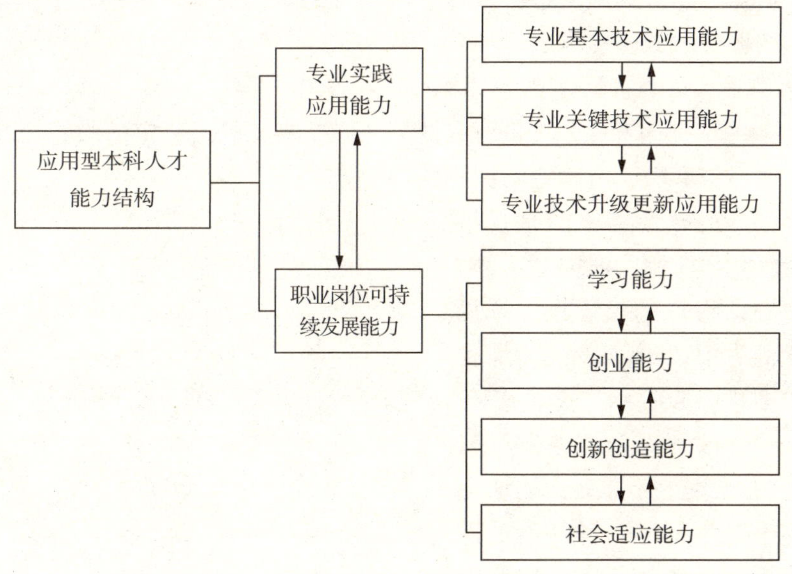

图2-2　应用型本科人才的能力结构

综上所述，应用型本科人才的能力要素是由专业实践应用能力和职业岗位可持续发展能力组成的综合结构，我们在人才的实际培养过程中，必须强化以专业实践应用能力为核心的综合能力要素培养，科学设置课程体系和课程内容、深化教学方法和考核评价方式改革，切实形成应用型本科人才能力培养的特色。

③ 内化以职业素质为核心的综合素质结构

实践表明，应用型人才在进行技术应用、生产管理时，其专业知识的运用、应用能力的发挥常与其责任心、道德境界、意志品质、心理素质等非专业素质有着极其密切的关系，并直接影响着专业工作任务完成的效率与质量。因此，应用型本科教育要避免重专业知识和能力培养，轻视非专业素质教育的现象，高度重视综合素质培养，尤其要重视深化思想政治教育改革，科学设置思想政治教育课程内容、大力改进教学方法并将思想政治教育渗透到专业理论和实践教学过程当中，着力培养应用型人才必备的思想道德素质，内化以职业素质为核心的综合素质结构，努力培养出“知行统一”的高素质应用型本科人才。

二、要科学构建应用型本科教育的课程体系

课程是一切教学活动的核心，是实现教育目的和培养目标的重要手段。任何一种教育理念要付诸实践，使培养目标转换为具体的教学实践，都必须借助于课程这一载体才能实现。各种教育类型和教育层次的区分，实质上都是课程体系和内容的区别。因此，应用型本科教育的培养目标能否实现，关键在于构建体现应用型本科教育要求的课程体系。

1. 学术型本科教育的课程体系特征

课程体系（有学者称之为课程模式），通常是指根据一定的教育思想和理论以及培养目标与层次，所确定的课程结构。

学术型本科教育培养的是从事基础理论研究和应用的研究型人才，在学科中心课程观的指导下，采用的是以学科为中心的三段式的课程模式。如图 2－3 所示，公共基础课、学科基础课和专业课按照学科知识的逻辑顺序进行排列，构成一个封闭的正三角形。三种类型的课程分别承担着不同的任务，彼此之间存在着严密的逻辑关系，具有鲜明的层次性，正三角形的排列方式也代表着课程的展开顺序是从一般到具体，从基础到专业，从理论到实践。目前在我国，典型的公共基础课主要是由英语、计算机、政治理论课等通用课程构成；学科基础课是按照本科专业目录中的二级学科设置的科学（应用）学科基础课程；专业课是由专业原理性知识所构成的科学（应用）学科专业课程。一般来说，公共基础课、学科基础课统一作为基础部分课程，在课程体系中占有较大的比重，专业课程部分所占的比重较少，表示该模式强调基础理论的重要性，符合学术性本科教育的人才培养目标定位。

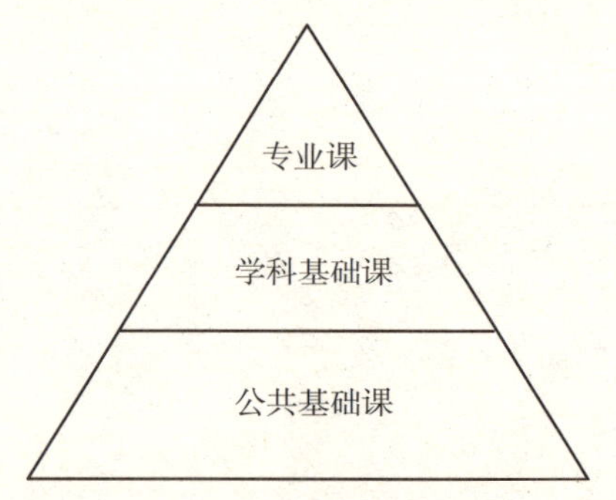

图 2－3　学术性本科教育的“三段式”课程结构

正三角形的课程模式的目标是系统地掌握学科理论知识，构建完整的理论知

识结构，发展认识能力和理解能力，课程内容是以理论知识或陈述性知识为主体，是为了解决“知”的问题，对于培养科学研究型人才而言，理论课程中占有较大比重的是系统的科学原理，实践课程中占比较多的是验证性的实验和定向性的基础研究。

2. 应用型本科教育课程体系的构建

应用型本科教育的课程体系，是在应用型本科教育理论指导下，课程编制所采用的计划方式和所确定的结构体系。它是为了实现应用性本科教育的培养目标，具有特定结构和功能的课程体系。具体来说，应用型本科教育的培养目标是为地方或区域经济建设培养具有相关知识、能力和综合素质，面向生产、建设、管理、服务第一线的高级应用性专门人才，应用性本科教育课程体系就是为了实现这一培养目标，在编制课程时所采用的基本原则和总体框架。应用型本科教育课程体系的构建直接决定了应用型本科教育的目的和人才培养目标的实现。

由于应用型教育的特殊性，其课程设置的制约因素比其他类型的教育更多，导致课程体系必须呈现出多样性和动态性特点。由于所在地区或行业的差异性，没有一种应用性本科教育的课程体系能够适用于所有应用型大学的专业，也没有一种课程体系是一成不变的，应用型大学可以根据具体的教育实践来构建符合自身校情的课程体系，以便为专业课程方案的设计者提供基本思路和框架；为课程的实施者提供宏观要求和标准；也为课程的管理者提供一定的评价标准。

（1）我国目前应用型本科教育课程体系存在的问题

目前，我国应用型本科教育主要由其前身为高职高专院校的新建本科院校和改革开放后成立的地方本科院校来承担。这些院校大都还在探索符合自身办学定位的课程体系，未能在高等教育界形成特色鲜明、得到公认的应用性本科教育的课程体系。往往是课程体系的定位不准，盲目向学术性本科院校靠拢，多采用以学科知识为中心的课程体系，致使应用型本科教育的课程体系出现了“学术化”的倾向。主要表现在以下几个方面：

① 理论知识过重，实践环节不足，偏离了对学生应用能力的培养。许多应用型本科院校在课程设置上都不同程度地存在着重理论知识，尤其是陈述性知识的传授，轻实践教学环节，只强调学生应该“知道什么”，而不是“会做什么”，没有充分做到结合生产一线，培养学生解决实践问题的应用能力。在理论教学中，基础理论的讲授也超出了从事技术工作所必备的有关技术原理及其运用的理论，出现了与学术性本科同等难度的倾向，混淆了学术型本科教育和应用型本科教育之间的区别，忽视了应用型本科教育的应用性特点。

② 以学科体系构建课程，忽视课程与工作要求之间的联系。据调查，应用型本科教育的课程多是按照学科的逻辑结构来组织内容，过于强调知识的系统性和完整性，而不是面向实际应用，根据职业能力的要求来选择课程内容，忽视了教育与产业的联系、知识与工作任务之间的联系。这种学科中心的课程体系，虽然可以为学生提供学科理论基础，但无法提供关键的工作过程性知识和基本工作经验，课程内容与工作实践的联系不紧密，从而造成学生学习的盲目性，不利于学生应用能力的培养。

③ 先理论后实践的课程排列顺序造成了理论与实践的脱节。目前，应用型本科教育课程的理论课程和实践课程没有得到较好的整合，而是各成体系，相互独立，基本上都是先上理论课程，再上实践课程，由于学生没有感性认识，容易造成理论知识的空泛，无法使学生真正掌握知识，再通过实践过程将其内化为能力。另外，与工作密切相关的实践课程多是安排在高年级，造成实践周期太短，不利于实践能力的培养。

（2）应用型本科教育应持有的课程观

课程观决定于培养目标。因此，要构建应用型本科教育的课程体系，应该先对学术性本科教育和专科层次的高等职业教育的课程观进行分析，找出它们与应用型本科教育之间的相同和不同之外。

总体来说，社会经济的发展对人才的需求可以分为两种类型：一种是学术性人才，主要从事基础理论研究，认识和发现各种客观规律；另一种是应用型人才，主要从事应用研究或实际操作，将客观规律转化为社会生产力，为社会谋取直接利益。在客观规律转化为社会直接利益的过程中，又存在着三种转化过程：第一种转化是将客观规律转化为设计方案或设计图纸；第二种转化是将设计方案或设计图纸转化为生产经营活动的工艺、程序和方法；第三种转化是将第二种转化的结果进行技能操作，形成产品和服务。实现这三种转化的应用型人才分别是工程设计型人才、技术应用型人才和技能型人才。不同类型、层次的人才是由不同类型或层次的教育所承担的，教育类型、层次与人才类型、层次具有对应性，学术性人才培养和工程设计型人才培养的任务是由传统学术性本科教育来承担，技能型人才的培养是由专科层次的高等职业教育来完成，而应用型本科教育主要培养技术应用型人才。技术应用型人才是介于学术性人才（工程设计型人才）和技能型人才之间的人才类型，其人才培养规格与后两者既有区别，又有交叉。应用型本科教育为社会生产一线培养的人才，一方面要求其掌握某一领域学科的基本知识和基本技能，另一方面又应该具有较强的解决实际问题的能力。由应用型本科教育的培养目标可以得知，应用型本科教育的课程观应该是一种整合性的课程观，吸取了知识本位课程观和技能本位课程观的长处，做到理论与实践相结合，既能依托学科，又能面向应用，我们称之为以应用为导向的课程观。

应用导向的课程观是从工作需求出发，以技术活动为主线，设置技术学科和技术实践相融合的课程。课程目标既要考虑到本科教育的基础性和阶段性，也要充分考虑应用型人才适应第一线工作的要求。前者注重理论知识的掌握和认识能力的提升，后者注重工作过程性知识的掌握和实践能力的养成，二者的有机结合才能完成应用型人才培养的目标。因此，技术学科课程内容的选择要根据生产或服务的现实需要，注重应用技术的陈述性知识和经验性知识，重视理论知识中相关结论的使用而相对淡化部分推导过程，强调通过学生的实践行动，使知识和技能内化为能力。在课程实施方面，主要以技术活动为主线，采用启发式和行动导向的教学法，实施以学习者为主体的授课方式；在课程评价方式上，应该实施多元性的课程评价方式，即要采用书面考试、工作样本等多种考核方式，评价者要由任课教师、企业代表等多方担任，使多方面的角色参与到课程评价的环节中来。

总体来说，与学科中心课程观相比，虽然二者都是以学科知识为基础，但是应用型本科教育是以技术学科知识为基础，强调面向工作的应用能力的培养；与技能本位的课程观相比，虽然二者都强调技能的培养，但是应用型本科教育强调学科知识平台对应用能力培养的支撑作用，更强调智力技能而非动作技能的培养。因此应用导向的课程观既强调理论知识传授，又强调技能培养，力图通过实践过程使二者进行融合，最后将其内化为技术应用能力。

（3）构建应用型本科教育课程体系应把握的基本原则

① 以工作要求为目标。应用型本科教育是为地方经济服务的，要根据当地市场的人才需求来设置课程。应用型本科教育课程体系的构建，首先要对实际工作进行分析，将工作分解为多项核心工作任务，确定完成各项工作任务所需要的能力，在能力分解的基础上，以能力与知识的对应关系，将课程内容进行归类、整合、安排，进而形成应用能力培养脉络鲜明的课程体系。

② 以应用能力培养为主线。能力本位是应用型本科教育对应并区别于传统本科教育的学科本位课程的一个重要概念。应用型本科教育的课程体系是以培养应用型人才的应用能力为核心，将能力培养渗透到课程模式的每个环节中。区别于以知识为中心的学科本位，能力本位的课程体系的授课方式在重视理论讲授的基础上，更侧重于从做中学，强调实践教学环节的作用，尤其是一些综合性的实

践环节，产、学合作教育是实现应用能力培养的根本途径。

③ 以学科知识为基础。应用型本科教育属于高等教育的本科层次，这个层次决定了培养的人才应具有高等教育本科层次的基本知识和基本理论。因此，区别于高职高专职业教育，应用型本科教育的课程体系是以学科知识为基础的，这些学科知识足以能满足一线人才所需的技术和技能的要求，而且当新的科学技术转化为生产力时，应用型人才凭借其较宽的知识面和比较扎实的基础理论能够尽快掌握并加以利用。在设计学科知识体系时需要考虑应用型人才职业生涯的发展需要。

④ 以工作过程性知识为重点。应用型本科教育的课程体系应该具有一定的系统性、完整性并达到本科层次水平的理论课程，但这些理论课程与学术性本科教育培养规划与设计的理论课程是不同的，它是要求具备在工作现场贯彻和实施这些设计和方案而必需的技术原理和过程性知识。应用型人才在工作现场必须具备解决实际问题的能力，这就要求理论课程是以工作过程性知识为重点，用来教会学生在实际的工作中“怎样干”和“怎样干更好”。

⑤ 以综合素质教育为取向。应用型本科人才处于生产或服务的第一线，随着科学技术的飞速发展和产业的不断升级，工作环境往往复杂多变，变换工作的机遇也会大大增加，只有具备较高的综合素质和较强应变能力的人才能在未来社会中得以生存和发展。另外，技术更新速度加快，技术的更新往往意味着一个全新领域的出现，而不是在原有基础上的局部改进。这就要求应用型人才具备可持续发展的潜力，能够学会学习，自我更新知识体系，以适应社会发展的需要。全面发展、综合素质高是未来社会对应用型人才的普遍要求。

三、要强化应用型本科教育的实践教学体系建设

高校的实践教学是与理论教学紧密联系，并相对理论教学而独立存在的一系列旨在培养学生实践能力的教学活动总称。它是在一定的条件下或环境中，由教师指导，学生自主完成的一种学习研究或能力训练的教学活动过程，一般需要运用一定的设备、场地或材料。实践教学体系就是由与实践教学活动相关的各个要素构成的有机联系整体。一个完整的实践教学体系通常包括实践教学目标、实践教学内容、实践教学方法、实践教学考核评价和实践教学保障条件、实践教学教师队伍建设等方面内容。

虽然应用型本科教育与学术性本科教育在实践教学体系的构成要素上基本相同，即都由实践教学目标、实践教学内容、实践教学方法、实践教学教师和实践

教学保障条件构成。但由于人才培养目标的不同，两者在实践教学体系构成要素的内涵、与理论课之间的关系、在人才培养过程中的地位和作用都将有明显的区别。从已有的实践看，实践教学是培养应用型人才实践能力和创新创业能力以及综合素质的关键环节。因而，应用型本科教育必须更加重视实践教学体系建设。

1. 目前应用型本科教育实践教学体系建设存在的问题

现阶段，鉴于实践教学在本科应用型人才培养过程中的重要地位和作用，实践教学体系建设已成为我国地方本科院校教学改革研究和实践探索的热点，不少院校已取得相当成功的经验与成果，有效促进了应用型本科人才的培养。但也还存在以下几个方面的问题。

（1）实践教学目标定位不准、方向不明

实践教学目标是实践教学活动的初始环节，也是实践教学活动运行的内控因素，它对实践教学内容的安排、管理制度的制订与保障措施的采取具有引导与规制作用。部分地方本科院校对实践教学在应用型本科教育中的重要地位认识不足、改革方向不明，仍然遵循先理论、后实践的模式，推崇从理论到应用的认识论逻辑。实践教学被看成是依附于课堂教学，是课堂教学的延伸和补充，没有构建起适应用型本科人才培养需要的独立的实践教学体系，甚至没有自己明确的教学目标，这种状况严重制约了应用型创新创业人才的培养。

（2）教学内容和教学方法不能体现应用型本科教育的特点

不少地方本科院校的实验教学内容与科研、工程、社会实践之间缺乏良性互动，实验项目多以演示、验证型为主，而综合型、设计型和创新型实验项目偏少，尤其是缺少实训环节，实验教学方法仍以教师讲授为中心，开放式、自主式、探究式教学方法没有得到科学应用。使得学生独立解决问题和探究学习的能力，以及学习中的独立性、主动性、批判性和创造性均得不到充分培养和锻炼。

（3）实践教学保障条件不适合应用型创新创业人才能力的培养

部分实验教师自身创新意识和创新能力不强。教师科研能力比较薄弱，很难产生具有创造性的教学成果和科研成果，在教学过程中，无法开设创新性实验项目，教师创新创业引导能力不足。另外，实验教学与教师的科研成果无法融合。部分地方本科院校创新创业教育环境不够完善。受经费等诸多因素的影响，校内外实习实训基地设施陈旧，校企合作的创新创业实训、实践基地建设不够完善，造成开设的创业、创新型实验项目比例少，产学研合作培养“卓越工程师教育培养计划”无法落实，无法实践“启蒙→授业→孵化→实践”阶升式的创业教育体系。所以，很难培养学生的创业意识、创业能力以及进行发明创造的创新能力。

（4）实践教学评价体系难以适应培养创新创业人才的需要

评价体系过于看重结果而淡化过程，过于看重知识吸纳而忽视能力形成，过于看重学业发展而忽视健全人格塑造，忽视了不同个性学生的发展特点，忽视了对学生个体的全面评价。高校对学生普遍采用“综合素质评价”，评价没有把应用型创新创业人才应具备的思维、个性、能力素质纳入其中，这既有悖于素质教育全面发展的原则，也成为制约应用型创新创业人才成长的一个导向性因素，因而对学生的评价难以适应培养创新创业人才的需要。

2. 强化应用型本科教育实践教学体系建设的主要措施

（1）要切实明确应用型本科教育实践教学的目标、任务

应用型本科教育以培养高级技术应用型人才为主要目标，而应用型本科教育的实践教学是实现应用型本科教育培养目标的重要途径和支撑，其目标指向是深化知识，并将知识转化为能力与素质，着力培养学生解决生产一线实际工作中专业问题的应用能力和良好的职业素养。具体地说，在应用型本科人才的知识要素培养中，实践教学主要是通过结合课程实验实习和工作实践，使学生获得体验性、经验性知识和工作过程性知识。在应用型本科人才的能力要素培养中，实践教学贯穿于人才培养的始终，是能力培养的关键环节，通过各种实践教学环节使学生将专业理论知识、工作经验性知识和工作过程性知识转化为专业技术应用能力，并在实践教学实践过程中渗透培养学生的学习能力、创新创业能力。在应用型本科人才的素质培养中，实践教学起着至着重要的作用。主要通过各个实践教学环节与思想政治理论课相结合的途径和多种社会实践活动，促进学生职业素养、职业道德和公民基本素质的养成。为达成应用型本科教育实践教学的目标，应用型本科教育的实践教学要贯穿于人才培养的全过程，坚持实践教学与理论教学并重、协调发展、相互融合，强化、实化、深化实践教学，切实彰显应用型本科教育的人才培养特色。

（2）构建特色鲜明的应用型本科教育实践教学环节体系

① 应用型本科教育实践教学环节的构成要素。实践教学的各个环节是实践教学目标任务的具体化。具体来讲，是将各个实践教学环节通过合理配置，构建以培养应用能力为主线的实践教学环节体系，科学地安排实践教学内容，将实践教学的目标和任务具体落实到各个实践教学环节中，使学生在实践教学中深化知识、提升能力、增进素质。

根据众多高校的实践，一个完善的应用型本科教育的实践教学环节应包括实

验、实习、实训、工程训练、课程设计、毕业设计（论文）和社会实践等七大内容，如图 2-4 所示：

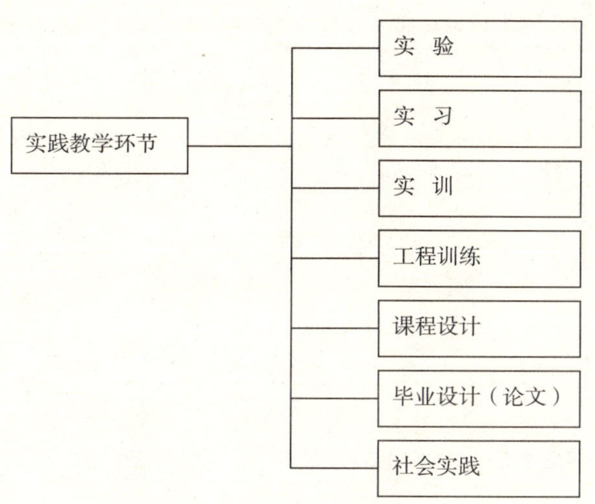

图 2-4　应用型本科教育的实践教学环节的构建

② 应用型本科教育实践教学环节体系的构建。所谓实践教学环节体系的构建，就是将上述七种主要实践教学环节按照一定的规则构建成与理论教学活动科学对应的实践教学内容体系，即解决各类实践教学环节在应用型本科教育中如何合理安排的问题。

在学术性本科教育中，实践教学的安排是随着理论教学的安排而确定的，它体现了学科教育的特点，采用公共基础—学科基础—专业“三段式”的形式，并且按照“先理论、后实践”的顺序进行。在应用型本科教育中，实践教学是应用能力培养的重要环节，而应用能力的培养是应用型人才培养的主线，因此应用性本科教育的实践教学应该围绕应用能力的培养，形成既与理论教学相对应又相对独立且完整的实践教学体系，并与理论教学同时开展、互相支撑、互相融合，共同完成应用型人才的培养目标。

具体地说，应用型本科教育实践教学体系的构建，要以应用型本科教育课程体系为依据，将实践教学环节所包含的要素作合理而有序的安排，形成应用型本科教育实践教学环节与课程体系、培养目标的科学对应关系。根据一些应用型本科高校的实践，应用型本科教育的实践教学环节与课程体系、培养目标的对应关系可以通过表 2-2 来表示。

从表 2-2 可以清楚地看出，各类实践教学环节是三大课程平台的组成部分，根据课程平台中的课程内容来设置实践教学环节，根据培养目标中的知识、能力、素质的要求来确定实践教学应该达到的目标。

表2-2　应用性本科教育实践教学环节与课程体系、培养目标的对应关系

<table>
<tr><th>课程平台</th><th>课程模块</th><th>实践教学环节</th><th>实践教学要求</th><th>指向的培养目标</th></tr>
<tr><td rowspan="2">学科基础平台课程</td><td>技术学科基础课程</td><td>实　验</td><td>验证理论知识</td><td>学科理论知识
职业素质和职业道德</td></tr>
<tr><td>技术学科专业基础课程</td><td>实　验</td><td>验证理论知识</td><td>学科理论知识
职业素质和职业道德</td></tr>
<tr><td rowspan="7">应用能力平台课程</td><td rowspan="5">技术通用知识课程</td><td>实　训</td><td>学习掌握技术并内化为能力</td><td rowspan="5">专业关键技术应用能力
创新创业能力
职业素质和职业道德</td></tr>
<tr><td>工程训练</td><td>综合应用技术解决工程问题</td></tr>
<tr><td>生产实习</td><td>建立工程意识、体验实际工作</td></tr>
<tr><td>课程设计</td><td>综合应用某门课程知识
解决问题</td></tr>
<tr><td>毕业设计</td><td>综合应用所学知识解决问题</td></tr>
<tr><td>专门职业技术和规范课程</td><td>实　习</td><td>获得工作经验性知识
并内化为能力</td><td>经验性知识
专业基本技术应用能力
专业技术升级更新能力
职业素质和职业道德</td></tr>
<tr><td>职业实践课程</td><td>实　习</td><td>工作演练、获得过程性知识
并内化为能力</td><td>过程性知识
应用能力
创新创业能力
职业素质和职业道德</td></tr>
<tr><td rowspan="2">基本素质平台课程</td><td rowspan="2">通用工具和素质课程</td><td>实　验</td><td>英语和计算机工具
的使用能力</td><td rowspan="2">学习能力
社会适应能力
公民基本素质</td></tr>
<tr><td>社会实践</td><td>基本社会生活能力</td></tr>
</table>

③ 打造应用型本科教育实践教学内容的鲜明特色。实验教学要深化内容、改革方法，突出对学生动手动脑能力和创造性思维能力的培养。首先是深化实验教学内容。实验教学在应用型本科人才的培养过程中有较大的占比，对培养学生的动手能力、思维创新能力具有重要作用。实验教学内容要紧密围绕应用型本科

人才培养目标和各专业的职业岗位需求，综合考虑学生动手能力、思考问题能力和解决实际问题能力，充分调动学生学习的主动性，激发学生的创造思维。实验内容与专业理论、科研、技术应用实践密切联系，实现基础与前沿、经典与现代的有机结合。实验课程应结合专业特点，合理安排设计性、综合性、应用性和基础性实验的比例，优化实验知识结构和更新实验内容，增加具有综合性、应用性的实验项目，使实验课程的设置更趋科学合理。另外，要及时把本院系教师的科研成果转化作为实验教学内容。教师的科研成果经过实践检验、包含着许多新的知识，将其转化为新的实验内容，对于学生掌握本专业基本技能，激发学生对实验的兴趣，提高动手能力以及创新能力都会起到积极促进作用。

其次是改革实验教学方法。采取何种实验教学方法，是调动学生的主动性以及促进创新型人才个性发展的关键。在实验课堂上，教师的主要任务是引导，把有限时间留给学生去动手，在实验中发现问题、解决问题，激发学生的创新意识。所以，实践教学要注重开放式、自主式、探究式等教学方法的应用。开放式教学注重启发学生创造性思维，给学生留有思考的余地；确定了实验教学内容后，教师负责对实验任务的重点、难点进行讲解，鼓励学生自己动手解决实际问题，激发学生的求知欲和钻研精神。自主式教学是让学生自主选择实验任务，设计实验步骤，以培养其独立思考能力和团队协作精神，激发学生的实践兴趣，使学生由被动型学习转向主动型学习。探究式教学是让学生自己通过观察、实验、思考等途径去独立探究。在教师的指导下，以学生为主体，让学生自觉地、主动地探索，掌握解决问题的方法和步骤。在探究式的教学的过程中，学生的主体地位、自主能力得到加强，是对学生科研能力的初步训练，有利培养学生的创新意识。

以应用能力课程平台的实践教学环节为重点，突出对学生应用能力的培养。应用能力课程平台是应用型本科教育的核心课程平台，是实现应用型本科教育目标的关键，而实践教学是应用能力课程平台的重要支撑，学生应用能力的培养以及知识的内化，都必须通过实践教学环节来实现。所以，在应用型本科教育中实践教学环节的重点应该是应用能力课程平台的实践教学环节，即实训、工程训练、生产实习等。传统的对理论内容进行验证的实践教学环节在应用型本科教育中应该大大减少，综合性设计性创新性的实验、生产实习、工程训练等以应用能力和创新创业能力培养为目标的实践教学环节要大大增加。因而，要以应用能力课程平台为中心，以这部分的实践教学内容为重点，突出技术技能的应用和创新能力训练，使学生切实提高技术技能和应用创新能力。

深化产学合作，努力提高实践教学效果。应用型本科教育注重对学生应用能力和综合职业素质的培养，在具体培养过程中，为了使学生得到更多的经验性知识、工作过程性知识和实践应用能力，既要深化校内的实习、实训环节，更要通过深化产学合作机制，使学生可以围绕企业的生产任务、生产过程来锻炼提高应用能力。实践证明，产学合作是应用型本科人才培养的必备教学实践环节，可以有效提升应用型本科教育质量。其一，产学合作过程中，行业企业的一线技术专家为学生传授现场工作知识、经验和技术，这些内容往往是学生在书本上和校内课堂与实验实习中都难学到的。其二，产学合作过程中，实践教学内容通常是围绕行业企业的现场问题而展开的，确保了实践内容的真实性和前沿性，使学生通过解决这些实际问题，有效提升实践动手能力、解决问题能力。其三，学生通过在产学合作单位的生产现场进行实习、实训、毕业设计等活动，不仅可以最大限度地了解未来工作的现状和环境，而且能够有效培养学以致用、表达沟通、团队合作、组织协调等综合能力。

（3）创新实践教学考核评价方式

实践教学内容、教学方法的深化改革，必然要求创新实践教学的评价方式。

实践教学有教与学两个方面，因此，创新实践教学考核评价方式要从教与学两个方面入手。

从教学方面看，创新评价方式主要突出两点：一是创新实践课程体系评价。要突出是否在实践教学课程体系上有创新、改革举措等内容的评价，包括创新实验实践课程数量，各类创新实践环节开展情况，实验项目的综合性、设计性比例，综合性、设计性实验内容的学科跨度，实践课程的产学结合程度、机制等。二是创新实践教学效果评价。主要突出结果的评价，即实践教学最终取得的结果如何。它包括学生的实践动手能力、创新创业能力的发展状况，学生创新创业的比例、经济和社会效益，学生的就业率与就业质量等。

从学生方面看，创新评价方式应侧重三个方面：一是创新评价主体，实现评价主体多元化，要改变教师是评价学生实践教学学习成绩的唯一主体的做法，让实习单位的专家、师傅和学生以适当的方式参与评价。二是创新评价方法，要根据不同的实践教学内容运用不同的评价方法，注重实践学习过程评价与结果性评价相结合，实现对学生的学习态度、学习参与情况、实践知识与能力的提升状况等的综合评价；定性评价与定量评价相结合，如对某一实践教学内容，不仅要考查学生对所学内容是否掌握，还要考查其掌握的熟练程度；单项评价与综合评价相结合，即要考查学生对实践知识、技能的综合运用能力。三是创新评价标准，实现评价标准的多元化，主要是应建立对学生的知识、能力和素质进行综合评价的多元化评价指标体系。

四、要着力打造高水平的应用型师资队伍

培养高质量的应用型本科人才必须有高水平的应用型师资队伍。从众多高校的实践看，建设高水平的应用型师队伍要在以下几方面狠下功夫：

一是强化师德建设。要按照爱国守法、敬业爱生、教书育人、严谨治学、服务社会、为人师表的师德要求，加强高校教师职业道德建设，从思想政治素质、职业理想、职业道德、学术规范等方面完善师德教育内容，建立健全师德教育长效机制，引导教师增强立德树人的荣誉感和责任感，以高尚师德、人格魅力、学者风范来教育感染学生，做学生健康成长的指导者和引路人。二是提升教师整体素质。要通过良好的发展环境和待遇来吸引人才，留住人才，保持师资队伍稳定，促进师资水平不断提高。强化教师培训，积极鼓励教师攻读了学位，继续深造，提高现有教师队伍的整体学历层次，有计划地让部分骨干教师脱产做访问学者或者到国内外高校去研修。三是加强“双师型”教师队伍建设。要制定完善“双师型”教师基本标准。建立教师到企业实践制度，有计划地安排专业教师尤其是青年教师深入生产管理一线，积累实践经验，提高实践能力。建立校外兼职教师聘用评价机制，积极从企事业单位选聘具有丰富实践经验的工程技术专家和管理专家担任兼职教师。积极引导教师走出校门，参加产学研合作项目，在合作中提高科研和技术服务能力，掌握产业和技术发展的最新动态，并把科研优势转化为教学优势和育人优势。不少高校的实践证明，加强双师型教师队伍建设是提高本科应用型人才培养质量的重要措施。如河南农业大学为培养高质量的应用型人才，在师资队伍建设方面主要采取以下措施：一是不拘一格，打开大门办教育，广泛引进和聘任社会各界精英。一大批拥有丰富实践经验的知名企业、上市公司、研究院（所）的总经理、高级工程师等走进课堂，他们给学校带来了生产、科研第一线的新技术、新工艺，给学生传授实用知识与实践技能，帮助一批中青年教师提升了专业实践技能，促进了“双师型”队伍的建设。二是吸纳企业教育资源，派出教师到企业锻炼，培养“工程师型”教师。当前，高校教师队伍的现状是大多数的教师从博士或硕士毕业后，直接到高校参加工作，本身的理论知识水平很高，进行科研的能力也很强，但是不容回避的是他们的所学与生产实践相差较远，在指导学生实习上往往感到力不从心。多年来，河南农业大学非常重视“双师型”教师的培养。每年选派本校教师以科研合作的方式进入企

业，进行合作科研，加强实地培训，深入企业第一线进行学习，让其在生产中接受锻炼，掌握丰富的一线知识。结果这些教师在学生的实习指导、就业指导等方面发挥了非常积极的作用①。

参考文献：

[1] 高林等. 应用性本科教育导论 [M]. 北京：科学出版社，2006.

[2] 曹旭华等. 地方本科高校办学定位与发展战略研究 [M]. 北京：经济科学出版社，2010.

[3] 王立人等. 国际视野中的本科应用型人才培养 [M]. 杭州：浙江大学出版社，2008.

[4] 浙江省教育厅. 应用型人才培养的理论与实践 [M]. 北京：高等教育出版社，2008.

① 胡选振：《高等农业院校应用型人才培养模式探析》，河南科技学院学报，2014 年 6 月，第 6 期

下篇　安徽科技学院应用型本科人才培养的实践探索

安徽科技学院长期坚持培养应用型本科人才的办学定位，深入推进应用型本科人才培养模式改革，深化思想政治教育改革，着力推进省级示范应用型本科院校和地方应用型高水平大学建设工作，取得了显著成效。

第三章　不断深入推进应用型本科人才培养模式改革

安徽科技学院在1981年经省政府批准成为具有独立举办本科教育的本科院校，虽然属于改革开放后最早建立的本科高校之一，但由于其曲折复杂的创立和发展历程，自20世纪80年代起就开始了推进应用型本科教育的实践探索，其后随着我国高等教育改革的深入发展变化，应用型本科人才培养模式改革工作也不断地深化，使长期坚持致力于发展应用型本科教育成为学校鲜明的办学特色之一。

第一节　长期坚持培养应用型本科人才的办学定位

安徽科技学院独立举办本科教育不久，便确立了培养应用型本科人才的办学定位，其后学校的应用型本科人才培养模式改革工作随着高等教育形势的发展变化而不断深入推进，大致经历了如下三个阶段。

一、初期探索阶段

安徽科技学院前身是安徽农学院凤阳分院，1981年原安徽农学院的干部、教师回迁合肥，省委省政府决定将安徽农学院淮北分院、凤阳分院合并，独立建制成安徽农学院皖北分院（享受独立举办本科教育的本科高校，因未经国家教育主管部门批准而对外暂称皖北分院）。办学之初主要是沿用传统的人才培养模式。由于当时安徽省有三个农学院，即安徽农学院、皖南农学院、安农皖北分院，学科专业和人才培养模式趋同。在这种情形下学校上下都不得不深入思考：如何找准符合学校实际的办学定位，加快学校的建设和发展？在苦苦思索之中，终于迎来了契机。1984年，中央召开全国教育工作会议，通过了《中共中央关于教育体制改革的决定》，明确提出要积极调整中等教育结构，大力发展职业技术教育，并要求全国建立若干所高等职业师范院校，为中等职业教育发展提供师资。为此，1985 年 2 月学校向省政府呈送报告，要求将“安农皖北分院”改建为“安徽农业技术师范学院”。1985 年 8 月，为贯彻落实中央决定精神，适应我省中等教育结构调整和大力发展职业技术教育的需要，省政府批准将“安徽农学院皖北分院”改办为“安徽农业技术师范学院”。自此，学校走上了从传统本科人才培养模式向职业技术师范本科人才培养模式（即应用型本科人才培养模式）转轨的实践探索。

1. 明确办学指导思想和人才培养目标

从农学院改办为农业技术师范学院，干部教师对此类学校的办学地位、作用和任务缺乏明确认识，对前途缺乏信心，对能否办好这样的学校存在种种疑虑。针对这种情况，学校认真组织师生员工学习《中共中央关于教育体制改革的决定》及胡耀邦等党和国家领导人关于发展职业技术教育的重要讲话及批示精神，使师生员工逐步认识到农村职业技术教育的重要性，逐步了解职业技术教育的地位、作用和未来。广泛发动教职工探讨农师院与普通师范学院的异同，讨论农师院的专业设置及教学计划制订的路径与方法。通过学习讨论，及时消除了大家思想上的片面认识，有效调动了广大师生的办学积极性。

为把握好职技高师的人才培养规律，学校深入开展调研学习和职教理论研究工作。1985 年下半年，多次组织教师对滁县、安庆、六安、阜阳、蚌埠、宿县等地市的农村职业技术教育状况进行调查分析，以摸清农村职中对师资培养的规格要求，同年 10 月，由副院长石惠英带队，组成考察组，赴吉林职业师范学院、河北农业技术师范学院、吉林农业大学和天津职业技术师范学院及北京等高校，考查学习同类院校的教学工作和办学经验。学校还先后参加了“全国职业技术高等院校校际协作会”等民间组织，积极疏通外省信息交流渠道，扩大对外联系，并加强了同省教委职教部门、省属师范院校、各地市教育部门、重点农职业中学之间的交流联系，把在调查研究和业务交流工作中取得的先进经验，及时应用到教学计划修订等教学改革的具体实践中，力求体现职技高师的办学要求和办学特色。此外，学校还于 1986 年 10 月成立了直属院部的职教研究室，由资深学者负责，先后完成了《安徽农师院办学道路初探》《职业技术教育师资队伍若干问题探讨》等研究工作，为学院的转轨做了大量的基础性理论研究工作。

经过一年多的探索，全校上下对改办职技高师后办学指导思想和培养目标达成了共识，形成了清晰的办学指导思想和符合职技高师要求的人才培养目标。

办学指导思想：切实贯彻中央教育体制改革的决定和中央领导同志关于发展职业教育的一系列批示精神。贯彻执行教育“三个面向”的方针，把师范教育与农业技术教育有机地结合起来，采用多种形式，多层次办学，多出人才、快出人才、出好人才，努力把安徽农师院办成有自己特色的职业技术师范院校，办成我省农职业中学师资培养、农职业教育研究和职教信息交流中心。

人才培养目标：安徽农师院培养的学生具有一定的马克思主义理论水平，坚持四项基本原则，热爱农业教育事业，具有本专业所要求的基础理论和技术水平，懂得师范教育的规律，为人师表，在德、智、体、美几个方面全面发展的农村职业中学的合格师资；同时也分别具备从事农业技术推广、农村经济管理、农业教育管理等方面工作的能力。

在明确办学指导思想和人才培养目标的基础上，学校本着积极稳妥、改而不乱的原则，集中力量从修订教学计划入手，积极改造老专业。在教学计划的安排上，注意农业技术教学和师范教学之间的比例关系，打破原农学院的人才培养教学框架。加强专业基础课，增强学生的应变能力；加强技术技能的训练，培养学生的动手能力；保证师范性课程的教学，培养学生将来作为农职业中学合格教师所必须具备的素质。根据农职业中学专业设置多样性的实际，增开选修课，增强学生的适应性和职业发展能力。

2. *深入推进教学改革*

办学指导思想和人才培养目标能否实现，关键在于是否依据办学指导思想和人才培养目标的内涵不断深化教学改革。为此，改办农师院后，学校始终注意深入推进教学改革，以不断提高人才培养质量。通过多年来的探索，明确了教学改革要以提高人才培养质量为目标，以改革课程体系、教学内容和教学方法为重点，拓宽专业口径，突出实践教学，强化实践动手能力培养。

（1）深化课程体系和教学内容改革

改办农师院以后，原有专业面较窄、理论性较强，不能适应面向农村职业中学和农技推广部门对一专多能的应用型人才的需要。因此，学院在初步转轨定向以后，本着“能体现技术师范特点，拓宽专业面，注意向近邻专业扩展，加强能力培养”的改革原则，先后组织大批教师、干部十余次深入农村基层，调查我省乡镇产业结构变化、社会经济发展与农职业中学现状，在此基础上，对原有的农学、畜牧、兽医、肉食品卫生检验四个专业，从教学计划入手，对课程体系和教学内容进行广泛深入的改革。

首先是本着打好基础、拓宽专业面、培养能力的原则，围绕培养目标和农村商品生产的需要，调整修订各专业教学计划，增加实用技术和商品经济方面的教学内容，增开跨专业的课程和应用性课程，增加教学实习和毕业实习周数。在课程设置上具有以下特点：①基本上达到大学本科一般应具有的文化基础理论和基础知识的水平。所开设的公共课和基础课课程门类及学时数与普通农业院校相比无大差异。②突出本专业课程。如农学专业保证植物、植物生理、普通遗传、作物栽培、作物育种等主要课程所必需的学时数，使学生具有较坚实的专业基础理论。③扩大专业面，增开邻近专业相关的课程；提高选修课比重，扩大选修课范围。一般选修课比重由10%以下提高到12%以上，如农学专业增开食用菌、花卉、淡水养殖、养蜂、养禽、农业技术推广以及保温栽培、无土育苗等适用新技术。④增开教育学、心理学、教师素质修养等师范性必修课。在调整教学计划的基础上，各系在1988年组织编写了《田间试验与统计方法》等48门课程教学大纲。其次是注重教学能力的培养。结合师范类教学课程，安排一定时间的备课、试讲等教学实习，在课外开展以培养教师素质为目的各项活动。学生在校学习期间，布置硬笔字、软笔字的练习作业，开展各项有益竞赛，召开演讲会、辩论会，举办书法、美学、摄影等讲座；组织学生在校外举办技术培训班，开展技术咨询；进行社会调查，在毕业实习时间内，抽出一定时间，安排学生到农职中学从事教学和担任班主任，以培养学生的教学、组织管理能力。

1990年后，根据社会对人才培养的要求和职技高师的办学规律、特点，不断修订教学计划和教学大纲，及时调整课程结构，更新、充实教学内容，拓宽专业适应面；同时增加外语、计算机、实践、师范生素质课等课程教学的比重，扩大选修课范围，增设公益劳动课，突出能力和素质的培养。1993年受国家教委委托，学校主持制定了《全国职技高师四年制农艺教育专业教学改革方案》，受到国家教委和同行专家的一致好评。此后，以农艺教育专业教改方案为标杆，先后制定了禽畜生产教育、机电专业教学方案，其中畜禽生产教育专业教学方案在全国职技高师教改交流会上荣获二等奖。此外，部分教师还主编、参编了50多门全国职技高师统编教材。1995年，受国家教委委托，学院又牵头制定了全国职技高师农科类专业目录。

1999年上半年，根据教育部新颁布的本科专业目录及修订本科教学计划的原则性意见，围绕职技高师的培养目标，在充分调研论证和吸收近年来职技高师院校办学经验、教改成果的基础上，精心制定了《关于修订教学计划的指导性意见》；1999年下半年，先后组织召开了2次专题会议，讨论修订了99级本科专业教学计划，把课程体系分为公共课、基础课、专业技术课、教师教育课、实践技能课、文化素质课6个板块，减少了专业必修课学时，增加了基础课和文化素质课比重，选修课比重增加到20%；在专业课中，实践教学比重增加到将近50%，体现了加强基础、淡化专业、拓宽口径、提高能力的宗旨。

（2）强化实践教学

实践教学质量是培养应用型人才最重要的环节，为此，学校在转轨举办职技高师之后，就高度重视强化实践教学。1989年2月，印发了《关于加强实践教学的若干意见》，对包括实验课、专业教学实习、生产实习、教育实习、毕业实习时间，连同每周半天的专业劳动，实践教学周数占理论教学周数由1984年的17.2%提高到28.1%。

各教学系部认真贯彻落实《关于加强实践教学的若干意见》和本科生在校期间要熟练掌握4~8门实用技术的要求，不断修订教学计划，增加实践课教学时数，加大实践教学力度，将实践教学贯穿于人才培养全过程，初步形成了从学生入学到毕业的实践教学完整体系。学生除参加课堂实验、教育实习、生产实习和毕业实习外，还积极参与教师科研、教学基地建设与管理、科技开发与产品销售，广泛参加以“科教兴农”为主题的大学生社会实践活动。同时不断改革实践教学办法，如动科系组织毕业生到农村职业中学、乡镇企业、专业户实习；农学系给每个班级划出2亩实验田让学生自己种植经营；生物系利用基地和教师科研，组织学生开展课外科技活动；团委利用节假日和寒暑假，组织学生送科技下乡，开展技术咨询，指导农民生产，灵活多样地进行实践教学，有效地培养学生动手能力和实践技能，使培养的毕业生深受用人单位的好评和欢迎。

（3）加强实验室和教学基地建设

1987年，学校对农、牧场、兽医院的管理体制进行了改革，将农场和牧场、兽医院分别交给农学、牧医两系管理。农、牧场、兽医院管理体制改革后，不但接纳本校学生的教学实习和生产实习，还接纳了南京农业大学部分学生的毕业实习，充分发挥了农、牧场、兽医院在教学、科研和学生实践技能训练方面的应有作用。学院改办初期，各系在资金少的情况下，依靠师生员工，自己动手，克服困难，艰苦创业，积极抓好实验室和教学基地建设。如生物专业先后建立了动物、植物、微生物技术、养蜂等实验室和初具规模的花卉苗圃、果园、药用植物品种园、食用菌栽培室、蜂场、鱼塘等校内实习基地，为培养学生动手能力创造了较好的条件。

围绕新建专业的教学需要，本着充实与提高并重的原则，1991~1997年，学校从十分有限的办学经费中挤出资金，累计投入近3000万元用于购置教学仪器设备，改善基地实习、生产条件。先后建成了计算机、食品营养、食品分析、电子电工、机械制图、金属工艺、食用菌栽培等7个实验室和外语调频电台，重点建设了计算机和电教两个中心实验室。各系充分发扬勤俭办学、艰苦创业的优良传统，不等不靠，通过职工集资等多种方式筹措资金，建成了花卉、养蜂、机电等实验基地。

1998年，学校开始启动重点实验室建设，三理、化学、基础物理学、普通动物学、流行病等5个实验室，先后被省教委批准为高校基础课程教学实验室建设与改革省级立项实验室；至1999年底，又建成了1个多媒体教室和微格教室。在省教育厅的大力支持下，1998～1999年先后投入2600多万元购置教学仪器设备。

在省教育厅支持、协调下，经多方联系，1998年学校在校外挂牌建立了15个实践教学基地，1999年建立了9个省级实习基地。2000年初，根据科技园建设规划，学校首批投入近300万元，在原有农场、牧场的基础上，启动种植园、养殖园和加工园（即“三园”）建设。

二、总结提高阶段

1999年4月，国家教育部决定于2001年底以前对包括安徽农业技术师范学院在内的全国36所师范院校进行本科教学工作合格评估。为迎接评估，同时也为了更好地总结改办为安徽农业技术师范学院15年来培养本科应用型师范人才的经验，进一步优化人才培养模式，提高人才培养质量，促进学校规模、结构、质量和效益不断上台阶，校党委决定于1999年下半年在全校进一步深入开展教育思想观念大讨论，组织教职工深入学习《面向21世纪教育振兴行动计划》《关于深化教育改革全面推进素质教育的决定》和全国全省普通高校教学工作会议和全国第三次教育工作会议精神，要求大家把教育思想观念大讨论与总结转轨定向以来的人才培养模式改革经验，进一步明确提高人才培养质量的思路与举措结合起来。

为了切实提高教育思想观念大讨论的实效，学校划拨专项经费，对31项校级教研课题给予立项资助，全校有112位专职教师参加了立项研究，占专职教师总数的43%。同时，校长唐承沛、党委副书记汪元宏、教学副院长姚维传三位同志牵头组织有关专家重点对《办学指导思想》《办学特色》《教学工作思路》三个涉及应用型本科人才培养模式改革的顶层设计问题开展深入研究，在总结分析、广泛调研的基础上圆满完成了课题研究任务，学校于2000年10月正式印发了《办学指导思想》《办学特色及其建设》《教学工作思路》三个文件（详见本书附录），作为指导全校进一步推进人才培养模式改革的指导性文件。这三个文件的印发，标志着学校本科应用型人才培养模式改革已经步入了总结提高阶段。

在上述三个顶层设计文件的指导下和本科教学工作合格评估的推动下，学校本科人才培养的应用型特色充分彰显，本科人才培养质量不断提高，2000 年 5 月教育部批准学校为安徽省唯一"全国重点建设职教师资培训基地"。2002 年 5 月顺利通过国家教育部本科教学工作合格评估。

三、深入推进阶段

2005 年学校更名为安徽科技学院，走培养应用型本科人才的办学道路决心不但丝毫没变，而且历久弥坚，在总结提高的基础上进入了深入推进阶段，显示出更加鲜明的特色。

1. 在办学指导思想上较早明确提出了培养"一优三强"的"高级应用型人才和职教师资"的人才培养定位

2005 年学校坚持服务地方经济社会的办学方向，根据省委、省政府关于实施"工业强省"发展战略和省教育厅关于加强学科专业结构调整、大力发展工程技术类专业的要求，秉承积极服务地方经济建设和社会发展的办学宗旨，调整优化办学思路，形成了既保持已有应用型本科人才培养特色和学科专业优势又充分体现地方经济社会发展方向的办学指导思想：坚持社会主义办学方向，坚持以科学发展观统领学校工作全局，全面贯彻党的教育方针。以普通本科教育为主；以农科、工科为主，管、理、文等多学科协调发展；以教学为中心，以学科建设为龙头，以社会需求为导向，立足安徽，面向全国，服务"三农"，服务中等职教，服务基层，培养知识结构优、实践能力强、敬业精神强、创新创业意识强的高级应用型人才和职教师资。坚持以人为本，深化改革，强化管理，实施质量立校，人才强校，特色兴校战略，逐步把学校建成实力雄厚、特色鲜明的多科性大学。

这一新的办学指导思想具有三大特色：一是明确提出了"一优三强"的应用型本科人才的培养规格定位；二是明确提出了"高级应用型人才和职教师资"的人才培养目标定位；三是明确提出了"服务'三农'、服务中等职教、服务基层"的服务面向定位。经查阅同期有关的文献资料，这些明确具体的概念表述，在我国高校办学指导思想的表述上具有明显的率先性、创新性。

2. 在办学目标上较早明确提出了"建设高水平应用型大学"的发展目标

2009 年下半年学校党委为进一步深入推进应用型本科人才培养模式改革工

作，利用2个月时间举办高水平应用型大学建设报告会，通过校领导亲自做报告和邀请国内知名学者来校做报告以及发动干部教师开展专题研讨等多种形式，开启了高水平应用型大学建设大讨论系列活动，为推进高水平应用型大学建设奠定了思想基础。2009年12月学校召开中国共产党安徽科技学院第一次代表大会，校党委书记汪元宏代表党委作了题为“建设高水平应用型大学”的工作报告，明确提出了建设高水平应用型大学的奋斗目标。以党代会工作报告的形式，明确把“建设高水平应用型大学”作为学校未来发展目标，这在当时我国高校的发展史上确是鲜见的一种创举。

3. 在具体行动上积极参与省和国家应用型人才培养模式改革工作

安徽科技学院虽然是改革开放后最早独立设置的本科高校之一，又于2002年和2008年先后两次接受国家教育部本科教学工作合格评估，与新世纪以后新升本的院校相比也算得上是老本科学校了，但学校并没有盲目走向学术型大学发展的老路，而是在20世纪80年代初期就开始了培养本科应用型人才的实践探索，这就为后来积极与省和国家应用型人才培养模式改革工作奠定了深厚的实践基础。在参与省和国家应用型人才培养模式改革工作方面，学校主要做了三方面工作。

（1）积极参与省应用型本科高校联盟和示范应用型本科高校立项建设申报工作

2008年在安徽省教育厅的倡导和支持下，全省14所地方本科高校在全国率先成立了“安徽省应用型本科高校联盟”，虽然参加联盟的多为新升本院校，但安徽科技学院作为老本科却下定决心积极加盟，并在其中积极承担相关本科应用型人才培养模式改革的理论研究及具体改革任务，为“联盟”的发展做出了积极贡献。

2009年安徽省启动了“省级示范应用型本科高校”立项建设工作，学校及时总结以往开展应用型本科教育的经验，积极申报，经专家论证评审，以高分被遴选为“省级示范应用型本科高校”立项建设单位。之后，精心制定了建设方案，全面、深入推进以人才培养方案改革为重点的各项改革工作，使学校的应用型本科人才培养的特色更加鲜明。由于成绩卓著，2012年在省组织的检查验收中被评为“优秀立项建设高校”。

（2）积极参与“省级应用型高水平大学”立项建设申报工作

2013年，安徽省启动了“省级应用型高水平大学”立项建设工作，学校获知这一消息后，立即组织精干班子撰写申报论证材料，由于学校在获批为“省级示范应用型本科高校”后，各项建设任务落实得好，建设成效明显，在省组织的论证评审中以高分被遴选为“省级应用型高水平大学”立项建设单位。以5年为一周期，每年获省1000万元资助。目前，各项建设工作正在全面、深入展开。

（3）积极参与国家应用科技大学改革试点研究工作

2013年1月国家教育部决定启动“应用科技大学改革试点研究”项目，在全国遴选了33所本科高校分5个组开展相关专题研究工作，以推动地方本科高校向应用科技大学转型发展。学校认为这又是一次推动应用型本科人才培养模式改革的良机。因此，在省教育厅征求学校是否愿意参加的意见时，学校坚定地表示，要积极参加。此后，学校作为两个项目组的副组长单位，多次参加相关研讨会、座谈会，努力完成相关课题调研任务，为推动地方院校转型发展做出了积极贡献。同时，学校把“省级应用型高水平大学”建设工作和向应用科技大学转型有机结合起来，从战略规划到阶段性的发展目标，从顶层设计到具体改革、建设措施，都在更高水平上展开了新一轮发展工作。

通过上述三个阶段的实践探索，安徽科技学院逐步形成了适应地方经济社会发展需要和学校自身实际的清晰而准确的办学定位：

——在办学类型上，坚持以社会需求为导向，以应用型人才培养为目标，努力建设高水平应用型大学。

——在办学层次上，坚持以应用型本科教育为主，积极探索，发展应用型研究生（专业硕士学位）教育。

——在学科专业上，坚持以农科、工科为主，农、工、理、管、文、医、法、经等多学科协调发展，大力发展应用型本科专业。

——在服务面向上，坚持以服务地方经济社会发展为使命，立足安徽、辐射全国，面向三农、面向基层、面向中等职教。

——在人才培养规格上，坚持“一优三强”（知识结构优、实践能力强、敬业精神强、创新创业意识强）的人才培养规格，努力培养具有“四能”（能下去、能留住、能用上、能干好）特色的应用型人才。

——在办学特色上，弘扬“一种精神”（艰苦奋斗精神），坚持“三个面向”（面向三农、面向基层、面向中等职教），培养“四能人才”（能下去、能留住、能用上、能干好）。

——在课程体系和教学内容上，坚持突出实践教学，强化学生以实践动手能力为核心的综合应用能力，强化以创新创业为特色的职业发展能力。

——在人才培养目标上，努力培养高素质应用型创新创业人才。

第二节　全面推进应用型本科人才培养模式改革

应用型人才培养模式改革是一个系统工程，安徽科技学院在具体推进过程中，重点抓了两个大的方面工作，一是积极优化学科专业结构，大力发展应用型学科专业，为应用型本科人才培养奠定学科专业基础；二是不断深化人才培养方案改革，构建多元化的人才培养模式。

一、以行业企业需求为导向，不断大力发展应用型学科专业

我国开展应用型本科教育的实践表明，设置符合地方经济发展方向、布局合理、适应行业与产业发展需要的应用性学科、专业，是实现本科应用型人才培养目标的重要前提。因此，应用型本科高校必须紧紧围绕本科应用型人才培养目标来设计学科、专业建设。

一是在学科和专业关系上，要确立学科建设为专业发展服务的思路。本科应用型院校要将学科建设的重心放在支持应用型专业建设上，学科建设脱离专业建设是不利于实现本科应用型人才培养目标定位的。因此，在学科建设上应有所为有所不为，即对应用型专业建设和发展有支撑作用的学科要着重发展，对于非应用型的学科应“不为或少为”。

二是在专业建设上，必须突出专业的应用型人才培养特色。首先，突出应用性强的优势专业。要结合国家教育部实施的“卓越人才培养计划”，选择基础好、应用性强的优势专业，进行重点建设，强化特色，着力打造应用性强的本科品牌专业。其次，积极设置新的应用型专业。要紧跟社会经济发展需要，及时增设市场急需的应用型专业。再者，要注意建设复合型专业，以适应培养高素质复合性应用型人才的需要。另外，要努力拓展专业的适应性。根据本科应用型人才培养的“广适应、擅应用、能创新、会创业”的特质，满足应用型人才对综合知识和复合能力培养的要求，探索推行大专业以及与专业方向相结合的应用型人才培养之路。

安徽科技学院自确立培养应用型本科人才的办学定位以来，一直高度重视积极设置面向行业产业发展的应用型学科专业。在被遴选为省级示范应用型本科院校后，更是加大了优化学科专业建设的力度，取得了显著成效。

1. 积极发展应用型学科专业，不断优化学科专业体系

安徽科技学院在举办本科教育初期，学科专业结构主要以农学、师范为主，

总量偏少、结构不尽合理，与地方经济社会发展的贴近度不够、适应性不强。到1999年，学校仅有10个本科专业，且农学、师范专业占70%。随着经济社会的快速发展，高新技术类专业人才、高层次经营管理人才和面向地方经济建设的应用型人才需求急剧增长，学校经过广泛深入调研，及时调整学科专业建设思路，提出在巩固传统优势学科专业的基础上，重点发展信息科学、生命科学、现代制造技术等高新工程技术类学科专业，以及入世（加入世界贸易组织）后紧缺的经济、贸易、外语类学科专业，使学校的学科专业得到了快速发展。“十二五”期间，学校面对新的形势，又进一步加大应用型学科建设的力度。学校在认真调研地方经济社会发展规划和行业产业人才需求的基础上，紧密对接皖江城市带承接产业转移示范区、合芜蚌自主创新综合改革试验区建设需求，制定了《安徽科技学院“十二五”学科专业建设规划》，出台了《安徽科技学院学科专业调整、改造和建设方案》，积极申报符合地方支柱产业、新兴产业发展需要的无机非金属材料、信息显示与光电技术等新专业，压缩、停招生源不旺、就业不畅等长线专业；利用高新技术对传统农科专业进行升级改造，通过文科专业间的交叉融合形成新的专业增长点。2009年以来学校新设应用型本科专业17个（见表3－1）。

表3－1　2009～2015年新增本科专业一览表

序号	专业代码	专业名称	科类	批文号	设置年份
1	080307W	机械电子工程	工学	教高〔2008〕10号	2009
2	070410W	动物生物技术	理学	教高〔2010〕2号	2010
3	070703	地理信息系统	理学	教高〔2010〕2号	2010
4	080203	无机非金属材料工程	工学	教高〔2010〕2号	2010
5	090109W	设施农业科学与工程	农学	教高〔2010〕2号	2010
6	070406W	动植物检疫	理学	教高〔2011〕4号	2011
7	080308W	汽车服务工程	工学	教高〔2012〕2号	2012
8	080614W	信息显示与光电技术	工学	教高〔2012〕2号	2012
9	080713S	景观学	工学	教高〔2012〕2号	2012
10	020302	金融工程	经济学	教高〔2013〕4号	2013
11	050261	翻译	文学	教高〔2013〕4号	2013
12	050305	编辑出版学	文学	教高〔2013〕4号	2013
13	082703	粮食工程	工学	教高〔2013〕4号	2013

（续表）

序号	专业代码	专业名称	科类	批文号	设置年份
14	090402	动物药学	农学	教高〔2014〕1号	2014
15	081004	建筑电气与智能化	工学	教高〔2015〕2号	2015
16	080701	建筑学	工学	教高〔2015〕2号	2015
17	120207	审计学	管理学	教高〔2015〕2号	2015

学校现有本科专业数达到62个，其中农学13个，占21%；工学24个，占38.7%；管理学9个，占14.5%；理学5个，占8.1%；文学4个，占6.5%；医学3个，占4.8%；法学1个，占1.6%，经济学3个，占4.8%；初步形成了以现代农科和新兴工科为主，多学科协调发展，具有地方特色的应用型本科专业体系，为应用型本科人才培养奠定了坚实的专业基础。

2. 加强重点学科建设，努力打造优势特色专业

学科建设是专业建设的龙头，发展应用型专业和提升专业建设水平，只有通过加强学科建设才能有效实现。为此，学校在大力发展应用型专业的同时，十分注意加强学科建设。一是加强重点学科建设。在广泛调研的基础上，根据地方经济社会发展的需要和学校学科建设的基础条件，遴选了一批重点学科、重点建设学科、重点培育学科，采取科学规划、加大投入、引进人才等有效举措加强建设，努力培养学科优势和优势学科（详见表3-2）二是积极运用优势学科建设成果打造优势特色专业。如学校通过加强作物学、兽医学、农业资源利用学、农产品加工与储藏学等传统学科建设，凝练学科方向、培育学科优势，而后依托上述重点建设学科的科研成果和教改成果，进一步优化相关专业的课程体系，更新教学内容，形成了农艺教育、食品科学与工程、农业资源与环境、动物医学、动物科学、环境工程等6个优势特色专业，有力彰显应用型本科专业的人才培养特色。

表3-2　2009年以来校级重点学科一览表

序号	学科名称	建设层次	研究方向	评定时间
1	作物学	重点学科	作物遗传育种与栽培	2009年
2	兽医学	重点学科	家禽主要病原微生物致病机制研究	2009年
3	农业资源利用学	重点学科	农业废弃物综合利用和养分资源管理	2009年

（续表）

序号	学科名称	建设层次	研究方向	评定时间
4	生物学	重点建设学科	资源微生物利用	2009 年
5	材料学	重点建设学科	石英砂分离提纯及复合玻璃材料等	2009 年
6	农业经济管理	重点建设学科	农业结构调整与制度创新	2009 年
7	农产品加工与储藏工程	重点建设学科	农产品加工及其综合利用	2009 年
8	车辆工程	重点建设学科	车辆有关关键技术研究与开发	2009 年
9	体育人文社会学	重点培育学科	县域体育人文社会的基本规律	2009 年
10	思想政治教育	重点培育学科	马克思主义中国化的研究	2009 年
11	英语语言文学	重点培育学科	英语翻译理论及对比研究	2009 年
12	材料科学与工程	校级重点学科 A	材料科学与工程	2015 年
13	农业资源与环境	校级重点学科 A	农业资源与环境	2015 年
14	作物学	校级重点学科 A	作物学	2015 年
15	兽医学	校级重点学科 A	兽医学	2015 年
16	风景园林学	校级重点学科 B	风景园林学	2015 年
17	微生物学	校级重点学科 B	微生物学	2015 年
18	畜牧学	校级重点学科 B	畜牧学	2015 年
19	农产品加工与贮藏	校级重点学科 B	农产品加工与贮藏	2015 年
20	农业经济管理	校级重点学科 B	农业经济管理	2015 年
21	应用经济学	校级重点学科 B	应用经济学	2015 年
22	系统科学	校级重点学科 C	系统科学	2015 年
23	信息与通信工程	校级重点学科 C	信息与通信工程	2015 年
24	机械工程	校级重点学科 C	机械工程	2015 年
25	植物保护	校级重点学科 C	植物保护	2015 年
26	蔬菜学	校级重点学科 C	蔬菜学	2015 年
27	中药学	校级重点学科 C	中药学	2015 年
28	中国语言文学	校级重点学科 C	中国语言文学	2015 年
29	外国语言文学	校级重点学科 C	外国语言文学	2015 年

二、以一线岗位需求为导向深入推进人才培养方案改革

人才培养方案是应用型本科人才培养的顶层设计，只有切实搞好人才培养方案改革，才能确保应用型本科人才的培养质量。为此，安徽科技学院为了实现既定的应用型创新创业人才培养目标，学校在广泛调研论证的基础上，出台了《安徽科技学院关于应用型人才培养方案改革的指导意见》，明确提出了改革的指导思想、总体要求、改革原则、改革内容和保障条件。而后，要求教学院部组织干部教师到行业企业等一线用人单位开展广泛深入的调研论证工作，在此基础上依据学校《关于应用型人才培养方案改革的指导意见》。科学制定《2010 级应用型创新创业人才培养方案》，新的人才培养方案充分体现了应用型创新创业人才培养目标的基本要求，以强化能力培养为先导，以培养应用型创新创业人才为目标，以优化知识结构、培养创新精神和实践能力为重点，构建了“体系开放、机制灵活、渠道互通、方式多样、注重实践、突出能力、张扬个性”的具有显著特色的应用型本科人才培养新体系，其主要特点如下：

1. 构建了彰显应用型特色的课程体系

课程体系是人才培养模式中的关键环节，是学生知识、能力、素质形成的有效载体。因此，建构科学的课程体系，是本科应用型人才培养方案必须解决的关键问题。由于传统的课程体系设置普遍存在偏重基础理论、局限专业教育、内容与科技发展脱节、实践环节虚化弱化等缺陷，导致培养出来的学生知识面窄、适应性不广、动手能力差、创新创业能力弱。因此，培养应用型人才必须构建体现应用型特色的课程体系，处理好四个关系：①通识教育与职业教育的关系，不能局限于培养掌握专门技术的职业人，而要培养具有健全人格和可持续发展的“全人”；②科学教育与人文教育的关系，要使学生既掌握科学知识，又受到人文与道德精神的熏陶；③基础理论教育和专业教育的关系，应用型人才培养在重视基础理论教育的同时，更要突出专业教育；④理论教育与实践教育的关系，在注重专业理论传授的基础上，要特别强化实践技能的训练。

依据新制定的人才培养方案，安徽科技学院自 2010 级新生开始，全部实行“平台+模块”式的课程体系结构，具体构建了“两个平台+三个模块”的课程体系，即通识教育课程平台、专业教育课程平台以及专业方向课程模块、创新创业教育课程模块、个性化拓展课程模块。在“2+3”课程体系中，通识教育课程平台由思想政治理论课、计算机课、人文艺体课等公共类课程组成，由教务处统一设置；专业教育课程平台由学科基础课程（由数、理、化等基础类课程组成，全

校本科专业统一按照农医类、理工类、经管类、其他类等四大类由教务处、有关二级学院分别设置)、专业基础课程（由3～5门专业基础课程构成）和专业核心课程（由3～4门专业课构成）3个子平台组成；专业方向课程模块一般由3个子方向模块组成，每一个子方向模块由3～4门课程组成，突出职业方向和应用能力培养，每个学生原则上根据个人兴趣及专长选修1个以上模块；创新创业教育课程模块由创新教育课程和创业教育课程两个子模块组成；个性化拓展课程模块，一般是在学生修完专业方向模块课程后，根据个人兴趣及专长制定“个人素质拓展计划”，再根据拓展计划选修个性化拓展课程。个性化拓展模块课程原则上由二级学院负责，按专业设置2～3个子模块。下面以机械电子专业为例具体说明“2+3”课程体系的学时与学分构成比例（见表3－3）：

表3－3　机械电子工程专业“2+3”课程结构学时学分分配表

<table>
<tr><th colspan="2">课程类型</th><th>学时</th><th>学分</th><th colspan="2">占总学时（总学分）比例</th></tr>
<tr><td colspan="2">通识教育课程平台</td><td>666</td><td>43</td><td>29.7%</td><td>33.3%</td></tr>
<tr><td rowspan="3">专业教育课程平台</td><td>学科基础课程</td><td>416</td><td>23.5</td><td rowspan="3">52.6%</td><td rowspan="3">49.6%</td></tr>
<tr><td>专业基础课程</td><td>450</td><td>24</td></tr>
<tr><td>专业核心课程</td><td>315</td><td>16.5</td></tr>
<tr><td rowspan="2">专业方向课程模块</td><td>数字化设计与制造</td><td>180</td><td>10</td><td rowspan="2">8.1%</td><td rowspan="2">7.8%</td></tr>
<tr><td>机电系统智能控制与故障诊断</td><td>180</td><td>10</td></tr>
<tr><td rowspan="2">创新创业教育课程模块</td><td>创新教育课程</td><td>72</td><td>4</td><td rowspan="2">6.4%</td><td rowspan="2">6.2%</td></tr>
<tr><td>创业教育课程</td><td>72</td><td>4</td></tr>
<tr><td rowspan="3">个性化拓展课程模块</td><td>人文素质</td><td>72</td><td>4</td><td rowspan="3">3.2%</td><td rowspan="3">3.1%</td></tr>
<tr><td>计算机应用</td><td>72</td><td>4</td></tr>
<tr><td>专业提高</td><td>72</td><td>4</td></tr>
<tr><td colspan="2">总　计</td><td>2243</td><td>129</td><td>100%</td><td>100%</td></tr>
</table>

2. 深化了课程内容建设和改革

课程内容建设和改革是应用型本科人才培养方案改革的深层次问题。实践证明，只有课程内容建设和改革这个深层次问题解决好了，应用型本科人才方案改革才能真正落实。为此，学校高度重视课程内容建设与改革，先后制定出台了《安徽科技学院“十二五”课程建设规划》《应用型课程开发与建设暂行办法》

《课程建设管理办法》《精品课程建设管理暂行办法》《安徽科技学院“十二五”教材建设规划》《教材编写管理办法》《教材选用管理办法》《教材订购供应管理办法》《本科教材选用工作评价办法》等规章制度。

同时，本着夯实基础、拓宽口径、整体优化的原则，采取有效措施大力推进课程建设与改革。一是通过遴选资助重点建设课程、精品课程，开展课程检查、评估等措施，进一步整合资源，着力夯实课程建设基础。二是引入现代企业资源联合开展课程建设，根据岗位需求，深化核心课程教学内容与教学方法改革，例如：食品科学与工程专业聘请雨润集团专家审定专业核心课程教学大纲，参与教材编写，深化教学做一体化改革。三是深入开展应用型课程质量标准的研究，成立专项研究课题组，广泛调研论证，研究制定应用型课程质量标准。四是通过设立教学研究项目、开展教研室与课程组研讨等途径，以培养学生的创新精神和实践能力为重点，大力推进课程体系与教学内容改革。五是根据《2010 级应用型创新创业人才培养方案》精神，组织修订编印了课程理论教学大纲和实践教学大纲，并认真付诸实施。六是鼓励和支持教师编写应用型校本教材，并积极与安徽省应用型本科联盟高校联合开展应用型教材开发与建设工作。七是严格教材选订和使用程序，规范选用程序和评价办法，保证教材选用科学，提高了教材选优率和适用率。2009 年以来，学校先后投入 300 多万元用于课程开发、建设与改革。

近年来，学校通过科学规划、整体推进、重点建设、精品示范，先后分两批对《兽医病理学》等 83 门专业核心课程进行重点建设，现已建成《市场营销学》等 11 门省级精品课程和《微生物学》等 26 门校级精品课程；开展了精品资源共享课和精品视频公开课建设工作，2012 年校级立项建设精品资源共享课 7 门、精品视频公开课 3 门，省级立项建设精品资源共享课 4 门、精品视频公开课 2 门；组织安徽省应用型本科联盟高校生科类、机械类、食品类专业教师召开教材建设研讨会，加快应用型本科教材建设，并与合肥工业大学出版社、安徽大学出版社、重庆大学出版社等联系沟通，谋划教材出版事宜，教师先后主持编写教材 14 部，参编教材 60 余部。

通过深化课程内容建设和改革，有效提升了应用型本科人才方案改革的实效性。

3. 积极推进实践教学体系建设和实践教学改革

学校出台的《应用型人才培养方案改革的指导意见》明确要求。要以培养学生实践动手能力和创新创业能力为核心，加大实验实践教学改革力度，努力构建有利于应用型创新创业人才培养的实验实践教学体系。一是构建基础实验教学层次、专业综合实验教学层次、科研创新实验教学层次等纵向三层次实验课程体系，原则上实现实验教学课程单独设课。二是按照基础型、综合设计型、研究创新型思路统筹规划实验项目，减少验证型实验，增加综合设计型实验和研究创新型实验。三是科学构建课程实习、专业实习、生产实习、创新创业实习、毕业实习、社会实践等集中实践教学体系。四是科学合理安排理论教学和实践教学时间，加大实践教学比例，理工农医类专业实践教学学时（学分）要达到总学时（学分数）的35%，文法经管类专业要达到25%。依据学校的指导意见，在实施过程中主要突出了三个环节工作。

（1）科学构建实践教学体系。在2010年制定的《应用型创新创业人才培养方案》中，就初步构建起了基础实践教学、专业实践教学、综合实践教学、创新实践教学等四层次实践教学体系，形成了彼此关联、循序渐进、逐步增强的实践教学体系（见图3－1）。每个层次对学生能力培养侧重点不同，但又彼此关联，使学生专业实践能力和综合实践能力、创新创业能力、社会竞争能力得到逐步提升。其后，这一实践教学体系随着人才培养方案的修订而不断完善。

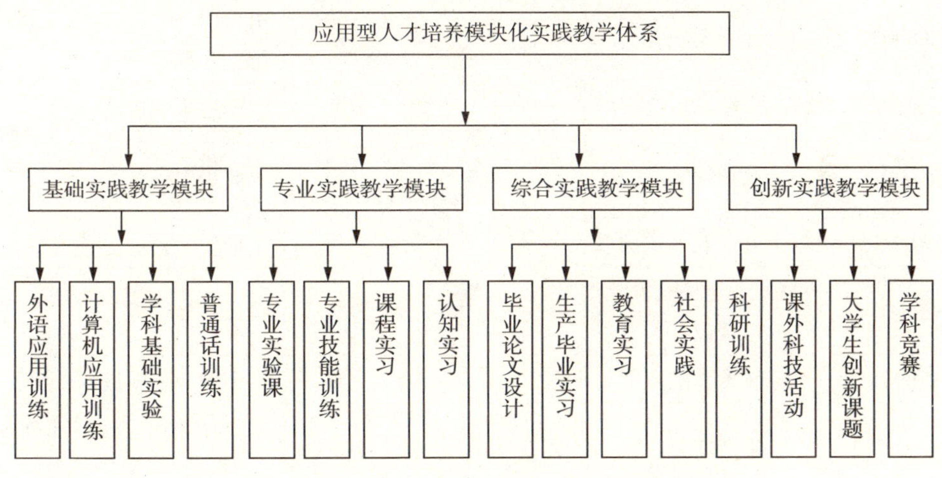

图3－1　应用型人才培养模块化实践教学体系

（2）不断深化实践教学改革

学校出台了《实验教学管理办法》《实验室开放管理暂行规定》等文件，实行开放式实验室管理，各研究所、重点实验室、工程技术研究中心均向学生开放，科研项目吸收学生参加。各实验室都开辟了“开放性实验室”“创新性实验室”供学生进行学科竞赛训练、大学生创新课题研究、学生协会活动、自主实验、科研训练，让学生早进课题、早进团队、早进实验室。

坚持以培养学生创新精神和实践能力为核心，遵循应用型人才培养规律，不断加大实践教学改革力度。统筹安排校内外和课程内外实验、实习实训、毕业实习、科研训练等实践教学环节。加大实践教学比例，理工医农类专业实践教学学时（学分）达到总学时数（学分数）的35%，文法经管类专业达到25%。下面以机械电子工程专业为例来说明实践教学环节安排情况及其学分计算情况（见表3-4）。

加强实践课程考核方式改革力度，增加实际操作、有形产品的考核比重，做到课程考核的全程化、多元化。调整验证性、综合性、设计性实验项目的比例，减少验证性实验，增加综合性、设计性实验，各专业综合性、设计性实验项目的课程开出率达80%以上。

表3-4　机械电子工程专业实践教学环节安排一览表

课程编号	实践教学项目	学分	周数	安排学期	实践方式
SJ00001	入学教育及专业导论	1	2	第1学期	机动
SJ00002	军训（含军事理论教育）		2	第1学期	集中
SJ00003	社会实践	1	3	第2、4、6学期后暑期	由校团委统一安排
SJ16301	现代工程图学测绘实习	1	1	第1学期	制图室集中进行
SJ16601	企业认知实习	2	2	第2学期后暑期	企业集中进行
SJ16931	电工电子技术实训	1	1	第4学期	工训中心集中进行
SJ16605	机械原理与机械设计综合设计	3	3	第4学期	设计室集中进行
SJ16903	机电技术技能实训	3	3	第5学期	工训中心集中进行
SJ16602	生产实习	15	15	第7学期	部分在企业完成、部分在工训中心完成
SJ16904	技能等级训练	2	2	第6学期	工训中心分组进行
SJ16001	毕业实习	10	10	第8学期	部分在企业完成、部分在工程训练中心完成
SJ16002	毕业论文（设计）	6	6	第8学期	部分在企业完成、部分在工程训练中心完成
	合计	45	50		

（3）严格规范实践教学环节管理

学校出台了《关于进一步加强实践教学和合作育人工作的意见》《实验技术人员考核及工作量计算办法（试行）》《校内教学实习基地管理办法》《校企合作共建实验室管理办法》《企业教师选聘及管理办法》《校企合作共建实验室管理办法》《企业教师选聘及管理办法》《普通本科学生毕业论文（设计）管理工作细则》等文件，科学制定实习实训大纲、计划和指导书，成立由教学院（部）领导和实习指导教师组成的课程实习领导组，负责安排实习指导任务、检查实习质量、考核学生实习成绩、撰写实习总结。实行“双导师”制，选择实践经验丰富、具备双能型教师资格人员承担实习任务，加大评聘具有企业工程背景的工程师、农艺师、技术骨干作为企业指导教师的力度。加强实习实训环节教学督查，主要检查各类实习的实习大纲的执行、实习计划的制订、实习内容的落实、实习过程的组织实施、实习成绩的考核等。严格执行毕业论文（设计）各项管理制度，规范了毕业论文（设计）的选题、开题、中期检查和答辩工作，每届毕业论文（设计）选题来自教师科研课题、企业工程实际、大学生创新课题的占有一定的比例。

4. 推进了人才培养模式多元化改革

应用型人才培养规格必须通过有效的人才培养模式来实现。为适应经济社会发展对应用型人才的多样化需求，应用型人才培养模式应走多元化发展道路。为此，安徽科技学院在人才培养模式上做了多方面的探索。

（1）“3+1”培养模式

在农学类、工学类、管理类专业推行“3+1”培养模式改革。学生在前3年完成课堂学习任务，第4学年可以在校内实践教学基地进行实训或实习，完成毕业论文和职业资格鉴定，也可以根据个人择业意向，到校外企业进行工学结合、顶岗实习，进行职业岗位能力的培养，做毕业论文。第4学年大致上有2/3的学生选择到企业实习实训、做毕业论文，1/3的学生选择在校内实训基地进行毕业论文、科学研究、实践能力训练。

（2）“校企合作”培养模式

积极利用农学、工学等学科专业优势，紧密配合地方支柱产业发展的需要，与企业联合，为企业定向培养高级应用型人才。近年来，安徽科技学院与相关企业联合举办了“隆平班”“伟嘉班”“大成班”“莱姆佳班”“凯盛班”和“长城植保班”等18个特色班，在读学生1300多人。校企共同制定人才培养方案、开发课程、选派“双能型”（应用型人才培养能力、产学研合作能力）教师、组织考核，把专业学习、岗位锻炼、职业训练、企业文化熏陶有机结合起来，强化了学生敬业精神、职业意识和岗位能力的培养（详见表3-5）。

（3）“多证书”培养模式

2001年，安徽科技学院开始试行毕业生“多证书”制度，并且不断完善，将毕业证与专业技能等级证书（职业资格证）相挂钩，要求和鼓励学生通过考证来提高专业技能，增强就业竞争力。到2012年安徽科技学院已会同农业部、人社部、信息产业部、全国现代制造技术培训办公室以及安徽省质量技术监督局等，联合设立了农技推广、药物制剂、花卉园艺、食品检验等15个职业技能鉴定站和职业资格培训考核认证点，面向38个专业的学生开展农技员、动物检验检疫员、家畜防疫繁育员、药剂师、花卉园艺师等38个中高级工种的培训和考核认证工作。近三年，毕业生中有近7800人获得了相应的职业技能证书（生均1.5个），其中动物科学、农学、机械设计制造、机电技术等专业的毕业生人均拥有2个以上职业资格证书，获得高级职业资格证书的比例约为15%（详见表3-6）。

（4）“产学研合作”培养模式

即通过“产学研”结合的项目来培养人才的模式。产学研结合既可以促进科技创新，提升高校服务地方经济社会发展的能力，又可以促进应用型人才的培养。近几年来，安徽科技学院积极组织教学科研人员参加安徽省高校与地方产学研合作对接，先后与企业和政府签订产学研合作协议130项。在推进“产学研”合作项目的落实过程中，有计划地吸收学生参加，使其成为培养学生的新技术应用能力和创新能力的平台。“产学研”结合培养模式的具体做法是：通过高年级学生（3年级以上）参与具体的产学研项目，来培养学生的实践动手能力、应用研究能力和创业创新能力。如汪建飞教授带领的团队与安徽莱姆佳肥业有限公司建立了有效的产学研合作机制，先后吸收了30多名大学生参加，开展的“作物秸秆快速堆腐技术研究”项目，为该公司有机肥生产解决了一系列关键性技术难题，不仅增加产值2亿多元，而且培养了一批创新能力出色的大学生。

（5）“主辅修”培养模式

为培养具有复合型知识结构的人才，安徽科技学院推出了主辅修制，鼓励学有余力的学生充分利用学校优质的教育资源、学习更多的知识技能，以提高就业的竞争力。学生在主修本专业的同时，可以跨学科修读辅修专业。安徽科技学院共开设市场营销、国际经济与贸易、植物保护等6个辅修本科专业，在读学生2000多人，已拿到辅修专业证书的学生共600多人。2012年还与蚌埠学院开展艺术设计、城市规划等专业的跨校辅修培养模式（详见表3－7）。

（6）国际合作培养模式

积极推进“2+2”国际校标合作人才培养模式改革。具体做法是：选择若干专业与一些办学质量高、信誉好的国外高校，在建立互相承认学分的合作办学关系基础上，举办“2+2”（两年国内、两年国外）的国际校际合作班，探索建立“双学历证书+国际职业资格证书”的国际化应用型人才培养模式，使一些专业的应用型创新创业人才培养实现国际化（详见表3－8）。

（7）卓越人才培养模式

积极申报国家和省“卓越人才”培养项目，根据国家和省对“卓越人才”培养的具体要求，紧密结合相关专业人才培养的前期实践，精心制定“卓越人才”培养方案，形成了既体现上级要求又彰显学校特色的“卓越人才”培养模式（详见表3－9）。

表3－5　校企合作冠名班一览表

序号	所在学院	冠名班名称	合作企业
1	动物科学学院	大北农班	大北农集团
2	动物科学学院	正大班	正大集团
3	植物科学学院	隆平班	安徽隆平高科种业有限公司
4	理学院	玻璃材料班	蚌埠玻璃工业设计研究院
5	理学院	德力玻璃工程班	安徽德力日用玻璃股份有限公司
6	理学院	网博软件班	南京网博计算机软件系统有限公司
7	理学院	灵感软件班	灵感软件（上海）有限公司
8	理学院	易嵌嵌入式班	上海凡狄信息技术有限公司
9	生命科学学院	沪生班	上海沪联
10	机电与车辆工程学院	奇瑞汽车班	奇瑞集团
11	机电与车辆工程学院	东台机电班	东昱精机（苏州）有限公司
12	机电与车辆工程学院	神舟机械班	蚌埠神舟机械有限公司
13	机电与车辆工程学院	德力机电班	安徽德力日用玻璃股份有限公司
14	食品药品学院	雨润班	马鞍山雨润食品有限公司
15	食品药品学院	迪欧班	苏州迪欧餐饮管理有限公司
16	管理学院	德力营销班	安徽德力日用玻璃股份有限公司
17	管理学院	远方物流	南京远方物流有限公司
18	城建与环境学院	莱姆佳班	安徽莱姆佳肥业有限公司

表3-6 职业技能考证类别一览表（部分）

学院名称	职业技能考证名称	主管部门	开始时间	适用专业	通过鉴定人数
生命科学学院	药物制剂试验工	安徽省人力资源和社会保障厅	2005年	生物、中药、生技、生科	234
生命科学学院	微生物鉴定工	安徽省人力资源和社会保障厅	2005年	生物、中药、生技、生科	108
生命科学学院	园艺工	安徽省人力资源和社会保障厅	2005年	生物、园艺、园教、生科	136
生命科学学院	绿化工	安徽省人力资源和社会保障厅	2005年	园艺、园教	86
生命科学学院	室内装饰工	安徽省人力资源和社会保障厅	2005年	园艺、园教	62
生命科学学院	生化药品制造工	安徽省人力资源和社会保障厅	2007年	生科、生技	185
生命科学学院	插花工	安徽省人力资源和社会保障厅	2007年	园艺、园教、生技	36
生命科学学院	发酵工程制药工	安徽省人力资源和社会保障厅	2007年	生工、生技、生科	247
生命科学学院	花卉园艺工	安徽省人力资源和社会保障厅	2007年	生工、生技、生科、园艺、园教	142
生命科学学院	盆景工	安徽省人力资源和社会保障厅	2007年	园艺、园教	22
生命科学学院	食用菌生产技术指导员	安徽省人力资源和社会保障厅	2007年	生工、生技、生科、园艺、园教	86
生命科学学院	水生动物饲养工	安徽省人力资源和社会保障厅	2008年	生技、生科、生工	8
动物科学学院	高级动物疫病防治员	安徽省农委	1999年	动物科学、动物医学	1100
动物科学学院	高级动物检验检疫员	安徽省农委	1999年	动物科学、动物医学	900

（续表）

学院名称	职业技能考证名称	主管部门	开始时间	适用专业	通过鉴定人数
动物科学学院	高级家畜繁育员	安徽省农委	1999 年	动物科学、动物医学	500
动物科学学院	高级乳品检验员	安徽省农委	1999 年	动物科学、动物医学	400
动物科学学院	高级饲料检验员	安徽省农委	1999 年	动物科学、动物医学	800
植物科学学院	农业技术指导员	省技能鉴定站	2008 年	农学、农艺	397
植物科学学院	种子繁育员	省技能鉴定站	2009 年	种子	95
植物科学学院	农技推广员	农业部，劳动部	2002 年	农科类各专业	263
植物科学学院	农技推广员	农业部，劳动部	2006 年	农科类各专业	219
植物科学学院	化学检验工	劳动部	2006 年	资环，农检	102
植物科学学院	食品检验工	劳动部	2007 年	资环，农检	40
植物科学学院	肥料配方与评价师	农业部，劳动部	2007 年	资环	12
城建与环境学院	肥料配方与评价师	农业部，劳动部－安徽省农委职业技能鉴定站	2009 年	资环	83
城建与环境学院	化学检验工	劳动部－凤阳县劳动局职业技能鉴定站	2009 年	资环、环科、环工	51
城建与环境学院	土壤环境监测工	劳动部	2009 年	资环、环科、环工	26
城建与环境学院	废水处理工	劳动部	2009 年	资环、环科、环工	87
城建与环境学院	水环境监测工	劳动部	2009 年	资环、环科、环工	183
城建与环境学院	花卉园艺工	劳动部	2009 年	园林、园艺	83
城建与环境学院	草坪建植工	劳动部	2010 年	园林、园艺	11
城建与环境学院	绿化工	劳动部	2010 年	园林、园艺	40
城建与环境学院	插花员	劳动部	2010 年	园林、园艺	10
城建与环境学院	盆景工	劳动部	2010 年	园林、园艺	19
城建与环境学院	食品检验工	劳动部	2010 年	资环、环科、环工	10

（续表）

学院名称	职业技能考证名称	主管部门	开始时间	适用专业	通过鉴定人数
城建与环境学院	固体废物处理工	劳动部	2010 年	资环、环科、环工	14
食品药品学院	食品检验工	凤阳县国家职业技能鉴定站	2009 年	食品科学与工程、食品质量与安全、烹饪与营养教育	233
食品药品学院	ISO9000 内审员	方圆标志认证集团有限公司	2009 年	食品科学与工程、食品质量与安全、烹饪与营养教育	82
食品药品学院	ISO22000 内审员	方圆标志认证集团有限公司	2009 年	食品科学与工程、食品质量与安全、烹饪与营养教育、中药学、药物制剂	253
食品药品学院	营养配餐员	凤阳县国家职业技能鉴定站	2010 年	食品科学与工程、食品质量与安全、烹饪与营养教育、中药学、药物制剂	17
食品药品学院	公共营养师	合肥鸿飞营养职业培训学校、蚌埠医学院	2009 年	食品科学与工程、食品质量与安全、烹饪与营养教育、中药学、药物制剂	119

表 3-7　开设辅修专业一览表

序号	专业名称	开设时间	所在学院
1	工商管理	2005	管理学院
2	生物教育	2005	生命科学学院
3	植物保护	2006	植物科学学院
4	市场营销	2006	管理学院
5	国际经济与贸易	2007	财经学院
6	法学	2011	人文学院

表3-8　2010年以来国际班开设专业及招生情况　　（单位：人）

年份	招生专业	招生人数	合计
2010	中美国际贸易	13	26
	中韩机械设计及其自动化预科班	13	
2011	中美国际贸易	30	60
	中韩机械设计及其自动化	30	
2012	中美国际贸易	30	60
	中韩机械设计及其自动化	30	
2013	中美国际贸易	30	120
	中美应用化学	30	
	中美电气工程及其自动化	30	
	中韩机械设计及其自动化	30	
2014	中美国际贸易	40	170
	中美应用化学	30	
	中美电气工程及其自动化	30	
	中韩机械设计及其自动化	40	
	中韩无机非金属材料工程	30	
2015	中美国际贸易	40	170
	中美应用化学	30	
	中美电气工程及其自动化	40	
	中韩机械设计及其自动化	30	
	中韩无机非金属材料工程	30	

表3-9　国家、省级卓越人才项目一览表　　（单位：人）

序号	专业名称	所在学院	类别	在校生数
1	机械设计制造及其自动化（12级）	机电与车辆工程学院	国家级卓越工程师	31
2	机械设计制造及其自动化（11级）	机电与车辆工程学院	国家级卓越工程师	31

（续表）

序号	专业名称	所在学院	类别	在校生数
3	食品科学与工程（11级）	食品药品学院	国家级卓越工程师	30
4	食品科学与工程（12级）	食品药品学院	国家级卓越工程师	30
5	种子科学与工程（11级）	植物科学学院	省级卓越农艺师	31
6	动物科学（11级）	动物科学学院	省级卓越农艺师	29
7	车辆工程（12级）	机电与车辆工程学院	省级卓越工程师	30
8	环境工程（12级）	城建与环境学院	省级卓越工程师	26
9	园艺（12级）	生命科学学院	省级卓越农艺师	30
10	无机非金属材料工程（12级）	理学院	省级卓越工程师	30
合计	298			

第三节　努力加强保障条件建设

应用型本科人才培养质量的提高，必须有良好的保障条件。为此，学校从思想保障、师资保障、设施保障、制度和纪律保障等四个方面入手，全面加强保障条件建设。其中，重点加强了师资和设施保障条件建设，为人才培养质量的提升提供了有力支撑。

一、加强师资队伍建设，为应用型人才培养提供师资保障

1. 不断提高教师“双能”素质

学校先后出台《关于加强“双能型”师资队伍培养的实施意见》《教师教育教学及实践能力培养（锻炼）实施办法（暂行）》《“双能型”师资培养补充规定》等文件，成立学校“教师教学能力发展中心”，重点加强应用型专业教师“双能”（应用型人才培养能力、产学研合作能力）培养，积极推进“两进、一培、一参与”（进企业、进基地，进行专项技能培训，参与产学研合作项目），努力提高教师队伍实践技能。学校还积极组织教师开展产学研合作，创新服务途

径，拓展服务领域，在主动服务地方经济建设中提升“双能素质”。2009 年以来，先后与安庆、宣城、巢湖、蚌埠、淮南、淮北等地市和企业成功对接 134 项产学研合作项目，实现了与相关企业的无缝对接。学校先后有 19 人担任科技厅科技特派员、6 人担任市级科技特派员、2 人担任专家大院首席专家、17 人担任省现代农业产业技术体系首席（岗位）专家，这些举措有效提升了教师的应用型人才培养能力和产学研合作能力。2009 年以来，全校共有 326 位教师经过认定具备“双能型”教师资格。同时采取“引聘结合”的方式，从企业与科研机构聘请了 266 位具有丰富实践经验和教学能力的专业技术人员来校任教。通过多年的建设，目前各教学院部应用型学科专业“双能型”教师的比例平均达到 80% 以上（详见表 3－10）。

表 3－10　全校应用型学科专业“双能型”教师比例一览表

所在教学院（部）	职技高师类及应用型学科专业师资数	具备“双能型”教师资格师资数	职技高师类及应用型学科专业“双能型”教师比例
机械学院	48	46	95.83%
食品药品学院	37	35	94.59%
农学院	30	28	93.33%
动科院	49	45	91.84%
管理学院	30	27	90.00%
人文学院	10	9	90.00%
城环学院	37	32	86.49%
数理学院	51	44	86.27%
生科院	46	37	80.43%
化材学院	21	13	61.90%
财经学院	27	12	44.44%
合计	386	328	84.97%

2. 不断优化实践教学队伍

学校高度重视实践教学队伍建设，为弥补由于编制原因造成的实验教师数量不足，对理论课教师与实验课教师实行双岗双聘，鼓励应用型专业理论课教师担任实验实训课教学工作，形成了一支数量稳定、结构优良、整体素质和业务水平较高的实践教学队伍，基本满足了实践教学工作的需要。

截至2015年6月，学校应用型专业理论课教师从事实践教学工作人数为407人，占专任教师总数的65.02%。其中，正高47人，副高135人，高级职称教师占44.72%；博士85人、硕士282人，具有硕士以上学位教师占90.18%。实践教学队伍职称、学历、年龄结构不断优化，发展态势良好。（详见表3-11、表3-12）

表3-11　近三学年实践教学队伍职称结构

学年	总人数	正　高		副　高		中　级		初级及其他	
		人数	比例%	人数	比例%	人数	比例%	人数	比例%
2012-2013	384	43	11.20%	121	31.51%	178	46.35%	42	10.94%
2013-2014	388	46	11.86%	128	32.99%	183	47.16%	31	7.99%
2014-2015	396	48	12.12%	131	33.08%	196	49.49%	21	5.30%
现状	407	47	11.55%	135	33.17%	214	52.58%	11	2.70%

表3-12　近三学年实践教学队伍学位结构

学年	总人数	博　士		硕　士		硕士以上学位	
		人数	比例%	人数	比例%	人数	比例%
2012-2013	384	62	16.15%	252	65.63%	314	81.77%
2013-2014	388	68	17.53%	267	68.81%	335	86.34%
2014-2015	396	79	19.95%	271	68.43%	350	88.38%
现状	407	85	20.88%	282	69.29%	367	90.17%

学校有目的、有计划地对实践教学人员进行培养，把实践教学人员的培养纳入学校培养计划，选派他们到相关高校、科研院所和企业进行实践锻炼，鼓励他们积极参与科研项目和生产技术改造，鼓励他们申报课题，开展实践教学研究，促进了实践教学队伍教学科研水平不断提高。2009年以来，学校积极落实“双能型”教师资格认定制度，一大批具备“双能型”教师资格人员走上了实践教学岗位，从质的方面提高了实践教学队伍的整体素质和业务水平。

3. 不断提高教师教学能力和水平

大力加强教师培养培训工作，提升教师专业水平。出台《师资培养工作管理办法》《出国（境）学习管理暂行规定》等文件，有针对性的加强教师教学能力培养工作。2009年以来，共有286人次外出进修，其中164人次攻读博士学位、109人次攻读硕士学位、13 名访问学者、40 名教师出国进行短期培训和学历学位提升。高度重视校级优秀人才选拔与培养工作，2009 年、2012 年遴选确定了 20 名校级中青年学科带头人培养对象、33 名校级优秀中青年骨干教师进行重点培养。

开展青年教师教学技能培训，增强青年教师教学技能。2009 年以来，学校全面开展青年教师课堂教学技能培训工作，建立了“青年教师课堂教学竞赛”常态化机制。以青年教师课堂教学竞赛、多媒体课件制作大赛等活动为载体，学校和二级学院先后举办了 20 多期（次）教学比赛，以及教学基本技能、现代教学技术和示范授课培训会活动，青年教师参加培训活动达 600 多人次，进一步夯实了青年教师成长基础。

2013 年，在安徽省首届青年教师教学基本功竞赛中，学校选派 3 位教师参赛，荣获一等奖 2 项，二等奖 1 项，其中工科组姚智华教师荣获小组第一名，获“省级教坛新秀”称号，并被省工会授予“五一劳动奖章”。

二、加强实践教学基地建设，为应用型人才培养提供设施保障

学校大力推进校内外实践基地建设，形成了互补性强、覆盖面广，融认知实践、课程实践、专业实践、创新实践为一体的校内外“双网络”实践教学基地。

1. 大力加强校内实践基地建设

除加强基础课实验室、专业基础课实验室、专业课实验室建设，保证验证性实验、综合性实验、设计性实验的开出率以外，学校还多方筹措资金，加强校内教学基地建设，尤其是在学习调研江浙沪鲁地区高校教学基地建设经验的基础上，先后投资 2500 万元新建了种植科技园、食品科技园和 GMP 兽药厂，扩建了皖北地区最大的兽医院和省级示范工程实训中心，建起了省内一流的日光联栋大棚、食用菌生产基地、玉米育种中心、乳品加工实验厂等实践教学基地。建有 39 个既具有企业实景，又兼有专业实习、科技示范、创业指导功能的校内实践教学基地。同时，充分利用分析测试中心、细胞分子生物学中心、家禽疫病防控监测安徽省重点实验室、玉米育种安徽省工程技术研究中心等科技创新平台，将专业学习、科学研究、生产实践有机结合，成为应用型创新创业人才培养的一大亮点。

学校现有省级示范实验实训中心 4 个，省级开放实训基地 1 个，省级校企合作实践教育基地 1 个，为应用型人才培养提供了优质的实践平台。

2. 积极构建校外实践基地

学校通过校企合作积极构建校外实践教学基地，目前已与安徽隆平高科种业公司、华北制药股份有限公司、安徽德力日用玻璃股份有限公司、奇瑞汽车集团

等共建校外实践教学基地148个，为学生专业实习实训、社会实践提供了良好条件。以学校技术为依托，集教学实习、科技示范、大学生创业实践“三位一体”的凤阳县小岗村被科技部确定为全国首批“新农村建设示范村”；机电与车辆工程学院与安瑞科压缩机有限公司联合申报并获为批省级校外校企合作实践教育基地；食品药品学院与马鞍山雨润食品有限公司联合申报获批了国家级“本科教学工程”大学生校外实践教学基地。

第四节　大力开展应用型科研

应用型大学的办学定位不仅决定了其人才培养目标是应用型的，而且其科研目标也要突出应用型，注重服务地方经济文化建设，服务行业企业的技术创新和技术更新和升级改造，并通过积极开展应用型科研，切实加强人才的创新创业能力，实践动手能力，从而不断提高人才培养质量。安徽科技学院多年来，为提高应用型本科人才培养质量和服务地方经济社会发展能力，特别重视大力开展直接推动地方经济社会发展的应用型科研，在产、学、研的深度结合上狠下功夫，取得了显著成效。

一、深度推进产学研合作

产学研深度结合是开展应用型科研的有效途径，安徽科技学院在这方面做了多方面的探索。

1. 积极推进产学研合作模式创新，不断扩大产学研合作范围

为强力推进产学研合作，努力扩大产学研合作范围，学校不断改进产学研对接模式，与行业企业探索建立课题共选、人才共育、过程共管、成果共享、责任共担的产学研合作战略联盟。按照优势互补、资源共享、互利互惠、共谋发展的原则，加大同地方政府、行业企业、科研院所等多层次、多方位的产学研合作。特别是积极采取与企业共同申报课题、联合建立研发中心、共建工程技术平台、共同开展重点项目研究等产学研合作新模式，形成了“分工明确，利益共享，风险共担”的产学研合作新机制。同时，注意加强产学研项目的管理，建立跟踪落实责任制和项目实施效果的动态评价机制，切实提高了产学研合作的深度和实效性，有效扩大了产学研合作的参与面和受益面。近五年来，学校的产学研合作项目持续增加（见表3-13）。

表3－13　2009年以来产学研合作项目一览表（部分）

序号	项目名称	合作企业
1	玉米育种及种子产业化	安徽隆平高科种业有限公司
2	怀远县优质中粳糯晚稻68综合配套技术推广应用与产业化开发	怀远县科联技术转移中心
3	绿色滁菊高产精准施肥技术	滁菊菊泰工贸有限公司
4	颍上县凤糯2146、凤糯476鲜食糯玉米保鲜技术集成及产业化开发	安徽喜农开发有限责任公司
5	大豆黄酮对奶牛抗热应激作用及其机制研究	蚌埠市和平乳业有限责任公司
6	甜菊新品种“皖甜1号”亲本离体快繁	安徽蚌埠干部管理学校
7	珍稀食用菌高效栽培示范与加工	凤阳县小岗村安科食用菌专业合作社
8	稻田绿色无公害养殖甲鱼技术	怀远县涡北新河甲鱼养殖场
9	泥鳅鱼苗培育关键技术研究	怀远县孔津湖农业开发有限公司
10	特色农产品采后气调保鲜技术研究及应用	安徽喜农农业开发有限责任公司
11	年产3000吨鲜糯玉米深加工产业化关键技术的研究	安徽喜农农业开发有限责任公司
12	利用冷藏设施存储保鲜大青豆荚	安徽省怀远县兴达实业有限公司
13	芝麻油油脚残油提取工艺及工厂化生产关键技术研究	凤阳御膳油脂有限公司
14	秸秆黄贮不同处理方法的研究	蚌埠市和平乳业有限公司
15	皖北地区山羊深加工技术研究与产品加工	固镇百旺畜牧科技开发有限公司
16	鲜食糯玉米产业化	蚌埠农业技术推广中心
17	有机肥的研制与开发	蚌埠市农业技术推广中心
18	食用菌栽培技术试验示范	凤阳县小岗村食用菌专业合作社
19	园（林）绿化苗木移栽基质的配比	怀远科丰农业科技研究所
20	塑料大棚畜禽养殖有害气体检测与排放	淮上区农业综合服务站
21	作物秸秆快速堆腐技术研究	安徽莱姆佳肥业有限责任公司
22	大青豆鲜荚保鲜	安徽省怀远县兴达实业有限公司
23	秸秆粉碎机关键技术研究	瑞泰汽车设备有限责任公司
24	麦麸膳食纤维高效制备技术	凤阳县鼓乡食品有限公司

（续表）

序号	项目名称	合作企业
25	绿色富硒稻的产业化开发	凤阳县金凤谷米业饮料有限公司
26	油茶在江淮分水岭快繁及高产优质栽培技术	凤阳县单山农业科技园
27	生态发酵床养殖技术示范与推广	泉优种猪场
28	临泉县夏玉米规模化高产技术集成	临泉县农技推广中心
29	特用植物专用有机肥生产技术及其产业化	阜阳皖西北秸秆开发利用有限公司
30	灰天鹅林间生态养殖模式的研究与应用	固镇县淮鸿灰天鹅养殖专业合作社
31	温控猪舍高效生猪养殖配套技术	怀远县惠民生猪养殖合作社
32	高产优质绿色糯玉米产业化开发研究	蚌埠市冷藏厂
33	富含γ-氨基丁酸的发芽糯糙米粉加工技术及产业化开发	蚌埠兄弟粮油食品有限公司
34	特用作物甜叶菊专用肥研制及其优化应用技术	安徽飞天有机肥工程技术研究有限公司
35	克服连作障碍生物有机肥研制	安徽金诚农业生产资料有限公司
36	新饲料的研制与加工	淮北市益农源饲料有限公司濉溪经济开发区
37	禽病的预防与控制	濉溪县华川禽业合作社
38	食用菌工厂化安全生产关键技术研究与示范	安徽金豪生态农业科技有限公司
39	应用胚胎生物技术扩繁良种奶牛	安徽曦强乳业集团有限公司
40	固镇玉米万亩高产创建示范片	固镇农委
41	香椿生态型高效栽培模式研究与示范	复兴林场
42	皖北地区山羊深加工技术研究与产品开发	安徽临泉山羊有限公司
43	凤阳山土鸡肉质、鸡蛋品质改良技术	凤阳县凤宝集团
44	节粮微生物发酵饲料的研制	普朗克生物科技公司
45	节粮微生物发酵饲料的研制子项目	优仕生物科技公司
46	隆平206重要农艺性状研究	隆平高科种业
47	安徽省南方现代草地畜牧业推进行动项目	滁州大柳种羊场
48	紫锥菊分散剂产品开发	烟台金海药业
49	金寨金栗源生物技术有限公司横向合作项目	金寨金栗源生物技术有限公司

2. 积极对接地方产业发展，不断提升产学研合作对经济社会发展的服务水平

学校积极融入皖江城市带承接产业转移示范区、国家技术创新工程试点省、合芜蚌自主创新综合改革试验区等国家和地方重大产业改革发展战略，主动寻找产学研合作的对接渠道，先后与地方政府、行业企业等签订产学研战略合作联盟协议9项；与省内外有关企业签订产学研战略合作协议160多项，有效提升了学校通过产学研合作对接地方产业发展，服务地方经济社会发展的水平。尤其是学校注意结合区位特点，主动融入以合芜蚌自主创新综合改革试验区为核心的地方经济建设，把蚌埠、滁州、宿州、淮南、阜阳等地区作为推进产学研合作的重点，取得了突出成就。近几年来，学校科研人员通过产学研战略合作协议，以专家大院首席专家、科技特派员、企业技术顾问等多种形式实现了与相关产业企业的无缝对接，产生了巨大的影响和效益。如汪建飞教授与莱姆佳肥业有限公司的产学研合作被蚌埠市树为成功典范。2009年以来，学校根据凤阳县千亿元硅产业发展规划，积极为凤阳县硅产业发展提供技术支撑，双方于2010年上半年签署“共建无机非金属材料专业”协议。2009年，学校被省教育厅、经信委、科技厅联合授予“科技创新与产学研合作优秀单位”荣誉称号。目前，学校依托蚌埠、滁州，面向皖北，辐射全省的产学研合作格局基本形成，产学研合作已成为安徽科技学院的办学亮点和特色。

二、大力开展应用型科研

开展应用型科研是深化产学研合作的基础，为此，学校一直注重大力开展应用型科学研究和成果转化工作。

1. 积极打造高水平的应用型科研平台

学校通过积极论证申报国家、省级科研平台立项以及充分利用社会资源，采取校地合作、校企共建等多种方式多途径推进应用型科研平台建设。2007年以来，学校先后申报获批了玉米育种试验站国家级科技创新平台和玉米育种安徽省工程技术中心；与企业共建了有机工程技术研育中心，甜叶菊繁育栽培工程技术研究中心等多个省级应用型科技研发平台和精准施肥技术、生产力促进中心等大型公共技术服务平台。（详见表3－14）

表3-14　国家、省级科研平台一览表

平台名称	依托单位	设立年份
玉米育种试验站国家级科技创新平台	安徽科技学院	2012年
玉米育种安徽省工程技术中心	合作共建	2007年
家禽疫病防控检测安徽省重点实验室	安徽科技学院	2007年
安徽省精准施肥技术公共服务平台	合作共建	2008年
安徽省有机肥工程技术研究中心	合作共建	2009年
安徽省饲草育种研发团队	安徽科技学院	2009年
安徽省糯米加工工程技术研究中心	合作共建	2010年
安徽省甜叶菊育种与栽培工程技术研究中心	合作共建	2010年
安徽省农业（蚌埠）生产力促进中心	合作共建	2010年
安徽省大学生创业教育研究中心	安徽科技学院	2011年
安徽省玉米育种工程技术研究院	安徽科技学院	2013年
安徽省生物有机肥创制协同创新中心	安徽科技学院	2014年
安徽省绿色饲料添加剂与功能性畜禽产品研发团队	安徽科技学院	2015年

2. 大力开展应用型科研

为促进广大教师努力开展应用型科研，学校及时制定出台了科研奖励政策，建立起了以促进开展应用型科研，推动科技成果转化和产业化发展为主导的激励机制、激励教师和科研人员到一线调研筛选课题，并通过科技特派员、兼职脱产等途径，为企业提供科技服务，把科研项目落在企业、把论文写在一线，涌现出一大批有广泛应用价值的科技成果，切实增强了服务地方经济发展的能力。在近五年获批的123项省部级以上科研项目中，应用研究项目86项；在获得的31项厅级以上科技成果奖中，有15项是通过产学研合作取得的应用性研究成果。通过加速推进校企协同创新和科技成果转化，有9个玉米、饲草品种成功转化应用。与江苏中江种业合作开发推广国审糯玉米品种——凤糯2146，三年间推广23.14万亩，创经济效益9642.7万元；与安徽莱姆佳肥业有限公司合作解决有机肥生产关键难题，使该公司年产值由原来的8000万元上升到3亿元；通过与临泉县进行玉米高产栽培产学研合作，使该县成为安徽省首个“玉米千斤县”，学校也因此被省委授为“安徽省优秀扶贫单位”。

三、用科研和产学研合作成果促进应用型人才培养

大力开展应用型科研和产学研合作，不仅是为了提升学校服务地方经济发展的能力和水平，更重要的是要把科研和产学研合作成果转化为培养应用型人才的优势。

1. 将应用型科研成果转化为本科教学优势

长期以来，学校坚持以科研促进教学、以科研带动教学、以科研提升教学的政策导向，通过针对性制度规定，要求教师定期在学校开设的科研讲坛上向学生介绍自己的科研进度和研究成果，鼓励教师开设教科研一体化课程；明确规定教师的科研项目必须有学生参加，学生的论文要结合老师的研究课题内容选题，重点实验室、工程技术研究中心必须把人才培养放在首位，定期向学生开放。近三年，学校有 800 多名学生先后参加教师的课题研究，有 36 项科研成果分别被编入 38 本校本教材，有 162 项科研成果写入教案、纳入课堂教学。学校应用型科研成果已成为促进应用型本科人才培养的重要资源。

2. 将产学研合作成果转化为应用型人才培养特色

学校在深度推进产学研合作工作过程中，十分注意吸收学生参与其中，使产学研合作的落脚点放在“学”字上。

一是不断深化“产学研合作”人才培养模式。学校根据优势互补、资源共享的原则，秉承合作育人、合作攻关、合作发展的理念，与大型企业、科研院所开展产学研深度合作，共建科研平台、共同开展科技攻关，共同培养人才。如学校先后与有关企业、科研院所共同建立了皖北现代农业技术协同创新中心、蚌埠硅基材料产业协同创新中心，并以此为平台，根据国家产业发展战略和企业的发展需求，组建科研团队，筛选项目，把科技攻关和人才培养有机结合起来。学校与蚌埠玻璃设计研究院、隆平高科集团等开展的产学研深度合作，紧密围绕应用型人才培养积极申报对接国家和省重大科技攻关课题。同时根据科技攻关和企业发展的需要，联合举办相应特色的冠名班，使学生的创新精神、科研和实践动手能力培养取得显著成效。二是利用协同创新提升学生的创新创业能力培养。近几年学校大力推进协同创新工作，并让学生积极参与其中。如学校依托玉米育种安徽省工程技术中心与地方行业企业建立了甜糯玉米产业技术协同创新战略联盟，围绕皖北地区糯玉米品种选育、种植、收购、加工、冻藏及销售等产业链开展开协同创新。目前该联盟先后选育出 7 个糯玉米新品种，并在联盟中成功转化，获得科技部、安徽省科技厅、教育厅、财政厅、蚌埠市科技局及地方企业行业的资

金资助600多万元。糯玉米产业协同创新联盟的建立，不仅完善了产业链，大大提高了相关企业的效益，而且在项目实施过程中，农学、食品加工、农业资源与环境、经济管理、市场营销等专业的众多学生参与了其中的研究创新活动，使他们的研究创新能力和实践动手能力都得到了有效锻炼和提高。一些学生毕业后即被相关企业高薪聘用，还有一些学生毕业后便走上自主创业之路。目前，产学研合作育人已成为学校人才培养的一大显著特色。

第五节　突出综合素质和创新创业能力培养

安徽科技学院经过长期实践，逐渐明晰了应用型本科人才培养目标定位，即培养“高素质应用型创新创业人才”。为了达成这一人才培养目标，学校在人才培养过程中注意突出综合素质和创新创业能力培养。

一、高度重视提升本科应用型人才的综合素质

本科应用型人才是一种素质高、能力强、知识广的人才，因而其培养不仅要重视学生的知识和能力建设，还要高度关注素质提升。何谓素质？简而方之，素质就是一个人把从外在获得的知识、技能内化为自身稳定的品质与素养的程度，从本质上讲主要是思想品质和精神素养。作为高素质的本科应用型人才，其素质的“高”不仅表现为程度高，还应表现出结构内涵的综合性，即一种综合性的高素质。这种综合性高素质大致可分成两方面：①良好的基本素质，包括良好的思想道德素质、科学文化素质、身心素质；②过硬的职业素质，包括过硬的专业素质、职业素养（职业境界、职业精神、职业责任心等）。由于人才知识的获取和运用、能力的培养与发挥，都与其责任心、道德水平、心理素质、意志品质等密切相关，也就是说，素质高低尤其是思想道德素质高低直接决定了学习和工作的成效。因此，为了切实提高本科应用型人才的培养质量，必须统筹考虑构成应用型高校人才培养目标体系的三大要素——知识、能力、素质的关系，在人才培养方案中高度重视素质培养内容的落实，多渠道拓展学生的素质培养，有效促进知识、能力、素质的协调发展，切实提升本科应用型人才的综合素质，特别是要突出思想道德素质培养。

1. 深化思想政治教育改革，突出思想道德培养

安徽科技学院思想政治理论课教研部根据学校应用型本科示范高校的办学定

位，牢固树立思想政治教育围绕“一优三强”（知识结构优、实践能力强、敬业精神强、创新创业意识强）的应用型人才培养规格，更好地服务“能下去、能留住、能用上、能干好”崇高职业思想境界的应用型创新创业人才培养的教育教学理念，不断进行思政理论课教学改革与探索，努力使思想政治理论课成为引领应用型人才思想道德发展的课程。

在紧紧围绕学校高素质应用型创新创业人才的培养目标定位基础上，确立课堂教学应由学科知识体系为主向以培养能力为本转变以及注重知识验证的演绎式教学向注重问题解决的归纳式教学转变的教学理念。在教育教学实践过程中，形成了思想政治理论课的总体思路。即：坚持一个宗旨：坚持社会主义大学的办学方向，为培养社会主义合格建设者和可靠接班人服务，使安徽科技学院培养的大学生拥有马克思主义理论品质，具有社会主义核心价值观。增强一个意识：增强将学校“一优三强”应用型人才培养规格目标贯穿于思想政治理论课教育教学全过程的主体意识，并落实到各门课程教案中，落实到课堂教学中，落实到实践教学各个环节中。让思想政治教育走在应用型人才知识技能培养的最前面。彰显一个目标：突出高素质应用型创新创业人才的培养目标定位，充分彰显思想政治理论课服务应用型人才培养和增强大学生就业、创业及成长发展过程中思想道德引领的作用。实现一个目的：努力使安徽科技学院培养的学生，由单纯的谋生存而发奋努力，转变为怀抱崇高理想，为当今中国发展而勤奋好学、掌握知识技能、服务社会、体现价值的“四能”人才。

安徽科技学院思想政治理论课通过“一优三改”——整体优化教学内容，全面改革课堂教学模式、实践教学形式、课程评价方式，特别是探索实践总结的“移动课堂”教学模式，提升应用型人才的思想政治素质，进而促进综合素质的提高。具体做法将在本书第四章中加以介绍，这里不做赘述。

2. 努力创新大学生社会实践活动

社会实践是一个大课堂，是提升大学生综合素质的重要途径。早在20世纪90年代初，学校就把社会实践纳入育人体系，坚持服务社会与实践育人相结合，不断深化和创新大学生社会实践活动，着力提高学生实践能力和综合素质。每年都组建大学生暑期科技服务团队，广泛开展技术咨询、技术推广、技术培训活动。

1998年，我校在省内率先创立大学生到基层挂职锻炼制度，此后连续11年共选派374名优秀大学生担任村科技副主任和企业经理助理。他们依托学校的人才和技术资源，定点、连续开展针对性科技服务活动，在学校和社会之间架设起有效桥梁，促进了学校人才和技术向农村基层的顺畅流动，深受农民群众和地方企业的欢迎和好评。这些大学生“村官”任职期间，在专业实践技能、组织协调能力、情感意志品质等方面，都得到了锻炼和提高，从而激发起强烈的创业冲动和浓烈的奉献热情，苗娟等3位同学正是在挂职锻炼的社会实践中萌发了到小岗村科技创业的意向。近三年，共有60支重点团队开展以科技服务为主要内容的社会实践活动，2.5万余人（次）参加返乡分散实践活动。《人民日报》《安徽日报》等多家媒体对我校学生到农村开展社会实践活动进行了广泛宣传报道。

二、着力加强本科应用型人才的创新创业能力培养

创新创业能力是应用型本科人才必备的能力要素，为实现“高素质应用型创新创业人才”的人才培养目标定位，学校采取多种举措强化学生的创新创业能力培养。

1. 大力推进创业教育和创业实践

创业是大学生成长成才的重要方向，更是应用型人才培养的最高境界。安徽科技学院高度重视大学生创业能力培养，出台《关于加强大学生创业教育，提升创业能力的实施意见》，成立了大学生创业教育与指导专门机构，配备了专职人员，编写了大学生创业教育专门教材，制订了面向全体学生的创业教育教学计划，增设了大学生校外创业基地，搭建了大学生创业农副产品销售校内实践平台，形成了比较完善的“创业意识教育、创业能力培养、创业实践指导”三位一体的创业型人才培养模式，并从新生进校开始实施。

由于在校时强化了创业教育和创业实践锻炼，毕业生走向社会后，创业工作取得显著成效，涌现出一批扎根基层的创业典型。仅在学校所在地凤阳扎根创业的就有近10多人（见表3-15）。2008年10月，我校到基层带领村民创业的优秀毕业生杨俊森被评为首届“全国十佳大学生村官”；动物医学专业毕业生吴炜、谢建华辞去上海的工作，来到凤阳县大石岗村建起养鸡场，将专业知识和科学方法运用于养鸡的各个环节，并带动当地农民共同致富；动物科学专业毕业生葛文灿回到凤台县丁集乡建起了养猪场，2008年出栏仔猪和商品猪3000多头。动物科学学院毕业生利用本专业知识创业的典型遍布省内外（见表3-16）。最为突出的是，苗娟等3名大学生顶着压力，冒着风险，毅然把户口迁到凤阳县小岗村，开展双孢蘑菇生产的科技创业，在全社会引起强烈反响和广泛关注，受到胡锦涛总书记和省委领导高度评价，使我校获得了“创业人才摇篮”的普遍赞誉，被媒体称为“安徽科技学院现象”。

表3－15　安徽科技学院毕业生扎根凤阳创业情况一览表

姓　名	毕业时间	专　业	创业项目	创业地点	主要业绩
苗　娟	2007年	生物技术	科植双胞蘑菇	小岗村	时有双胞蘑菇大棚179个，年产值400万元；种植甜叶菊35亩，年收入10万元
章年东	2004年	动物医学	蛋鸡养殖	赵　庄	现有蛋鸡11000多只，日产蛋10000多枚
吴　炜 谢建华 朱其响	2006年	动物医学	肉鸡养殖	大石岗	2008年销售收入已达200多万元，实现利润25万多元，已带动周边10家农户养鸡，每批总数达10余万只
时慧娟	2006年	园艺	大棚蔬菜种植	大王府	承包大棚6个，年收入5万元；大王府村已建成凤阳县蔬菜生产基地，农民生产蔬菜年收入在300万元以上
徐　明	2007年	农业资源与环境	再生塑料加工	府　城	年效益近10万元
薛　雷 陶中伟	2008年	农产品质量检测/农艺教育	养殖黄粉虫	亮岗乡	开始向蟾蜍和水蛭养殖发展，形成立体养殖格局

表3－16　安徽科技学院动物科学学院毕业生创业情况一览表

姓　名	毕业时间	专　业	创业项目	创业地点	主要业绩
高房昌	2000年	食品营养与检验	畜禽疾病门诊	萧县	形成了种鸡养殖、兽药代理、实验室检测、疾病诊断、回收成鸡较为完整的产业链
刘　辉	2007年	动物科学	蛋鸡养殖	蚌埠	现有8亩生产用地，新建三个标准大棚，不断扩大蛋鸡养殖规模
葛文灿 徐义巧	2006年	动物医学	养猪	凤台	出栏存栏猪和商品猪3000头

（续表）

姓　名	毕业时间	专　业	创业项目	创业地点	主要业绩
张　平	1999 年	动物科学	养猪	庐江	年存栏母猪 482 头，年产仔猪近 1200 头
夏朝光	2008 年	动物科学	养猪	当涂	年育肥猪 500 多头，种猪 22 头
朱其响	2006 年	动物医学	肉鸡养殖	泗县	年出栏肉鸡 100 万羽
余越励	1987 年	畜牧	安徽拜特生物技术有限公司	合肥	董事长、法人代表
陈永生	1988 年	畜牧	南京摩根贸易有限公司	南京	总经理、法人代表
项武松	1988 年	畜牧	滁州正大有限公司	滁州	总经理、法人代表
倪晋东	1992 年	兽医	大北农公司	宿迁	总经理、法人代表
柏家福	1998 年	兽医	上海优仕饲料科技有限公司	上海	总经理、法人代表
程建生	1998 年	兽医	北京百惠得生物科技有限公司	北京	总经理、法人代表
严太安	1999 年	食品营养与教育	深圳市金凯尔生物技术有限公司	深圳	总经理、法人代表
王克祥	2015 年	动物科学	东至县珍禽生态养殖场	东至	法人代表
乔恩美	2012 年	动物医学	安徽博美特生物科技有限公司	蚌埠	总经理、法人代表
华笑孝	2013 年	动物科学	皇家鸡排安徽霍山新天地店	霍山	店长

2. 注重培养大学生创新能力

学校把培养大学生创新能力，作为提升应用型人才发展后劲、强化应用型人才培养特色的重要举措。一是加强创新理论教育与指导，面向全校开设《创造力理论与创新思维》《发明学》等公选课程。二是设立大学生创新课题专项基金，从 2004 年起已有 1856 名学生参加 452 项创新课题研究，资助经费 190 万元。三是制定《关于大学生创新学分的暂行规定》，对在科技推广、科技创新等方面取得优异成绩及发表学术论文的学生，准予免修相同数量学分的专业选修课和公共选修课。四是定期举办大学生创业计划大赛、“挑战杯”课外科技作品大赛、网页设计大赛等课外科技竞赛活动，把无线电协会、动物疾病防治协会、发明协会、创业协会等学生社团作为培养学生创新能力的重要阵地，有力地促进了学生创新精神和实践能力培养。

近5年来，在校学生发表学术论文622篇，荣获59项省级以上科技竞赛奖励，其中第三届安徽省大学生职业规划设计大赛银奖1项，安徽省第一届智能车大赛一等奖1项、二等奖1项、三等奖1项，安徽省第二届智能车大赛一等奖3项、三等奖1项，第三届全国大学生智能车竞赛二等奖1项、三等奖2项，第三届“挑战杯”安徽省大学生学术课外作品竞赛一等奖2项、三等奖4项（详见表3－16）。获批专利17项，其中韩同飞的“环形背面黑板擦”和刘夫强的“输液加热器”两项专利荣获中央电视台《走进科学》国庆特别节目“我爱发明”优秀奖。

表3－16　大学生课外科技竞赛获奖情况统计表

竞赛名称	主办单位	举办时间	获奖情况
滁州市首届“通力杯”青年创业设计大赛	滁州市	2004年	优秀奖2名 银奖1名
第二届“挑战杯”创业计划竞赛	共青团安徽省委 安徽省教育厅	2006年	优秀奖5名 铜奖1名
安徽省第二届“合肥锻压”挑战杯课外科技作品竞赛	共青团安徽省委 安徽省教育厅 安徽科学技术协会	2007年	三等奖5名 二等奖1名
第三届“挑战杯”合锻集团安徽省大学生创业计划竞赛	共青团安徽省委 安徽省教育厅	2008年	银奖2名 铜奖4名 优秀奖1名
安徽省第三届大学生职业规划设计大赛	安徽省教育厅 安徽省劳动和社会保障厅 共青团安徽省委	2008年	金奖1名 铜奖3名
安徽省第二届大学生智能汽车竞赛（光电组）	安徽省教育厅	2008年	一等奖1名 二等奖2名

（续表）

竞赛名称	主办单位	举办时间	获奖情况
华东区第三届大学生智能汽车竞赛（光电组）	教育部高校自动化专业教学指导分委员会	2008年	二等奖1名 三等奖1名
华东区第三届大学生智能汽车竞赛（摄像头组）	教育部高校自动化专业教学指导分委员会	2008年	三等奖1名
第二届中国大学生（文科）计算机设计大赛决赛	华中师范大学	2009年	优胜奖
全国大学生创业设计暨沙盘模拟经营大赛安徽赛区决赛	合肥工业大学	2009年	二等奖
第三届“挑战杯”合锻集团安徽省大学生课外学术科技作品竞赛	共青团安徽省委 安徽省教育厅 安徽科学技术协会	2009年	一等奖2名 三等奖4名
华东区第四届大学生智能汽车竞赛（摄像头组）	教育部高校自动化专业教学指导分委员会	2009年	一等奖1名 二等奖1名
华东区第四届大学生智能汽车竞赛（光电组）	教育部高校自动化专业教学指导分委员会	2009年	优秀奖1名
全国大学生智能汽车竞赛（摄像头组）	教育部高校自动化专业教学指导分委员会	2009年	二等奖1名
安徽省第三届大学生智能汽车竞赛（摄像头组）	安徽省教育厅	2009年	一等奖2名
安徽省第三届大学生智能汽车竞赛（光电组）	安徽省教育厅	2009年	一等奖1名 三等奖1名
华东赛区网络商务创新应用大赛	华东赛	2014年	二等奖
全国管理决策模拟大赛全国半决赛	国家级	2014年	二等奖
邮储银行杯中国互联网协会第七届全国大学生网络商务创新应用大赛	华东赛区	2014年	三等奖
南京青奥会“我眼中的青奥”征文活动	部级	2014年	优胜奖

（续表）

竞赛名称	主办单位	举办时间	获奖情况
全国管理决策模拟大赛全国总决赛	部级	2014年	二等奖
全国管理决策模拟大赛安徽省省赛	省级	2014年	一等奖
“创青春·中国联通”安徽省大学生创业大赛	省级	2014年	优秀奖
全国管理决策模拟大赛安徽省省赛	省级	2014年	一等奖
全国英语写作大赛	国家级	2014年	二等奖
全国英语写作大赛	国家级	2014年	三等奖
全国英语演讲大赛	国家级	2014年	三等奖
全国大学生数学建模竞赛安徽赛区本科组	省级	2014年	二等奖
第二届全国创业专项大赛	国家级	2015年	优秀奖
百度百科校园大使积分挑战赛	国家级	2015年	第三名
全国第四届大学生艺术展演舞蹈甲组	部级	2015年	三等奖

第四章　创新思想政治教育促进应用型本科人才培养

随着我国经济社会发展转型的加速和高等教育大众化程度的提高，大力推进应用型本科人才培养成为历史的必然，如何更好更快地推进应用型本科教育，真正培养出高质量的适应经济社会转型发展需要的应用型本科人才，这是应用型本科高校建设过程中必须认真研究和努力回答的重大而紧迫的问题。

我国已有的应用型本科教育的实践表明，培养应用型本科人才必须突出实践应用能力、创新创业能力。但是人的能力的提高和发挥都毫无例外地受到思想观念的制约和支配。因此，培养应用型本科人才不仅要使其具备突出的实践应用能力、创新创业能力，而且要使其具备应用型本科人才应有的思想道德素质。需要指出的是，由于我国应用型本科人才培养过程中，其着力点主要放在应用型专业素质和能力的培养上，对思想政治教育改革创新不够，还没有能够构建起适应应用型本科人才培养需要的思想政治教育的新模式。因此，安徽科技学院在推进应用型本科教育的过程中，一直注意把应用型本科人才培养与思想政治教育改革创新有机结合起来，通过创新思想政治教育，促进应用型本科人才培养。

第一节　思想政治教育改革创新对应用型本科人才培养的意义

党的十六大对党的教育方针做出了符合时代特点、顺应人民意愿、遵循教育规律的精辟概括，党的十八大强调要“全面贯彻党的教育方针”“全面实施素质教育”，面对新形势新任务新要求，特别指出，“坚持教育为社会主义服务，为人民服务，把立德树人作为教育的根本任务，培养德智体美全面发展的社会主义建设者和接班人”。根据党的十八大提出的“立德树人”这一根本要求，应用型本科高校在推进应用型本科人才培养模式改革的过程中必须高度重视着力提高学生思想道德素质，努力培养具有社会责任感、职业道德、实践创新精神的一代新型本科人才。

一、思想政治教育改革创新是应用型本科人才培养模式改革的重要内容

由于实践表明人的一切行为都是由相应的思想观念支配的，所以人们经常讲“做事先做人，育人先育德。”从这个意义上讲，培养什么样类型的人才就应该培养与之相适应的思想观念，也就是说我们培养应用型本科人才首先要注意培养他们具有应用型人才必备的思想道德素质，在推进应用型人才培养模式改革过程中必须同时推进思想政治教育的改革创新，否则就难以培养出“知行统一”的高素质应用型本科人才。

应用型本科人才是高素质复合型人才。当今知识经济时代，高素质复合型人才至少具备五个方面的良好素质，即思想道德素质、科学文化素质、专业素质、创业创新素质和身心素质。其中创业创新素质是核心，思想道德素质是根本。国内外的许多研究也表明，高素质复合应用型人才除了具备良好的专业素质外，还应具有良好的思想道德素质。因为一个人虽然有很高的科技应用能力，但如果没有服务社会、造福人类的责任感，不仅不能很好运用其掌握的科技应用能力，为他人和社会服务，甚至会对他人和社会造成危害。试想一个拥有大量知识，掌握了先进科学技术应用能力的人是一个道德不端、心术不正的人，那他的知识越多、本领越强，对社会的危害也就越大。因而在应用型人才的培养过程中，不能仅关注知识和专业技能的培养，更要关注思想道德素质的培养。

因此，应用型本科高校在推进人才培养模式改革工作过程中，要特别注意同时推进思想政治教育的改革创新，把“立德树人”这个根本任务落实到应用型本科人才培养方案的具体制订环节中，使“育人先育德，做事先做人”的要求体现到具体的教育教学过程中。在应用型人才培养模式改革过程中，注重既教会学生做事，更要注重培养学生如何做人，只有将教会学生做事和培养学生做人有机结合起来，才能真正实现高素质应用型本科人才的培养目标。

二、思想政治教育改革创新是提高应用型本科人才培养质量的重要保障

当前，在提高教育质量成为高等教育改革发展最核心最紧迫任务的大背景

下，高等学校最重要的任务就是培养适应经济社会发展需要的高质量人才。对于应用型本科高校来讲，就是要培养高质量的应用型本科人才。高质量的应用型本科人才应是全面发展的人才，不仅要有高质量的科学文化素质、专业素质、创业创新素质、身心素质，更要有高质量的思想道德素质。江泽民同志在论述人才素质时曾指出："思想政治素质是最重要的素质。"所以人们常讲，德才兼备是"正品"，无德无才是"废品"，有才无德是"危险品"。在应用型本科人才培养过程中，如果忽视了对学生思想道德素质的培养，一味追求所谓的"专业素质"，那最终不是培养出"危险品"，就是培养出"废品"，提高人才培养质量就成了一句空话。

由于应用型本科人才成长发展有其自身的特殊性，因而其培养方式方法和过程也有着自己的鲜明特点与规律性，这种应用型本科人才培养的特点与规律不仅体现在科学文化素质、专业素质等的培养上，而且也显著地表现在其思想道德素质培养上。因而应用型本科人才的思想政治教育不能简单照搬照套高校传统的学术型人才培养模式，而要紧密联系应用型人才培养的实际不断地推进改革创新。在思想政治教育的内容上，除了要有一般性的思想政治教育内容外，还要有能促进应用型本科人才成长发展、提升其职业理想信念、职业道德品质、职业精神等个性化的内容；在思想政治教育方式上，不能满足于单纯的课堂教学，要根据应用型人才培养实践环节多、实践锻炼时间长的特点，将思想政治教育融于工学结合、产学研结合等实习实训环节之中。通过思想政治教育内容、方式等多方面的改革创新，适应应用型本科人才培养模式改革的需要，在促进专业素质提高的同时有效提高思想道德素质。

三、思想政治教育改革创新是促进应用型本科人才健康成长的内在要求

有关研究和实践均表明，应用型本科高校的学生更容易产生心理问题。一方面是由于应用型本科高校的学生是面向基层、面向工农业生产一线培养适用人才，绝大多数学生毕业后的去向就是就业，在现阶段大学生就业普遍较难的情况下，应用型本科人才就业面临的压力更大，上面有重点大学毕业生"压"着，下面又有高职高专毕业生在"顶"着，弄不好就会出现高不成低不就的尴尬局面。因此，应用型本科高校学生的就业心理压力普遍较大。另一方面，应用型本科高校的生源绝大多数来自农村和小城镇，也更容易出现心理健康问题。安徽科技学院《安徽省在校大学生心理健康及干预策略研究》课题组通过对多所应用

型本科高校学生的调查发现，“来自小城镇及农村的学生更易出现焦虑、抑郁情绪，自卑心理及社交退缩行为更为严重，这与小城镇及农村学生在上大学前所受到的应试教育以及他们与城市学生在消费水平、社会见识等方面的较大差距所带来的心理冲突有关。”

总的来看，应用型本科高校学生的心理问题发生率既高于重点大学又高于高职高专院校，更容易产生心理障碍甚至轻生事件。针对这种情况，如何更好地促进应用型本科人才健康成长，便成为应用型本科高校思想政治教育工作需要高度重视和认真研究解决的一个难题。实践表明，只有不断地推进思想政治教育的改革创新，才能有效解决这个难题。

自2005年以来，安徽科技学院就注意将大学生心理健康教育作为思想政治教育的重要内容，出版了“十一五”规划教材《大学生心理健康教育》，面向全体学生开设心理健康课程，使心理健康教育由过去针对少数人的咨询治疗转变为面向全体大学生的发展性素质教育。同时，注意将日常思想政治教育工作与心理健康教育、心理咨询有机结合起来，构建起以辅导员、班主任、学生骨干为主体，校、院（系）、班级三级相联通的心理健康咨询网络，努力促进全体大学生塑造健康人格、发展良好的心理品格、培育过硬的心理素质，积极化解心理问题、心理危机，实现了有效促进学生健康成长的目标。

四、思想政治教育改革创新是促进应用型本科人才能力提升的重要支撑

能力强是应用型本科人才的第一特性。因此，应用型本科人才培养要坚持以能力为本位，千方百计突出能力建设，围绕能力培养构建教育教学体系、安排教育教学内容。这不仅要求在专业应用能力、实践动手能力、创新创业能力的培养上围绕能力培养构建理论教学和实践教学内容和体系，而且要求思想政治教育也要围绕能力培养这个核心大力改革创新，为应用型本科人才的各种能力培养提供强有力的思想支撑。换言之，就是思想政治教育要通过改革创新来促进应用型本科人才的能力建设。

高素质应用型本科人才要适应现代化社会生产、建设、管理、服务等第一线岗位需要，就要具备多种能力，其中创新能力尤为重要。所谓创新能力，是指能通过所掌握知识的运用以及对客观事物的观察、分析、综合、评价发现新问题和解决新问题的能力。人的创新能力由一系列基本要素构成，最重要的是思想要素，主要包括创新意识、创新思维等多方面。从人才的培养实践看，思想政治教

育改革创新是培养应用型本科人才创新能力的一个重要手段。

1. 思想政治教育的改革创新可以激发大学生的创新动力和意识

思想政治教育通过整合教育内容、方式和手段，可帮助学生全面把握当今时代的特点，深刻认识到21世纪是需要创新的时代，创新是一个民族兴旺发达的不竭动力，增强创新的社会责任感。思想政治教育所开展的民族精神、爱国主义、人生理想信念等教育都有助于激发人们创新意识和创新追求，民族精神、爱国主义等教育增强大学生为民族振兴创造创新的使命感；人生理想信念教育为大学生不断探索和创新提供源源不断的精神动力。

2. 思想政治教育的改革创新可以推动发展大学生的创新思维

创新思维要求在思维过程中，破除习以为常、司空见惯的思维定式，积极采取发散思维、逆向思维、求异思维、联想思维等思维方法。思想政治教育通过加强马克思主义世界观方法论教育，加强马克思主义认识论教育，加强我们党的“解放思想、实事求是、与时俱进”的思想路线教育，着力培养学生的创新思维品质，培养学生的科学态度、质疑精神和问题意识，提升对事物认识、辨析、判断和发明创造的能力，使其不盲从权威、不迷信书本，敢于怀疑，从而不断发现新问题，进行新思考，提出新观点，给出新答案。

第二节　思想政治教育要为促进应用型本科人才实践能力培养服务

应用型本科人才培养与传统的本科人才培养最显著的特点是要突出实践教学环节，加大专业实践教学的比重，强化学生实践动手能力培养。思想政治教育必须适应这一应用型本科人才培养方式的重要变化，积极融入专业实践教学环节，树立全过程育人、全方位育人的理念，努力在专业实践教学中充分发挥思想政治教育的育人功能，有效促进学生实践能力的提升。

一、思想政治教育融入专业实践教学的必要性和重要性

应用型本科人才培养的特点决定了思想政治教育融入专业实践教学的必要性。为了强化实践动手能力培养，应用型本科人才的培养方案不仅大大增加了专业实践教学的时间，而且在实施方式上，出现了多元化的变革，有“工学结合”

"顶岗实习""实景教学""产学研结合"等多种方式；在时间安排上也有多种模式，有"小学期制"有"3+1""2+0.5+1+0.5"等；在人员组织方式上也由过去的集中进行专业实践教学变为相对分散（根据学生专业能力培养重点或课程模块类别来安排相应的专业实践教学时间、地点、项目）。这些变化使得思想政治教育不能沿袭过去大一统的做法，必须依据专业实践教学改革所出现的新特点来及时改进思想政治教育的方式方法，思想政治教育只有积极融入专业实践教学才能有效促进应用型本科人才实践能力的培养。

2. 思想政治教育融入专业实践教学是促进应用型本科人才思想道德素质提升的需要

应用型本科高校培养的人才是一种高素质应用型人才，在人才的培养目标上不仅需要突出专业技能的提升，更要注重促进大学生的思想道德素质提升。做事先做人，应用型本科人才只有具备良好的思想道德素质才能把自己掌握的专业知识与技能更好地用于服务经济社会发展。这就决定了应用型本科高校思想政治教育要贴近学生思想实际和专业实践教学的实际，在专业实践教学强化对学生专业知识和实践能力培养的同时，主动融入思想政治教育内容，着力培养学生的诚信品质、敬业精神、责任意识和遵纪守法意识，把专业技能培养与职业道德、职业态度、职业素养、职业纪律的培养有机结合起来，实现德与能的双提升。

3. 思想政治教育融入实践教学是解决大学生现实思想问题的需要

在应用型本科人才专业实践教学实施过程中，无论是"工学结合""校企合作"，还是"顶岗实习""产学研结合"，其主要目的是提高学生的学习能力、实践能力、创新能力，创业就业能力，其主要形式是学生在生产实践活动中，以职业人的身份从事生产实践活动，承担相应工作岗位所规定的职责与义务。由于环境和角色的转换，大学生会不同程度地出现思想和认识问题。如有的学生在生产实践中会产生怕苦怕累思想和厌烦情绪，有的学生会因不适应生产实践岗位要求而产生畏难、焦虑情绪等，这就需要应用型本科高校的思想政治教育应从研究解决学生在专业实践教学环节中面临的各种问题和实际困难入手，有针对性地安排思想政治教育内容，为学生释疑解惑、排忧解难。

4. 思想政治教育融入专业实践教学是促进"教书与育人"有机结合的需要

高校各门课程和各个教学环节都蕴含着思想政治教育资源，都具有育人功能。应用型本科高校专业实践教学是应用型本科人才专业教育中提高学生综合分析和解决实际问题能力、专业品质以及综合素质为目标的一种教学活动，它表面上是侧重专业知识传授和实践技能训练，但其内在的要求包含着对学生进行专业信念构建、科学思维培育、职业精神塑造、团队意识培养等深层次内容。这些深层次教育内容的实现，需要思想政治教育的有效融入，否则就成了单一的专业知识传授和技能训练。专业实践教学环节中蕴含着专业品质、科学精神、职业操守、创新意识、团队精神等多方面的思想政治教育资源，将思想政治教育有意识地融入专业实践教学，就能充分挖掘这些资源，有效促进学生培养专业信念、科学精神、职业道德、创新意识、团队精神，从而有效深化专业实践教学的效果，实现教书与育人的完美结合。

二、思想政治教育融入专业实践教学的具体途径

1. 思想政治教育与专业实践教学相融合

专业实践教学是专业教育的实践环节，是培养应用型本科人才实践动手能力的重要途径。专业实践教学是学生学习专业知识，进行技能锻炼的重要途径，同时也是学生接受思想政治教育的重要渠道。通过专业实践教学环节，寓思想政治教育于专业实践教学之中，可以有效提升学生思想道德建设水平。其一，在专业实践理论教学环节中融入思想政治教育。主要是通过专业实践理论教学融入科学精神、思想方法、人生观、价值观等教育内容。结合专业知识传授和技能训练，使学生体会科学思想、科学方法，领悟求实精神、创新精神、怀疑精神，体察科学目标与人全面发展的关系，进而促进世界观、人生观、价值观培养。其二，在工学结合或顶岗实习等环节融入思想政治教育。在工学结合、顶岗实习等实践锻炼环节，不仅要让学生掌握专业技能，提高实践动手能力，更要渗透思想政治教育，使学生在专业技能和职业岗位能力的实践训练中受到职业态度、职业道德、职业纪律以及吃苦耐劳精神、劳动观念等方面的熏陶。

2. 学校思想政治教育内容与企业文化相融合

校企合作是应用型本科人才培养体制机制创新的重要形式，这就决定了应用型本科高校的思想政治教育的内容必须创新，要将学校的思想政治教育内容与企业文化有机结合起来，借助优秀的企业文化拓展、深化对学生的思想政治教育。实践证明，校企合作培养应用型本科人才，不仅要在专业技能上实现与企业岗位需求的无缝对接，还要在思想文化上实现有效融合，这样才能最大限度地提升高校人才培养与企业需求的吻合度。为此，安徽科技学院在构建校企合作人才培养机制过程中，高度重视利用企业文化对学生进行思想政治教育。学校现有 14 个二级学院，每个二级学院都开设了与企业合作培养的专门冠名班，现有“隆平班”“德力班”“大成班”“大北农班”“莱姆佳班”等 40 多个。这些“冠名班”

的人才培养方案由学校与企业共同研究制定，在思想政治教育内容上特别注重强化对学生的企业文化教育。如“隆平班”始终注意用袁隆平“扎根基层，立足农业，为提高中国水稻产量和品质而奋斗不息”的精神教育引导学生，让学生观看有关袁隆平的影视资料、先进事迹介绍，还请袁隆平院士来校做报告并为“隆平班”亲笔题词，勉励同学们努力学习。使“隆平班”培养的学生不仅具备良好专业知识和实践技能，能很好适应隆平高科种子集团的业务需求，而且具有很强的敬业精神、创新创业意识和优良的职业素养、职业精神，深受合作企业欢迎。由于“隆平班”毕业生素质高、能力强，在种子企业十分抢手，一些企业明确表示，凡安科“隆平班”的毕业生应聘一律免试。

3. 思想政治教育工作队伍与专业课教师相融合

专业实践教学过程中，要使大学生思想政治教育工作取得实效，不能单纯依靠思想政治教育工作队伍，必须充分发挥专业课教师的育人作用。为此，学校在开展专业实践教学过程中，一方面强调，所有相关的专兼职思想政治教育工作者（分管学生工作的二级学院副院长、副书记、辅导员、班主任等）都要转变作风，深入专业实践教学一线，开展调查研究，为学生答疑解惑，使思想政治教育贴近学生学习和生活实际。同时又要求专业课教师在专业实践中充分挖掘专业课教学中蕴含的思想政治教育资源，对学生进行更有针对性的思想政治教育工作。一是在专业实践教学过程中因势利导地对学生进行思想政治教育，如通过专业知识传授，把专业概念、定理、理论与技术发展历程的介绍与世界观、创新意识培养、爱国主义精神激发等结合起来；通过专业实践教学，把专业实践活动与意志品德、劳动观念、职业道德培养结合起来。二是利用专业课教师良好的师德师风影响带动学生。“德高为师，身正为范”。实践证明，专业课教师本身的道德品质对学生有着强烈的示范作用。学校高度重视师德师风建设，要求广大专业课教师要坚持教书育人的正确方向，牢固树立“学为人师、行为世范”的职业目标，努力提高自己的“人格魅力和学识魅力”，以高尚的情操和渊博的学识激励带动学生。这就使得在专业实践教学环节，绝大多数专业课教师都能以自己的严谨治学态度、良好的敬业奉献精神对学生产生潜移默化的影响带动作用。

三、思想政治教育融入专业实践教学的工作机制

思想政治教育融入专业实践教学要取得满意的效果，还必须着力构建起有效的工作机制。

1. 健全管理机制

专业实践教学中的思想政治教育工作由于缺乏有效的管理机制，成了思想政

治教育工作者的“良心活”，带有很大的随意性，事实上处于一种虚化、缺位状态。安徽科技学院的教师在实践中深深体会到，要使思想政治教育有效融入专业实践教学环节，首先要健全管理机制。

一是要建立全校性的专业实践教学领导组织。校级领导组一般由分管校长、书记、教学、学生、思政、科研等部门负责人组成，实行双重管理职能，即既负责专业实践教学的业务工作的组织管理，又负责专业实践教学中思想政治教育的组织管理，以确保专业实践教学实现教学活动与思想政治教育活动统一安排、一起部署、一并检查。

二是要建立院（系）级的专业实践教学管理组织。院（系）管理组织一般由党政分管领导、专业负责人、辅导员组成。同校级领导组织一样，院（系）专业实践教学管理组织也是一岗双责，负责专业实践教学活动的管理与思想政治教育活动的管理。

三是要建立目标管理机制。要将专业实践教学中思想政治教育的目标明晰化，制定包含专业实践教学业务活动和思想政治教育活动的实施方案和工作目标，使思想政治教育活动纳入具体的专业实践教学计划，为专业实践教学中思想政治教育的有效融入提供制度保障。

2. 优化运行机制

优化运行机制的关键是要建立思想政治教育融入专业实践教学的工作责任制。建立责任制主要抓好两个环节，即明确责任和落实责任。明确责任就是要将专业实践教学中的思想政治教育任务层层分解，对学校各级党政组织、专兼职思想政治工作队伍、专业课教师，以及学生等在专业实践教学中的思想政治教育活动的责任要有明确的规定，做到“人人有责任，层层有人管，事事有人抓”。落实责任就是要通过签定责任书，把工作任务和职责要求切实落实到各责任主体。

3. 完善考核评价机制

思想政治教育能否有效融入专业实践教学过程，要通过构建科学的评价机制来保障。要在充分调查研究的基础上，确立体现专业实践教学特点、有助于推进思想政治教育与专业实践教学相融合的考核评价指标体系。以安徽科技学院的实践为例，考核评价指标体系从内容上分析，大致应包括专业实践教学思想政治教育的总体目标、教育内容、主要任务、推进措施、具体效果等方面，不同的考核评价对象要有所区别；从考核评价对象上分析，主要包括相关分管单位和部门、专兼职思想政治教育工作者、专业课教师和学生等四个层面。考核评价机制要着眼于积极引导主管单位（部门）、师生围绕着总体工作目标，加大各自的精力投入，努力完成自己应承担的任务，实现专业实践教学双重功能的融合。比如从大学生层面看，在专业实践教学考核评价时，要将学生的学习态度、职业责任感、行为规范的遵守、创新精神、团结协作意识、吃苦耐劳品质等方面的表现纳入考核评价指标体系，以引导大学生在专业实践教学中注意实现品德与能力的双提升。

4. 强化激励约束机制

在专业实践教学环节容易出现思想政治教育沉不下去、深入不够的现象，缺乏激励约束机制是一个重要原因。因此，在完善考核评价机制后，还要建立相应的激励约束机制。建立激励约束机制的原则应以激励为主、约束为辅。

激励机制应包括物质和精神激励两个方面。物质激励措施要与考核评价结果挂钩，凡考核评价获优秀或良好等次，均应给予一定的物质奖励，如增加工作量、提高调节津贴标准、发给一定数量的奖金等，以调动专兼职思想政治教育工作者和专业课教师积极主动地在专业实践教学中开展思想政治教育工作。精神奖励，主要是通过开展各种类型的评比、表彰来激发专业实践教学中思想政治教育各参与主体的精神动力，促其潜能释放，提高积极性和创造性。

约束机制，主要是针对考核不达标的单位和个人采取的相应的惩罚措施，如降低调节津贴标准或工作量计算系数、评优评奖受限等。

第三节　思想政治教育要为提升应用型本科人才创业意识和能力服务

培养大学生具有较强的创业意识和创业能力，是应用型本科人才培养的重要目标和内在要求，怎样才能有效实现这一目标和要求，思想政治教育无疑要发挥重要的作用。

一、培养创业意识是大学生创业成功的重要前提

创业意识是创业活动的动力之源。创业意识是指在创业实践活动中对创业者起推动作用的思想意识倾向，包括创业的动机、兴趣、理想、信念等要素。目前我国大学生自主创业情况不理想，大学生创业比例低，创业成功率也不高，造成这种现状的原因虽然是多方面的，但创业意识不强不优不成熟是一个极其重要的原因。有关学者的调查和安徽科技学院的实践表明，目前大学生在创业意识上存在着明显不足。

1. 创业意识不强。

目前大学生创业意识不强主要表现在两个方面：

一是缺乏创业意识。当前多数大学生缺乏创业意向。刘凤清等通过对 11 所高校的调查发现，有 65% 的被调查者表示毕业后不会考虑创业，只有 10% 的被调查者对自主创业有信心。[②]

二是创业心态消极。据调查，即使是有一小部分大学生有创业意向，但并不是出于对创业的兴趣、爱好和实现自身价值的追求，而是源于就业形势严峻的现实，这实际上是一种被动、消极的创业心态，所以毕业生到最后最终真正能选择创业的还不到 2% 。

2. 创业意识不优

创业意识不优主要表现在两个方面：

其一是创业意识的品质不优。坚强的意志、远大的理想、坚定的信念、强烈的责任感都属于良好的创业意识品质。有关调查显示，近 80% 的大学生对创业缺乏远大理想、坚定的信念和执着的追求，因而创业意志不够坚强，遇到挫折容易放弃。如在有关调查中，当被问到如首次创业失败时应该怎么办时，有 40. 5% 的学生选择放弃，25. 4% 学生选择不知所措，有 23. 9% 的学生选择等待机会重来，只 10. 2% 的学生选择筹集资金进行第二次创业。

其二是创业思维品质不优。创业思维品质一般包括独立性、创造性、开拓性、变通性、精密性、预见性等数种创业必备的思维品质。有关调查显示，近八成的学生认为自己的创造性、开拓性不足，超过一半学生认为自己独立性、精密性、预见性不够，只有 51. 5% 学生认为自己的变通性较好。[③]

3. 创业意识不成熟

创业意识是否成熟决定着大学生对创业活动的态度和行为，并制约着大学生创业行为的方向和力度，现在一些大学生创业缺乏持续性、坚持性，主要是创业意识不成熟。有关调查显示，大多数学生创业意识不成熟，缺乏持续性、坚持性。有 85% 的学生对创业抱着试试看的心态，有 79. 3% 的学生认为自己创业是一种赌博性的冒险行为，甚至一些有较强创业意识的学生也认为自主创业就是冒险。大学生中对创业抱着执着追求意识的还不到 1% ，这说明大学生创业意识总体不成熟，不够坚定执着。因而毕业后真正坚持投身创业的很少，即便走上创业之路也缺乏持久性和坚持性。

二、影响大学生创业意识形成和优化的主要原因

目前大学生创业意识存在的不强不优不成熟等现象的原因是多方面的，归纳

起来主要有以下几点：

1. 缺乏全面系统的创业教育

很多高校对创业教育的重要性必要性以及其内涵缺乏深刻认识，不能把创业教育作为应用型本科人才培养应有的教育内容，从而没有构建起全面系统的创业教育内容和体制机制。首先，缺乏全面系统的创业教育内容安排。从省内外应用型高校的调查看，仅有少数学校开设了专门的创业教育课程，多数学校只是在就业教育课程内容中粗略地涉及了少量的创业教育内容，缺乏对学生进行全面系统的创业教育。创业教育不足导致学生对创业的重要性必要性认识不足，对国家创业方面的方针、政策知之甚少，从而直接影响了大学生创业意识形成。其次，缺乏规范的创业教材。科学规范的创业教材是学生学习创业知识、培养创业意识的重要载体。没有科学规范的创业教材，学生缺乏系统学习创业知识之“本”，自然会影响创业意识的萌发。其三，创业实践锻炼少。创业实践锻炼是完善的创业教育体系应有的内容，是大学生增强创业意识与能力的重要环节。通过创业实践活动的锻炼，大学生会遇到种种课堂创业教育所无法体验的困难和问题，解决这些困难和问题的实践过程本身就是创业意识和创业能力增强的过程。由于高校目前不仅缺乏全面系统的创业教育，而且即使开展了创业教育也是重理论轻实践，使得大学生创业实践锻炼的机会极少，而缺乏创业实践活动，创业意识的产生也就失去了实践基础。第四，缺乏高水平的创业教育师资。我国高校创业教育刚刚起步，缺乏训练有素的高水平创业教育师资。目前高校的创业教师大都是辅导员或其他专业课教师兼任，对创业教育缺乏深入的研究而且自身又缺乏创业经验，这在一定程度上影响他们的授课效果，从而影响学生创业意识的形成与优化。

2. 创业教育有效性差

就高校已开展的创业教育来看，目前高校的创业教育有效性并不高，对此，罗贤甲等从创业教育过程角度进行了深入分析，认为其原因大致有以下几方面：

（1）教育目标功利化，导致创业教育推进缺乏整体性。我国创业教育目标设定的功利化，与创业教育本身要求相悖，这是问题的根源所在。与国外中小企业的兴起和发展推动创业教育的繁荣不同，中国创业教育最主要的原动力来自于就业问题。于是出现了就业形势越严峻，创业教育越受重视，对大学生的创业引导越多的反常现象。功利性的目标导向造成了高校的创业教育活动主要局限于操作层面和技能层面，目标短期化，未能从长远的角度对创业教育进行整体性规划。功利化的目标导向导致了创业者的创业动机主要是解决生存问题，而不是谋求个人的高层次发展。

（2）教育行为活动化，导致创业教育时间上缺乏连续性。目前鲜有高校的创业教育能够覆盖大学四年，个别高校设置了系统的教育课程，也主要集中在大三、大四，少数高校局限于组织动员学生参加相关创业比赛活动层面。由于活动是周期性的（如“挑战杯”大学生创业计划竞赛两年举办一次），每次活动一结束，创业教育也随之结束，导致创业教育时间上缺乏连续性，直接影响了创业教育的持续效果。创业教育行为的活动化也让学生误把创业教育当成一般的学生工作甚至是一种课外活动，而非从教育层面去理解创业教育的深层意义。

（3）教育对象精英化，导致创业教育参与者缺乏广泛性。在已开展创业教育的高校中，由于受各方面条件的限制，只有极少数学生能够得到教育机会：一种是学校通过一定程序选拔的“精英分子”，一种是通过参加创业比赛活动的“积极分子”。创业教育“精英化”的现象（调查中，受访学生接受创业教育的还不到一成）无法使全部或者大部分学生受益。

（4）教育考核粗放化，导致创业教育组织上缺乏规范性。创业教育目标的功利化、教育行为的活动化，导致在教育考核上出现粗放化，一般以有多少学生进行了创业实践，带动了多少学生就业，在创业比赛中有多少学生获奖，有多少学生参加了创业培训等作为考核指标。这实际上是对创业教育结果的一种粗放且功利的考核，基本忽略了对创业教育过程的考核，不利于规范整个创业教育的组织工作，更不利于推进创业教育的系统开展，而且反向强化了创业教育目标的功利性及行为的短期性，使创业教育离其本身的内涵越来越远。

三、强化大学生创业意识培养是高校思想政治教育改革创新的应有内容

从实际情况看，大学生创业比例少、成功率低源于创业意识不强不优不成熟。大学生创业意识不强不优不成熟的原因虽然是多方面的，但创业教育不足和不科学是最主要的原因。因此，不仅大学生创业教育的着重点是培养和强化优化创业意识，而且培养大学生的创业意识也应该成为高校思想政治教育改革创新的着力点。近年来，安徽科技学院在这方面积极探索，取得了一定成效。

1. 在思想政治教育中渗透创业意识培养

一是在形势政策课中渗透创业意识培养。形势政策课是思想政治教育的重要内容和途径，要通过在形势政策课中安排有关创业教育的专题内容，促使大学生了解国内外经济社会发展形势、国家经济社会发展的方针政策和战略举措、产业

结构调整发展方向，引导学生把开展创业与推动国家发展结合起来，把个人成才成功和承担社会责任联系起来，提高大学生创业的积极性自觉性。二是在大学生思想道德修养课中渗透创业意识培养。思想道德修养课程主要是培养学生的道德品质和社会责任感，通过在该门课程中把大学生创业与“国家兴亡，匹夫有责”的知识分子社会责任感联系起来，引导大学生把个人创业带动就业与促进国家发展、实现社会责任有机结合起来，增强大学生创业的理想、信念。三是在大学生社会实践活动中渗透创业意识培养。在思想政治理论课实践教学环节和大学生寒暑假社会实践活动中安排与创业教育有关的社团、社会实践活动，激发大学生的创业精神和创业意识。如安徽科技学院涌现的在凤阳县小岗村创业的典型苗娟、王中华等同学就是在暑假“三下乡”社会实践中萌发了创业意向和行动。四是在心理健康教育中渗透创业意识培养。结合心理健康教育，加强大学生创业情商培育，优化创业心态，帮助大学生疏导创业过程中的心理压力，塑造大学生良好的创业意识品质。

2. *在创业教育中突出创业意识培养*

对在校大学生开展创业教育，其重点应放在培养创业意识上。这一点已成为创业教育专家的共识。为此，安徽科技学院特别注意在创业教育中突出创业意识培养。

（1）加强教材建设，编写突出创业意识培养的创业教育教材。为适应创业教育的需要，安徽科技学院组织专门人员编写了“十二五规划教材”《大学生创业教育》。该教材内容全面，着重强化对学生创业意识培养。

（2）科学设置创业教育模块，强化实化创业意识培养。安徽科技学院自2010级新生开始，实行全新的应用型人才培养方案，构建了“平台+模块”的课程体系，专门设置了创业创新教育模块，创业教育作为子模块（4学分），由必修课、选修课和创业实践三部分构成。一是学校统一面向全体大学生开设必修课《大学生创业教育》（1学分）；二是由二级学院结合各自专业的实际，开设创业教育选修课（1学分）；三是推动创业实践。出台《安徽科技学院创业实践学分认定办法》，鼓励学生积极开展创业实践活动，如注册创办公司、参加创业大赛等；或积极参与创业训练，如通过培训学习，获得各种职业资格证书或技能证书等；以此获得2～3个创业实践学分。通过这三个相互衔接的教育环节，以培养创业意识和创业素质为主要教学目标，从大学生一年级开始直至四年级，逐级加大教育力度，着力强化创业意识，优化创业素质，提升创业能力。

第四节　思想政治教育要为提升应用型本科人才的就业竞争力服务

高校思想政治教育与大学生就业竞争力有着密切关系，如何通过加强思想政治教育来提升应用型本科人才的就业竞争力是应用型本科高校思想政治教育工作需要积极探索解决的重要问题。

一、高校思想政治教育与大学生就业竞争力的高度关联性

1. 大学生就业竞争力的内涵

目前，学术界关于大学生就业竞争力表述不尽一致，我们认为，大学生就业竞争力是指：在充满竞争性的就业市场上，大学毕业生能够在竞争中获得用人单位认可，找到适合自己才智发挥的工作岗位，并能在实际工作中胜任工作岗位要求的能力。由此可见，就业竞争力，是基于就业能力之上的一种能力，强调的是不同大学生群体或个体间相互竞争而体现出的一种能力，只有通过竞争才能表现出来。大学生就业竞争力是高层次的能力，这些能力是多种素质和能力的综合体现，主要包括思想道德素质、科学文化素质、专业素质、创新创业素质、身心素质及其延伸的各种能力，是影响大学生就业成功率和就业质量的关键因素，直接关系到大学毕业生能否顺利就业和可持续发展。

2. 思想政治教育与大学生就业竞争力的内在联系

（1）思想道德素质的重要地位，决定了思想政治教育对培养大学生就业竞争力具有不可替代性。影响大学生就业竞争力的诸多因素中，思想道德素质是最重要的素质。古人云："才者，德之资也；德者，才之帅也。"在高校的人才培养过程中，思想道德素质是最根本的素质，它决定着科学文化素质、专业素质、身心素质等的发展。如果忽视思想政治教育，就不能促进大学生各种素质的协调发展，实现全面发展的目标。教育部全国高等学校学生信息咨询与就业指导中心与中国人力资源开发网以及《大学生就业》杂志社联合开展的大学生就业现状及发展调查显示："用人单位对应聘者的思想道德素质要求，远远高于专业技能、社会经历、学校名气和学历等。"微软公司总裁比尔盖茨曾指出："三个月的培训可以解决员工的技能问题，而员工的价值观与企业文化相冲突，则是短期内难以改变的，其破坏力将是灾难性的。"因此，越来越多的用人单位把思想道德素

质作为选人用人的首要素质。鉴于思想政治教育是培养大学生良好思想道德素质的主渠道，这就决定了思想政治教育在提升大学生就业竞争力中具有不可替代性。

（2）解决大学生实际问题的现实要求决定思想政治教育应致力于提升大学生就业竞争力。《中共中央国务院关于进一步加强和改进大学生思想政治教育的意见》明确指出，思想政治教育要“努力解决大学生的实际问题”。应用型本科院校的人才培养是以社会需求为导向，所培养的人才主要去向是到各行各业实现就业。应用型本科高校大学生最大最重要的实际问题就是在顺利成长发展的基础上成功就业。能否顺利地高质量地就业是广大应用型本科人才最关心的实际问题。

我国高等教育进入大众化阶段以后，随着毕业生人数的不断攀升，大学生就业难的现象逐渐凸显。导致的原因是多方面的，但从毕业生自身看，主要原因有两点：①大学生的素质能力与社会需求存在差距，造成了一方面用人单位招不到合适的人才，另一方面又有许多大学生找不到合适的工作岗位。②大学毕业生择业观念与国家、社会的实际要求不相符合，导致企事业单位有岗无人干和大学毕业生有业不能就同时并存的现象。这就决定了思想政治教育必须充分发挥育人作用，为提升毕业生的就业竞争力提供有效服务。思想政治教育要顺应社会经济发展的大局，服务于学生的成长发展需要，为“解决大学生就业难这个当前最大实际问题”服务，以提升大学生就业竞争力为重要工作目标，改革创新思想政治教育，在转变择业观念，促进学风建设、培养学生良好的素质能力上狠下功夫，有效推动毕业生顺利实现就业。

二、思想政治教育提升大学生就业竞争力的实现途径

1. 拓宽思想政治教育的内涵

尽管现在高校十分重视就业教育，但对就业竞争力还缺乏深入的研究与宣传，导致大学生对就业竞争力内涵理解不深，对提升就业竞争力重视不够。中央16号文件强调，高校思想政治教育要“以大学生全面发展为目标，解放思想，与时俱进，坚持以人为本，贴近实际，贴近生活，贴近学生，努力提高思想政治教育的针对性、实效性”。针对当前大学生对提升就业竞争力重视不够的实际，高校要把强化大学生对就业竞争力重要意义的认识作为思想政治教育的重要内容。思想政治教育工作者要着眼于大学生的实际需求，积极主动地调整教育教学理念，在有关课程中渗透、拓展就业竞争力的内容，引导学生深化对就业竞争力

的认知与理解，从而增强提升自己就业竞争力的自觉性。

2. 拓展思想政治教育队伍素质

俗话讲，名师出高徒。思想政治教育要有效提升大学生的就业竞争力，必须大力提升思想政治教育师资队伍能力与水平。思想政治教育工作者要培养大学生的就业竞争力，需要有相应的专门知识和技能，如职业生涯规划指导、就业创业指导等相关的业务知识和实践指导能力。为提升思想政治教育师资队伍的素质，近几年安徽科技学院一直高度重视加强对专兼职思想政治教育工作者进行专门的就业和创业指导培训，学校专兼职思想政治教育工作者有 38 人获得国家职业指导师证书，16 人取得 GYB 等创业培训师资格证，占专兼职思想政治教育工作队伍的41%，逐步建成了一支专业化、专家化、多能力、高素质的学生思想政治教育队伍，通过他们有效地引导和帮助学生更好地设计和实施就业竞争力培养提升方案。

3. 增强思想政治教育的针对性

（1）着眼于就业竞争力的培养，开展个性化的思想政治教育。传统的思想政治教育主要是面向全体学生的共性教育，由于每个学生成长发展状况不同，从就业竞争力培养对思想政治教育的需求看，这种共性教育不能满足一些大学生的个性化需求。如安徽科技学院在实践中发现，一些可能出现就业困难的学生，如学业困难学生、家庭贫困学生、身体残疾或有病学生在就业竞争力培养上特别需要思想政治教育提供个性化支持。为此，学校不仅将就业竞争力培养作为思想政治教育的共性教育内容，而且特别注意针对可能出现就业困难的学生群体开展个性化的思想政治教育。根据他们学业成绩、个人性格、身心特点、能力状况和家庭教育背景与经济状况等情况开展有针对性的思想政治教育引导，把思想政治教育和个性化的就业竞争力培养有机结合起来，努力推动每一个学生都实现就业竞争力的提升。

（2）着眼于就业竞争力的培养，在具体的教育环节中融入思想政治教育。应用型本科人才培养强调实践动手能力培养，课程实习、教学实习、毕业实习以及到企业实践的时间显著增加，这种突出实践动手能力的人才培养模式变革本身是大大有利于提高学生就业竞争力的，但在实践中安徽科技学院也发现，由于对实践动手能力提高的重要性认识不足、存在怕苦怕累思想等诸种原因，加之实习实践活动都分散在校外，管理上也有所放松，一些学生往往是看的多、干的少，有的甚至是只看不干。针对这种现象，学校明确提出要增加实践教学环节的思想政治教育工作，要求实践教学环节延伸到哪里，思想政治教育工作就要融入哪里。具体的做法是：实习（实践）活动开展前有专题思想动员，活动开展中进行有针对性的思想教育引导，活动结束后对学生有思想政治表现方面的考核评价。通过思想政治教育在实践教学环节的有效融入，大大提升了实践教学的效果，也有力促进了学生就业竞争力的培养。

三、思想政治教育提升大学生就业竞争力的着力点

1. 大学生择业观存在的问题

一些大学生出现择业困难，主要是择业观念不佳。

（1）择业期望值过高。近年来的调查表明，大学生择业的期望值普遍较高。在择业时"贪大、攀高、求好"，大多数毕业生一心向往大城市、大单位，追求高薪与好的福利待遇与生活环境。就薪酬而言，作为应用型本科高校毕业生，不少人与重点大学毕业生相攀比，希望到工资高的事业单位或企业就业。有学者对应用型本科高校 2010 届毕业生的薪酬期望作了一次专门调查，调查显示：4% 的学生期望月薪在 2000 元以下，66% 的学生期望在 2000 元至 3000 元，25% 的学生期望在 3000 元至 5000 元，4% 的学生期望在 5000 元至 8000 元，1% 的学生期望在 8000 元以上。④而据中国知名教育研究机构麦可思公司发布的《麦可思大学生求职期望分析》报告显示，非"211"本科院校的大学毕业生半年后的平均月薪 2008 届为 2030 元，2009 届 2241 元。可见不少应用型本科高校毕业生的薪酬期望偏高。除了薪酬，一些毕业生对地域、行业的选择要求也较高，那些中小城市、偏远地区和农村以及艰苦行业，虽然急需大学生，但毕业生大多不愿去。期望值过高必然造成择业困难。

（2）过分看重经济效益。收入、福利待遇往往成为择业时考虑的主要因素。在学校组织的校园招聘会上经常看这样的现象：如果这个单位可以提供优厚的待遇，许多毕业生不管是否适合他所学的专业，争相投递应聘材料。而一些待遇稍差的单位尽管有许多待聘岗位，毕业生也很少问津。通常 IT、通讯、金融、证券、保险、建筑、外贸等行业普遍受毕业生青睐。有关调查显示，只有 4% 的毕业生择业时选择专业对口。这种过分看重经济效益的择业观常常造成择业的盲目性。

（3）高度重视第一次就业。许多大学生非常重视第一次就业对个人职业发展的影响，认为如果选个好单位前途就一片光明，去一个差单位前途就一片黑暗。因此，很多毕业生希望一次性选择到自己理想中的工作岗位，这种"一次就业定终身"的观念严重制约着大学生的择业。

（4）追求职业的安全感和稳定性。在传统就业观念的影响下，多数毕业生在择业时十分注意工作的稳定性和安全感。安徽科技学院前几年开展的一项“关于选择哪种工作类型”的问卷调查显示，48%的学生选择稳定有保障的工作。因此，考公务员、考有事业编制的单位成为不少毕业生的择业追求。这种过分追求职业的安全感和稳定性的心理，严重影响了大学生对职业的选择。

2. 思想政治教育工作要着力引导大学生转变就业观念

人的行为是受观念支配的。因此，思想政治教育要提升毕业生就业竞争力，首先要从转变择业观念做起。

（1）要引导大学生正确认识自我，合理确定择业期望值。一些大学生择业期望值过高主要是自我认知不准确。要引导大学生对自己的能力水平有一个客观的评价，使他们在择业时能根据自己的能力水平，扬长避短，趋利避害，选准与自己职业能力水平相匹配的职业岗位和工作单位，理性择业，务实就业，抛弃不切实际的过高期望，为自己争取更多更适合的就业机会，以利于在激烈的就业竞争中立于不败之地。

（2）要引导大学生正视社会现实，找准就业的目标。正视社会现实，就是要求大学生要认清社会需求，根据社会需要来确定自己的就业目标，而不能脱离实际，凭主观愿望来确定就业目标。要通过教育引导，使大学生认识到，择业作为一种社会性活动，必然会受到种种社会现实条件的制约。大学生如果脱离社会的现实要求，把择业目标只限定在大城市、大单位且具有稳定性、高薪酬的行业企业，则很难被社会接纳，甚至难以生存发展。大学生必须找准就业目标，一个人的就业目标，只有与社会要求相符才能顺利实现。当前，眼光从大企业转向中小企业，从大城市转向小城镇乃至广大农村，是应用型本科高校毕业生择业的客观趋势。识时务者为俊杰，确定与经济社会发展形势一致的就业目标，是成功择业的钥匙。

（3）要引导大学生改变“一步到位”的择业观念，树立先就业再择业的观念。在大学生就业竞争激烈的态势下，大学生一毕业就能找到一份理想工作并一直做下去的机会越来越少。先就业后择业成为大学生择业的一种必然要求。要通过教育引导使大学生认识到，在市场经济条件下，绝大多数人都不可能终身只在一个单位工作，大学生择业要顺应市场经济规律，择业时不强求一步到位，要树立先就业后择业的理念，“骑马找马”，在先就业中锻炼自己，在就业中寻找新的择业机会。

（4）要引导大学生树立竞争的择业观念，养成敢于竞争的心态。一些大学生竞争意识不强，不愿或不敢于积极参与择业竞争，不同程度地存在着等、靠、要的依赖思想，最终成为学校中的就业困难群体。对此，思想政治教育要主动介入，加强引导，使学生认清在市场配置人才资源的机制下，只有勇于竞争、敢于竞争才能充分显示自己的才智，赢得用人单位的认可。否则，依赖学校和他人的帮助，凭等、靠、要是很难顺利实现高质量就业的。

3. 思想政治教育要着力引导学生努力拓展素质、提升能力。

实践表明，"内因是变化的根据，外因是变化的条件。"提高大学生的就业竞争力起决定作用的是内在的素质与能力。针对一些大学生平时不注意思想道德修养，不重视提升自己的综合能力，而是把功夫下在临近毕业时突击学习研究择业技巧上的不良现象，思想政治教育要注意通过各种途径教育引导学生认清，只有学业有实力，择业才有竞争力。使其从入校开始就重视能力与素质的提升。一些应用型本科高校的思想政治教育部门与就业指导部门相配合，在到企事业单位开展深入调研的基础上，开发出大学生就业能力培养的基础模型，如"应用型本科高校学生就业素质模型""应用型本科高校就业能力模型"，这一方面可为学校教育部门和各院（系）改革人才培养模式提供依据，另一方面也可借此对大学生进行教育引导，促使他们能根据两个模型来及早规划自己的学习和素质能力发展方向与目标。实践证明，效果很好。

第五节　思想政治教育要为提升应用型本科人才的创新能力服务

应用型本科人才应该是一种有较强创新能力的人才。因此，安徽科技学院围绕培养应用型本科人才的办学实际，确定的人才培养目标是"培养高素质应用型创新创业人才"。实践表明，人才的创新能力是一个复杂的系统工程，受多种因素的推动和制约，其中培养良好的思想道德素质是应用型人才培养的灵魂工程，这就决定了思想政治教育在应用型本科人才的创新能力培养过程中必须充分发挥作用。

一、思想政治教育在应用型本科人才创新能力培养中具有重要的地位和作用

1. 思想道德素质在应用型本科人才创新素质结构中的重要地位

我们认为，高素质应用型本科创新创业人才的素质结构可以细分为两个方

面：即基础素质和特殊素质。基础素质主要包括：思想道德素质、科学文化素质、专业素质和身心素质；特殊素质主要包括：创新素质、创业素质、实践智能素质。在这两个方面七大素质中，思想道德素质处于统摄地位，是应用型创新创业人才的灵魂。江泽民同志在谈论人才素质时明确提出："要说素质，思想政治素质是最重要的素质。不断增强学生和群众的爱国主义、集体主义、社会主义思想，是素质教育的灵魂。"思想道德素质作为应用型本科创新创业人才多种素质的要素之一，对其他素质的发展起着重要的导向和激励作用，如良好的思想道德素质，能促进学生以更积极的态度投入到有助于提高科学文化素质、专业素质、身心素质、创新素质、创业素质、实践智能素质的学习和实践锻炼活动中，为其全面发展提供不竭的精神动力和思想保证。

2. 思想政治教育在应用型本科人才创新能力培养中的重要作用

思想政治教育是提升大学生思想道德素质的主渠道。因此，思想政治教育要在加强大学生思想道德建设中突出创新能力培养。

（1）思想政治教育为创新能力培养提供精神动力

无数人才的创新实践表明，创新活动是一个充满艰辛的过程，仅凭一时的热情和单纯的才智水平，如果没有崇高的信念、坚定的意志、勇于探索创新的精神，不畏艰辛和失败的品质，是不能实现创新成功的。参与"两弹一星"研制的科学家们，之所以能在"一穷二白"的条件下，充分发挥聪明才智，攻克无数科技难关，取得大量的科技创新成果，终于实现中国人的"两弹一星"梦，最根本的就是这一大批科学家有振兴中华的崇高理想信念和强烈的责任心，有服务祖国、服务人民的奉献精神和顽强意志。在当代中国，一个人才只有树立起远大而坚定的理想信念，自觉把个人成才同祖国的发展强大紧密结合起来，才能以创新为己任，敢于开拓创新，勇攀科学高峰，为建设创新型国家而贡献自己的聪明才智。高校思想政治教育要突出对大学生的理想信念教育、爱国主义教育，引导大家把个人创新和国家发展结合起来，把个人发展同担当社会责任联系起来，激发创新的精神动力。

（2）思想政治教育为创新能力培养提供思想保障

良好的思想政治教育不仅能为人才的创新活动提供强大的精神动力，而且还能为人才的创新活动提供有效的思想保障，确保人才的创新活动保持正确的价值取向。事实证明，在市场经济负面因素的影响下，人才的创新活动无时无刻不在受到各种私利的冲击和诱惑。例如：有的人才搞创新对个人名利看得很重，因而不愿与人合作，这就不利于实现当前国家大力提倡开展协同创新的要求，最终难以出大的创新成果；有的人才在创新过程中，经不住利益的诱惑，把创新的成果用于谋取私利而不惜损害国家和人民的利益，结果堕入深渊。因此，培养创新人才，不仅要通过专业课的教学与实践提高科学文化、专业技能素质和创新能力，而且要注重通过加强思想政治教育培养他们树立正确的世界观、人生观和价值观，培养他们的拼搏奉献精神、团结协作精神、艰苦奋斗精神，确保创新人才具备优秀的品格。

（3）思想政治教育为创新能力培养提供科学的思维方法

黑格尔曾经指出，世界是方法的世界，找到了方法也就找到了解决问题的钥匙。创新人才要取得创新成功，除了有强大的精神动力、良好的思想品格，还要有科学的思维方法。具备科学的思维方法是良好的思想道德素质应有的重要内涵，也是创新型人才必备的思想道德素质内容。古往今来，凡是杰出的创新人才都具有科学的思维方法。他们都坚决反对迷信、敢于质疑权威、崇尚实事求是、提倡辩证分析问题，从而能透过纷繁复杂的现象来把握事物的本质和规律，有效实现创造创新。从这个意义上讲，科学的思维方法是构成创新人才思想道德素质最核心、最深层的内容。因而，提高应用型本科人才的创新能力要把培养科学的思维方法当作思想政治教育的最重要内容，要通过加强大学生马克思主义世界观和方法论教育，促进学生质疑性、求异性、系统性思维方式的发展，培养学生的批判精神和怀疑的勇气，使他们在思维深处激发崇尚创新、追求创新、敢于创新的思想意识，积蓄开展创新活动的正能量。

二、思想政治教育不断拓展大学生创新能力培养的新途径

从思想政治教育视角，应用型本科人才创新能力的培养不仅要通过加强思想政治教育来促进，而且要与高校人才培养实际紧密结合，渗透于各种教育教学环节，不断拓展促进创新能力培养的新途径。

1. 加强创新创造知识教育

从思想政治教育层面看，促进大学生创新能力培养至少应该包括两个层次教育目标：第一层次目标，就是通过加强思想政治教育，培养大学生的开拓进取、创新创造精神，为创新活动提供精神动力、思想保证和科学的思维方法。第二层次目标，就是要通过加强创新创造专门知识教育，培养学生开展创新活动所必需的创新意识、创新思维、创新方法，从而推动大学生创新实践。为此，安徽科技学院思想政治教育主管部门和教务部门会商，自 2005 年开始，面向全校大学生开设《创造学》《发明学》等公共选修课，主要讲授创新发明知识，有力促进了学生创新意识、创新思维、创新方法的培养。

2. 大力推动创新实践

大学生创新能力培养需要加强理论教育，更需要实践锻炼。安徽科技学院自2002年开始，出台了大学生创新课题管理办法，设立了大学生创新基金，学校每年按生均10元标准预算创新课题专项经费，专门用于资助大学生创新课题研究和创新实践活动。大学生申报的创新课题只要是学术思想新颖、目的意义明确、立论根据充分、研究方案合理、技术路线可行、实施条件具备的项目就可以获得学校1000元至2000元的资助。十年来，全校共计资助研究项目1000个，投入经费160多万元，有力推动了大学生创新实践活动的深入开展，也有效提升了大学生的创新能力，涌现出一批创新典型和成果。

3. 积极营造创新文化氛围

为推动学生创新能力培养，安徽科技学院十分重视营造创新文化氛围。一是经常举办创新创业学术报告会，聘请知名学者、企业家以及创新创业成绩卓著的校友来校做创新创业学术报告或业绩报告。二是及时总结在校大学生和已毕业校友中涌现出的创新典型与经验，并进行广泛宣传。三是经常举办有关创新创业设计大赛或组织学生参加省内外以及国家的科技创新和创业大赛。通过这些活动切实浓厚学校创新创业文化氛围，使学生通过这种创新创业文化氛围的熏陶增进创新创业意识，提升投身创新创业实践的自觉性。

第六节　思想政治教育要挖掘校园精神促进应用型本科人才培养

利用优秀的校园精神来促进应用型本科人才思想道德素质的培养，是应用型高校思想政治教育改革创新不可或缺的重要内容。多年以来，安徽科技学院一直高度重视挖掘总结自己在长期办学实践中形成的优秀校园精神，并把这种优秀校园精神转变为宝贵的育人资源，打造出鲜明而又独特的人才培养特色，有效促进了应用型本科人才培养质量的提升。

一、充分挖掘、凝练优秀校园精神

1. 安徽科技学院以“艰苦奋斗”为核心内容的校园精神的孕育与传承过程

（1）初创艰辛，孕育艰苦奋斗精神

1950年春，为适应国民经济对人才的迫切需要，皖北区党委决定在凤阳县创建一所高级农林学校，这就是安徽科技学院的前身——皖北高级农林学校。基业初创，白手起家，条件非常艰苦。教师中不少人刚刚跨出大学校门，怀着创业的激情，从四面八方来到条件艰苦的皖北小城凤阳，开始了艰苦的创业历程。他们白天在简陋的教室里上课，晚上在煤油灯下备课，还要自行解决教学与生活中的困难。住房不够自己盖，没有教具自己制。面对艰难困境，全体师生顽强地和困难做斗争。通过辛勤劳动不仅取得了建校办学的成功，更重要的是磨炼了意志，孕育了“艰苦奋斗，自强不息”的创业精神。

（2）曲折前行，铸就艰苦奋斗精神

1953 年后，学校历经凤阳农校、凤阳农专、安徽农学院凤阳分院等数度变迁，其间碰到许多困难与挑战，在艰苦奋斗精神支撑下，闯过一个个难关。

1981 年 2 月，安徽农学院 1965 年下迁凤阳分院的人员回迁合肥，学校面临着恢复专科建制的可能。怎么办？是听任上级的安排，还是积极争取继续举办本科教育？全校上下一致认为，有为才能有位，决心发扬艰苦奋斗的光荣传统，迎难而上，干出样子，创出牌子，用实际行动坚定省委省政府在凤阳办本科大学的决心。学校领导多次向省委负责人汇报，强烈表示扎根凤阳，办好本科高校的决心与信心。精诚所至，金石为开，省委省政府终于决定将安农淮北分院并入凤阳，成立本科建制的皖北农学院，开创了独立举办本科教育的历史。皖北农学院历经的 4 年，是困难的 4 年，是发展壮大的 4 年；也是学校艰苦奋斗、自强不息精神内涵得到进一步承继和丰富的 4 年。

1984 年，中央做出了《关于教育体制改革的决定》，明确提出要大力发展中等职业教育，并确定要建立若干所专门培养中等职教师资的高等职业师范院校。学校党政班子认为，虽然当前社会还普遍存在轻视职业教育的倾向，职业教育的发展处于困难境地，但对于我们学校却又是一次发扬艰苦奋斗精神，转轨改制，在困境中崛起的重要机遇。为此，学校及时向省政府提出了改办为安徽农业技术师范学院的申请，1985 年 8 月获省政府批准。从此，学校在困境中开始了对中等职教师资人才培养这一新领域的艰苦探索和实践。学校确定了清晰的办学指导思想和人才培养目标，坚持面向基层，面向职教，着力为安徽中等职业学校尤其是农村职业中学培养师资，为解决安徽职教师资短缺问题作出了积极贡献。

虽然学校确立了本科建制并顺利转轨改制，但由于学校地处经济欠发达的凤阳县城，条件差，底子薄，办学困难重重，经历了许多难以想象的曲折与考验。但学校党政班子和广大师生员工都坚信，路是走出来的，事业是干出来的，坚持下去就是胜利。只要我们始终坚持艰苦奋斗、自强不息的精神，就一定能够通过实际办学成果向世人昭示：在凤阳这个艰苦的地方也能办出高水平的大学！

1999 年，省厅向学校下达了接受教育部本科教学工作合格评估任务，由于当时还处于加快发展的启动阶段，条件差距很大。但是，师生员工没有在困难面前低头，决心以艰苦奋斗精神为动力，牢牢抓住本科教学工作合格评估这一契机，凝心聚力，拼搏进取，扎扎实实地推进教学评建工作。2002 年 5 月，不仅如期接受了评估，而且获得了非常好的结论。广大师生员工艰苦奋斗、自强不息的精神让每一位来学校评估的专家都深受感动。时任评估专家组组长、河南师范大学校长谭兴戎教授在评估后深有感触地说："我没有想到，在凤阳县城，还有这样一所特色鲜明的本科高校。学校在凤阳县城，办学环境虽然差一些，但能锻炼人，培养出来的学生能吃苦肯奉献。希望把这个优良传统发扬光大，不断弘扬艰苦奋斗精神。"

2. 负重前进，弘扬艰苦奋斗精神

进入新世纪，办一个什么样的大学？怎样办好这个大学？是学校必须认真思考、科学应对的大问题。面对高校办学地点大城市化、学科专业热门化和贪大求洋、追求奢华之风日盛的形势，学校党政班子经过认真分析后认为：我们在思考办一个什么样的大学，怎样办好这个大学这个根本问题时，不能随波逐流，应当从国情省情特别是校情的实际出发，继续挖掘、弘扬和升华艰苦奋斗精神，强化自己的办学特色。

（1）在事业发展上贯彻艰苦奋斗精神，坚持就地发展

由于学校地处县城，办学条件艰苦，对办学产生了诸多的不利影响：不利于吸引优质生源；不利于引进、稳定人才；经常停水停电，师生学习、工作、生活多有不便之处；子女上学、就业、看病就医等也存在一定困难，教职工后顾之忧很多。这些因办学地点处于劣势而产生的困难，原本就使部分同志对就地办学的信心不足，加上新时期一些高校迁址到大中城市办学或征地建新校区，对教职工思想产生了巨大的冲击，一些干部和职工渴望到蚌埠大学城建新校区。

究竟何去何从？学校党政班子坚持实事求是的思想路线，科学分析了高等教育发展形势和省情校情，清醒地认识到，地点是办学的重要因素，但不是决定因素。对一所大学生存发展起决定作用的只能是人才培养的结构、质量与特色。在经济欠发达的省份和学校实力不强的情况下，如果盲目跟风、强行举债到中心城市办学，不仅难以实现预定的发展目标，而且可能使学校陷入困境。相反，如果从实际出发，坚定就地办学的决心，发扬艰苦奋斗光荣传统，把有限的财力和精力集中在优化结构、提升质量、强化特色上，就能在新形势下崛起。

2005年11月校党委集中两天时间，在认真学习科学发展观的基础上，就学校发展战略问题进行了专题研究，经过认真深入的讨论达成了共识：当前及今后一个时期，学校应负重奋进，弘扬艰苦奋斗精神，坚决实施就地发展、质量立校、特色兴校和人才强校“四大战略”，把重点工作放在提高人才培养质量上。这一决定，避免了盲目跟风，使学校的艰苦奋斗精神和艰苦创业之路得以延续，也使学校步入了可持续发展的轨道。

（2）在学科专业建设上体现艰苦奋斗精神，坚持“三个面向”

为强化服务地方经济建设的能力，不断挖掘艰苦奋斗精神内涵，在学科专业建设和结构调整上坚持三个面向，积极为艰苦行业和生产一线培养人才。

长期以来，学校坚决避免什么专业热就办什么专业，什么专业好办就办什么专业的不良倾向，始终坚持学科专业建设与地方经济社会发展相适应的原则。早在2000年，学校制定新一轮的学科专业建设规划，明确了“学科专业发展要适应国家经济建设、科技进步和社会发展的需要，立足安徽，面向农村，服务中等职业教育和地方经济建设”的指导思想。本着这一专业建设思想，多年来，学校坚持做到了三个“面向”。

① 坚持面向“三农”，着力培养服务农村经济建设人才。解决“三农”问题的根本出路在于科技和人才。但由于农业比较效益低，农业农村工作条件相对艰苦，就业难度大、质量低等原因，农科类专业成了冷门，加之农科类专业办学投入大，办学效益低，迫使农业院校弱化发展农科类专业。在农科类人才培养面临严峻挑战的形势下，学校认为实现安徽农业大省向农业强省跨越需要农业科技，建设新农村需要农科类人才，要坚持为“三农”服务的方向不动摇，明确提出把农科作为学科专业建设的重点。多年来，学校以动物科学学院、农学院两个二级学院为依托，开设动物科学、动物医学、农学、农艺教育、农业资源与环境、种子科学与工程、园艺（教育）、园林等农科类专业，并在相关二级学院开设生物科学、生物技术、中药学、农村区域发展、环境科学等涉农专业。目前，办有12个农科和5个涉农专业，在校生5197人，占全校本科生总数的32.9%。

② 坚持面向中等职教，着力培养服务中等职教的高素质师资。中等职业教育在培养高素质劳动者、推动地方经济发展中具有十分重要的作用。安徽科技学院自1985年就致力于培养中等职教合格师资，在全国率先试行对口招生，采取农职中、区乡政府择优推荐与学校考试择优录取相结合的办法，从农村职业中学对口招收优秀毕业生来校学习，毕业后回当地工作，从而有效地打通了人才通向农村的渠道。学校积极开展职技高师人才培养方案的研究和实践，承担了全国

“八五”教育科学规划《职技高师（农科类）课程体系优化方案研究》课题，牵头完成了农艺教育、机电技术教育、园艺教育、畜禽生产教育等专业课程体系改革方案，提出了厚基础、强技能、宽专业、多方向的改革思路，设计了合理的课程体系，为农村职业中学培养了大批留得住、用得上的高素质师资。

③ 坚持面向基层，着力培养服务生产一线的高级应用型人才。20 世纪末，随着机械电子制造业向内地迁移，机械、电子等工程技术应用型人才短缺，学校为适应这种人才需求的变化，在办学成本高、经费不足的情况下，发扬艰苦奋斗精神，挤出有限的经费，购置仪器设备，引进紧缺师资，积极创造条件先后上了机电技术教育、机械设计制造及其自动化、电子信息工程、车辆工程、电气工程及其自动化等一批工程技术类应用本科专业。目前学校有 22 个工程技术类专业，在校学生 7287 人，占本科生总数的 47.2%，为地方经济结构的调整提供了有力的人才支撑。

（3）在建设、改革和管理中保持艰苦奋斗精神，坚持勤俭办学

实践证明，艰苦奋斗是各级党政组织团结带领群众振兴事业的强大精神力量，在经济欠发达的地方办学尤其如此。学校领导班子带领全校师生员工大力发扬艰苦奋斗精神，坚持勤俭办学，努力构建节约型校园。

在人事管理上注意从节省人力成本入手贯彻艰苦奋斗精神。2000 年在省内率先进行内部管理体制改革，出台了《内部机构设置方案》，明确要精简党政管理机构，充实、强化教学和教辅机构。现在全校只有 102 名处级干部，比同规模院校少 20% 以上，很多处室负责人既是领导又是办事员。全校上下都强化了严格控编、节省人力成本、提高办学效益的意识，绝大多数教师承担着满负荷的教学科研任务，很多老师既承担理论课又承担实验课教学任务，很多管理人员、工勤人员满负荷甚至是超负荷工作。

在基本建设上，强化“建设性浪费是最大的浪费”的意识，处处注意节约，体现艰苦奋斗精神。近几年新上的图书馆、教学楼、实验楼等大型建筑都努力贯彻“经济、适用、耐用、美观”的建设原则，每一个项目都经过反复论证，严格控制设计标准和规模，尽量减少造价。老校区的几条干道坏了，如果挖掉重修，需要 180 多万元资金，采用先补后铺沥青的办法，费用减少 60%。新建的西校区绿化，采取自行设计方案，购买经济实惠的小树苗，自种草坪等方式，节省了大量资金。

为使艰苦奋斗、勤俭节约切实变成全校师生的办学理念，学校党政领导率先垂范、身体力行。早在 1995 年，校党委就出台了关于加强自身作风建设的文件，

把端正思想作风，弘扬艰苦奋斗、求真务实精神作为领导班子思想政治建设的重点，明确提出班子作风建设的目标是：把风气搞正，把作风搞实，按规矩办事。在办学过程中，反复强调办一切事情都要遵循艰苦奋斗、勤俭办学的原则，精打细算，讲究实效，坚决反对讲排场、比阔气、铺张浪费，要把有限的资金有效地用于事业发展和改善师生学习、工作与生活条件。学校领导处处注意发扬艰苦奋斗精神，为群众树立良好榜样。校领导出差办事不住豪华宾馆、不住单间，而且行程安排极为紧凑，从不借机游山玩水；来客招待长期坚持必要适度的原则，坚决反对吃喝风；始终坚持与群众同甘苦，长期坚持在没有空调的办公室里办公，直到 2005 年才和基层办公室一道安装了空调，充分体现了“吃苦在前，享受在后”的艰苦奋斗精神风范。

在校领导的带领和感召下，如今艰苦奋斗精神已内化为教职工的自觉品德。在购买教学仪器设备时，教师们不惜花费大量时间和精力，认真调研论证，避免重购多购，努力提高利用率。在实验室建设中也是能省则省，电子专业的教师自己动手完成了电子实验室的总体设计及综合布线与监控设备的安装工作；计算中心对陈旧的计算机不是废弃不用，而是通过维修和改装，用于计算机硬件的实验教学；工学院机械工程实验室的老师们花大量时间到旧货市场淘回了一批汽车部件，建成了汽车实验室，为学校节省购置费用 30 多万元。学生处为节约水源、节省水费，经过反复试验，在学生公寓管理中探索出一条新的节水措施——利用生活废水冲洗下层卫生间，仅此一项每年可以给学校节约水费近 40 万元。

“扎根凤阳，艰苦奋斗”，这是安徽科技学院 60 多年办学历程形成的宝贵精神财富。学校的勃勃生机靠的就是不断弘扬和升华艰苦奋斗精神！学校党委在总结回顾办学历程时强调指出：我校能够在凤阳这个艰苦的地方长期坚持办学并取得显著成绩，是几代人坚持不懈、不屈不挠、艰苦奋斗的结果，要把这种以艰苦奋斗精神为核心内容的优秀校园精神融注到应用型本科人才培养的全过程，实现厚德强能的应用型人才培养理念。

二、用艰苦奋斗精神培育“四能”人才

培养“能下去、能留住、能用上、能干好”的应用型人才是应用型本科高校人才培养的根本目标。安徽科技学院为实现这一目标，始终坚持育人为本、德育为先的办学理念，围绕“一优三强”的人才培养规格，把学校长期积淀形成的优秀校园精神转化为宝贵的育人资源，充分运用艰苦奋斗精神塑造学生的灵魂，打牢不怕吃苦、乐于奉献、艰苦创业的思想基础。

1. 在入学和毕业教育中突出艰苦奋斗精神

新生入学教育的第一课就是了解学校艰苦奋斗的发展历史，让他们体会学校发展的艰辛，领悟艰苦奋斗、奉献祖国和人民的责任，感悟艰苦奋斗、自强不息、在困境中崛起的精神。每年毕业教育，学校都邀请在基层艰苦创业的模范校友回校作报告，激励毕业生把个人的成长进步与服务祖国人民结合起来，积极到基层就业和艰苦创业。

2. 在日常学习生活中渗透艰苦奋斗精神

20 世纪 90 年代，安徽科技学院就把培育艰苦奋斗精神作为校风学风建设的重要内容，倡导学生要发扬艰苦奋斗精神，爱护公共财物，节约水电。现在艰苦奋斗、勤俭节约已深入学生内心，随手关灯关水龙头，节约一滴水一度电，变成大家的自觉行动。大学生在艰苦奋斗精神的熏陶下，以勤俭节约为荣，在生活上尽量节俭。

3. 在校园文化活动中融入艰苦奋斗精神

通过课外科技文化活动、军训、青年志愿者活动、名人讲座、社团活动等有效的形式和载体，强化艰苦奋斗精神教育内容，引导和帮助学生树立正确的世界观、人生观、价值观、荣辱观，着力培养学生艰苦奋斗、甘于奉献的精神。

4. 在社会实践中培育艰苦奋斗精神

学校每年坚持组织大学生广泛参加社会实践活动。广大学生通过到厂矿企业、革命老区、艰苦行业的生产一线和偏远的贫困山村，了解国情、体验民生，见证在基层艰苦创业的典型，强化了服务社会经济发展的责任意识，激发了到基层和困苦环境艰苦创业的志向。如安徽科技学院受到中央领导及社会各界广泛关注的“全国十佳大学生村官”杨俊森、被团中央授予“中国大学生自强之星”的尹纯尧等艰苦创业典型都是在社会实践中萌发了到基层创业的意向。

5. 充分发挥优秀教职工的典范作用，引领艰苦奋斗精神

国内著名玉米育种专家、副校长刘正教授，曾有多次机会调到大城市工作，可他却 30 年如一日，安心扎根凤阳，在教学、科研和管理工作中辛勤耕耘。为了选育玉米良种，每年夏季他在酷热难当时进入玉米地中忙碌；每年春节在别人全家团圆时，他却独自一人赶往海南搞加代繁育。功夫不负有心人，30 多年来，他已成功选育出了 9 个玉米新品种，成为安徽省选育玉米品种最多的人。他用实际行动生动地诠释了艰苦奋斗精神的内涵。2004 年，刘正教授因教学和科研方面的突出贡献获得了“全国优秀教师”的荣誉称号；2005 年被评为“安徽省优秀共产党员”；2010 年获得省自然科技进步二等奖；2014 年被评为“安徽省沈浩

式好干部”。学校还拥有许许多多像刘正教授这样的老师，他们不因学校位置偏僻、生活环境差而怨天尤人，而是以育人、兴校为己任，恪尽职守，言传身教，在平凡的教书育人岗位上践行着艰苦奋斗、甘于奉献的价值追求。正是由于有这样一支能在凤阳坚持艰苦奋斗几十年如一日的教师队伍，才使得学校在人才培养和科学研究中硕果累累，英才辈出。学校运用这些活生生的典型教育引领广大学生弘扬艰苦奋斗精神、践行艰苦奋斗精神。

通过一系列思想政治教育工作，用艰苦奋斗精神育人已取得显著成效，毕业生愿意到农村、到基层、到西部、到祖国最需要的地方去建功立业的人数越来越多。“能下去、能留住、能用上、能干好”已成为安徽科技学院毕业生的鲜明特色。这一人才培养特色使学校毕业生成为就业市场上的“抢手货”，很多专业毕业生都供不应求。统计表明，近5年安徽科技学院毕业生就业率保持95%左右，其中到基层和艰苦地区就业的占80%以上。他们在艰苦环境中实现着自己的人生价值，传承着学校的艰苦奋斗精神。由于毕业生就业率高，用人单位评价好，2012年安徽科技学院被评为全国毕业生就业典型经验50强高校。

第七节　思想政治理论课要成为提升应用型本科人才思想道德素质的主渠道

《中共中央国务院关于进一步加强和改进大学生思想政治教育的意见》明确提出：“高等学校思想政治理论课是大学生思想政治教育的主渠道。”这就要求在应用型本科高校人才培养过程中，思想政治理论课应该成为引领大学生思想道德建设的主渠道，努力打造高素质应用型人才必备的过硬思想道德素质。应用型本科高校的思想政治理论课能否承担起这个重任，关键是要不断深化教育教学改革，切实提高针对性和实效性。自开展应用型本科示范高校建设以来，安徽科技学院积极推进思想政治理论课的改革创新，取得了一定成绩，有效促进了应用型本科人才思想道德素质的提升。

一、转变思政理论课的教学方式，充分发挥学生的主体性

实践表明，思政理论课要增强吸引力、感染力和实效性，一个重要的途径就是要注意唤醒学生的主体意识，培养学生的自觉内化意识和自我完善能力，促进学生主动参与教学过程，在学习中思考，在思考中学习，在践行中理解，学思结

合，知行合一，将思政理论知识内化为自身的思想道德素质。然而，传统的思政理论课教学方式主要是以教师的单向灌输式为主，采取的形式是老师讲学生听，教师高高在上，控制着话语权。整个教学过程只是老师的一言堂，学生完全处于被动地位，只能单方面接受老师的“灌输”，思政理论课的道德品质启迪、培育功能便弱化为思想道德知识的简单传授过程，学生常常难以理解与接受，吸引力、感染力、针对性、实效性都会大大降低。

事实上大学生不是不关心自身的思想道德建设，不是对思政理论课不感兴趣，他们实际上非常渴望通过紧密联系自身思想实际的思想政治理论教育，而不喜欢这种单纯“你讲我听”、隔靴搔痒的教学方式。这就要求思政理论课要转变教学模式，由单向灌输向双向交流转变，积极采取启发式、互动式、研究式等教学方式。在思政理论课的教学过程中，教师要注意尊重学生的主体意识，充分发挥学生的主体性，善于引导学生深入开展讨论，师生就共同关心的问题展开研讨和论辩，这样既激发了学生兴趣，又使大学生在通过与老师、同学的互动交流中加深对思政理论课的理解，促进对思想道德知识的内化，提高认识问题、分析问题和解决问题的能力，从而在生动活泼的氛围中实现思政理论课的思想道德品质培育功能。

二、强化思政理论课的实践教学环节，努力提高教育教学的实效性

高校思政理论课的教学效果不佳，一个极其重要的原因，就是重理论教学轻实践领悟，大多采取“满堂灌”的教学模式，致使理论教学与实践认知相脱节，大学生不能从实践领悟的层面把思想政治和道德品质知识内化为自身的认知、观念和素养。实践教学是高校思想理论课教学的重要环节，加强实践教学是提升思政理论课教学效果的必然要求。通过加强思政理论课教学的实践环节，有利于加深大学生对马克思主义基本理论、中国特色社会主义理论体系、社会主义核心价值体系以及党的路线方针政策的理解，从而有效提高他们的思想道德素质和观察分析社会现象的能力，有效增进他们对国家、民族和人民群众的感情，最终以良好的精神状态投入到服务祖国和人民的伟大实践之中。

如何强化实化思政理论课的实践教学环节呢？安徽科技学院主要从两个方面入手。一是加强组织管理和统筹协调，把思政理论课的实践教学内容与专题社会调查、假期社会实践、志愿者服务、公益活动以及专业课学习等有机结合起来，广泛拓展思政理论课实践教学的途径，形成长效机制。二是创新思政理论课教学

模式，积极推广融理论教学与实践于一体的“移动课堂”教学新模式。安徽科技学院思政理论课的“移动课堂”主要通过构建与思政理论教学内容相匹配的场景（现实场景或网络场景）来组织教学，有效解决了思政理论课教学过程中存在的内容抽象空洞、与实践脱节等问题，通过教与学主体互换、教学场景置换、课堂与社会互融等方式，促进学生在情景浸润、讨论交流、反思体验等的亲身领悟中接受、认同老师讲授的理论，学生在与自己生活世界、经验世界、内心世界验证的实践中，将思政理论课的教学内容内化为信念，外化为行动。

三、创新思政理论课的教学组织形式，增强教育教学的适应性

随着应用型本科人才培养模式改革的不断深入，其专业课的课程体系、教学内容、教学方式以及教学的组织形式会出一些有别于传统人才培养模式的新变化，这种新变化要求思政理论课要及时创新教学组织形式。比如随着实践教学内容和时间的增加，学生不仅在实践教学基地和工厂实习实训的时间大大增多，而且各专业甚至每个班级的时间安排也不尽统一；又比如，许多校企合作培养的“冠名班”以及一些特色班（国家卓越计划班）和国际班的人才培养方案是个性化的，其专业课教学和实习实训等的时间安排、组织形式是多样性的，这些都决定了思政理论课很难沿用过去大一统的做法：统一组织形式（大班上课），统一教学过程（按年级安排课程内容）。只有创新思政理论课的组织形式才能更好地适应应用型本科人才培养模式改革的要求。为此，安徽科技学院在实践中通过推行分类分层教学组织形式，很好地适应了本科应型人才培养模式改革产生的新情况。

思想政治理论课分类分层组织教学就是根据应用型本科人才培养模式改革而产生的人才培养方案的差异性和不同阶段学生的成长发展需求，因需施教。在横向上实施分类组织教学，即根据校企冠名班、国际合作班、卓越人才班以及文科班、理科班等不同类别，将学生分类组织成相应的思想理论课教学班，教师根据学生的专业性质、人才培养方案特色、未来的职业特征和就业趋势来安排课程内容和教学进度，把思政理论课的培育正确世界观、人生观、价值观功能与培养学生职业兴趣、职业素质结合起来，避免了政治理论课与学生学业实际的脱节，使思政理论课教学内容和方式更加贴近学生实际，有效激发了学生的学习热情。在纵向上实施分层组织教学，即根据学生的不同层次（学业阶段）精心设计安排与之相适应的思政理论课教学内容，把中宣部、教育部规定的思政理论课程内容与不同层次学生的学业发展阶段相对接，分层教学的本质要求是不再把思政理论

课作为单纯的政治理论知识讲授，要求在讲授思政理论知识的同时，注意对学生学业发展过程中存在的各种思想困惑进行教育引导和解答，这样既确保了思政理论课规定教学内容的落实，又满足了学生学业发展的需求，促使不同层次的学生都能得到最优发展，感受到成才成功的喜悦。

四、拓展思政理论课的教学手段，提高教育教学的时效性

当下，网络已深入人们日常生活的每个角落，信息网络化对高校思政理论课教学工作既带来了良好的发展机遇，也导致出现了一系列严峻挑战。为实现应用型人才培养目标，高校必须拓展思政理论课的教学手段，积极借助网络媒体来提高思政理论课的时效性，才能积极应对信息网络化对高校思想政治理论课教学提出的挑战。课堂教学受时间、地点和形式的限制不能深入和广泛地进行互动交流，而教师在课下通过网上论坛、聊天工具、微信平台、电子邮件等则可有效弥补这一不足。教师还可通过网络为学生提供更为丰富的信息，如及时将相关资料发布到网上让所有网络成员同步共享，并平等地进行讨论；还可以借助集文字、声音、图像和动画为一体的信息传播方式，发表观点与看法，利用高度形象化的网络学习平台来增强思想政治理论课教学的吸引力。总之，只要利用好互联网，就能让思政理论课更贴近学生生活实际、贴近学生思想、贴近校园生活，才能更有时效性、更有效地发挥思想政治理论课的教育作用，培养出更多优秀合格的应用型本科人才。

参考文献：

[1] 汪元宏，郑汉华．大学生心理疾病和危机干预［M］．北京：现代教育出版社，2010.

[2] 刘凤清，乔芬．大学生创业意识现状及培养方式研究［J］．思想教育研究，2010（2）.

[3] 罗贤甲，杨树明．论高校创业教育的有效性［J］．思想教育研究，2010（9）.

[4] 许燕平，顾国星，郝程光．应用型本科院校毕业生择业行为研究［J］．学校党建与思想教育，2011（8）.

[5] 江泽民．江泽民文选（第2卷）［M］．北京：人民出版社，2006.

第五章　着力推进转型发展
加快地方应用型高水平大学建设

2008年以来，安徽省为破解区域高等教育趋同发展、与经济社会多样化需求不相适应的难题，提出了构建“具有区域特色现代应用性高等教育体系”的目标任务，着力推进“高校分类发展、内涵建设、整体提升、各具特色、争创一流”的行动计划，主动适应和全面支撑安徽省经济社会发展需求。根据计划，到2020年，安徽省将通过省部共建、省市共建等建成6～8所地方高水平大学，6～8所特色鲜明的应用型本科高校和20所示范高职院校，支持若干高校转型发展，服务安徽省支柱产业和战略新兴产业发展能力显著增强。安徽科技学院紧扣安徽省应用性高等教育体系建设主题，按照“科学定位、错位发展、特色办学”的总体思路，全面推进学校转型发展。

第一节　地方本科院校转型发展的道路与方向

地方高校转型发展已是当务之急。从转型任务看，转型是国家和地方经济产业结构转型升级对高素质技能人才的需要，学术型高校培养的人才无力也无法满足产业升级；从转型实践看，我国高层次技术技能人才的数量和结构远不能满足市场需求，高级技工荒问题越加突出，而高等教育的同质化发展，又不能有效应对“一边人才紧缺、另一边是人才求职无门”的窘境；从转型路径看，转型是调整高等教育结构、推动高等教育多样化发展的理性选择，更是地方高校走内涵式、特色化发展的根本出路。

一、向本科层次职业教育转型

目前，我国职业教育分层体系还不够完善，高职高专上面出现“断层”，本科层次和研究生层次职业教育严重缺乏。鼓励地方高校向本科层次职业教育转型，就是要开辟一条专科层次、本科层次和研究生层次并存发展的“高速公路”，打通职业教育上升通道的“最后一公里”。从专业设置来看，中高职教育、专业硕士按照行业要求和地方要求设置专业，面临转型的地方高校会将以学科为导向设置专业，转向按照行业要求和地方要求来设置专业，这不仅有效解决了职业教育上、中和下游之间专业设置“断联”问题，还保证了不同层次职业教育捆绑运行，构建起专业高度并轨、层次上下贯通的人才成长“立交桥”。

地方高校从普通高等教育转变为本科层次职业教育，不是降格，更不是退步，转型的初衷是经济社会发展和产业升级对不同人才的需要，转型的核心是建立高校分类体系，推动学校分类管理，而转型最大动因是遵循高等教育发展规律，让教育回归本位。转型后的地方高校以提高职业岗位能力为培养目标，与偏重理论和基础研究的学术型高校，共同构成平行并衔接的高等教育发展体系。二者在教育目标上是一个平面，在教育发展上是两个维度，也就是说，本科层次职业教育和普通高等教育没有高低之分，没有层次之分，只是各自办学定位不同，培养目标不同。

地方高校向本科层次职业教育转型，要承受来自职教界、社会和高校自身的三重压力。职教界就存在“抢饭碗”和“给饭碗”之说，一说是地方高校向本科层次职业教育转型，要挤占职业教育发展空间，另一说是地方高校办不下去了，需要高职高专扶上马送一程。而社会特别是学生家长总误认为本科层次职业教育是培养低端产业工人的高等教育。作为转型主体的地方高校真正迈出这一步，需要放弃坚持多年的办学思想和治理结构，另起炉灶，这又是一场自我革命。但事物都是一分为二的，正是职业教育分层体系不完善，拉低了社会对职业教育的认识，而彻底打通中专、大专、本科到专业学位硕士甚至是专业学位博士的上升通道，就会从根本上扭转职业教育“低人一等”的局面。

二、向应用技术类型高校转型

突出应用是我国高等教育的重要特征。新中国成立初期，我国高等教育借鉴苏联模式，培养了大批应用型人才，较好地满足了新中国恢复生产和提高人民生活水平的需要，改革开放以来，我国高等教育总体导向也是偏重应用的。在高等教育大众化的今天，向应用技术类型高校转型是地方高校战略突围的根本出路，地方高校要加快转变认识，积极探索转型发展的接口、出口和入口，做好无缝转型。

正确处理四个矛盾，在转型的“接口”上多做文章。正确处理以学科建设为导向设置专业与应用技术类型高校以职业和岗位需求设置专业的矛盾；正确处理以校内教师为主体的师资建设体系与应用技术类型高校多种来源建设师资队伍的矛盾；正确处理地方高校自成一体的治理结构与应用技术类型高校多元主体办学多种形式办学的矛盾；正确处理以传授知识为基础建立的教育教学运行机制与应用技术类型高校以产教融合、校企合作为特征的矛盾。

理性确定四个定位，在转型的“出口”上多找出路。理性确定发展目标定位，围绕地方经济社会发展需要和行业产业发展实际，开展应用性科学研究和社会服务，积极为地方经济社会发展培养应用技术类人才；理性确定办学层次定位，以本科职业教育为主，积极发展专业学位研究生教育，重视开展继续教育和各类培训；理性确定内涵式发展定位，巩固传统优势专业，发展面向地方支柱产业和新兴产业的学科专业，着力加强师资队伍“双能型”建设，着力挖掘教育和产业“双领域”潜力，着力调动学校和企业“双主体”积极性；理性确定服务定位，融入地方，服务地方，借力地方，以服务赢得地方支持，以贡献带动自身发展。

强化办学四个特色，在转型的“入口”上多谋策略。强化人才培养特色，以学生就业为导向，优化以职业生涯目标为导向的知识结构，整合以专业实践为重点的能力结构，构建以岗位技能培养为核心的素质结构；强化专业设置特色，按照“人无我有、人有我优、人优我弃、人弃我选”原则，构建特色鲜明的学科和专业；强化课程建设特色，重点抓好通识教育与职业教育、科学教育与人文教育、基础理论教育和专业教育、课堂教育与实践教育的有机衔接；打造社会服务特色，鼓励和支持行业企业和用人单位参与地方高校顶层设计，把转型高校办成“校中地”“地中校”的社会前沿服务高地。

三、向服务地方经济社会发展转型

当前，一些地方高校发展已经陷入困境，虽然投入了大量的物力和财力，但办学水平并没有实质性提高，科学研究“顶不了天”又不情愿“立地”，培养的学生上不了社会，又下不了基层，服务地方经济社会发展甚至沦为次要之举。

向服务地方经济社会发展转型，不是地方高校转型发展的“削峰填谷”，而恰恰是“提谷齐峰”。目前，地方高校存在亟待解决的两个难题：一个是以就业为导向而自身面临“如何就业”的难题，另一个是以市场化为导向而自身面临“如何市场化”的难题。破解这两个难题仅仅通过关起门来在“黑板”上解决是行不通的，还是要走出校门服务地方经济社会发展，从结果看，服务地方经济社会发展，就是为社会做了贡献，凸显存在价值，就能解决办学问题，从过程看，服务地方经济社会发展，就能了解市场，熟悉市场，就能真正按照市场需求办学。

向服务地方经济社会发展转型，还是地方高校转型发展肩负的任务，“地方大学服务于所在地人民”的办学理念，已成为世界各国大学的共识，关键是如何服务于所在地人民。以安徽为例，截至 2014 年 7 月，安徽有普通高校 107 所，宽泛意义上的地方高校有 100 所左右，涉及行业背景、地方特点和师范性质，是安徽经济社会发展的重要智力支撑。身处区域特别是二三线城市的地方高校，要按照“选择空位，填补空白点；确定站位，减少重复点；实行错位，凸显优势点；引领其位，抢占制高点”思路，抓住转型发展时机，紧紧对接洁净煤、高性能材料、装备制造、信息家电等地方优势产业，深度融入新能源汽车、新型显示、节能环保、公共安全、生物技术、文化创意等地方新兴产业。本着“办学跟着地方走、专业跟着产业走”的指导思想，深化内部治理结构改革，把服务地方经济社会发展任务，量化落实到教师的绩效考核和职称评审环节，适时设立服务社会与技术推广教授岗位和处级岗位，逐步推进地方高校从社会边缘走向社会中心。

向服务地方经济社会发展转型，更是地方高校转型发展的良机。有专家指出，随着大数据的运用和互联网的进一步普及，在不久的将来，国内企业将会积极寻求机会进入大学，构建起由大学、教师、学生和企业全面参与，以互联网模式运营为主导的人才生态圈。在这场转型突围的发展中，如果让企业占得先机，主动“反哺”高校，将会折射出地方高校的尴尬和无奈。

第二节　地方本科院校转型发展的路径

安徽科技学院前身是始建于 1950 年的凤阳农校，1965 年更名为安徽农学院凤阳分院，开始举办本科教育，1985 年改建为安徽农业技术师范学院，2000 年更名为安徽技术师范学院，2005 年更名为安徽科技学院。学校的更名过程就是内涵发展、特色发展、转型发展的过程，更是学校地方应用型高水平大学建设的过程。特别是 21 世纪以来，安徽科技学院针对高校人才培养日益趋同质化、与经济社会发展需求脱节的实际，及时确立了服务地方经济，培养应用型人才，努力提升办学定位与社会需求符合度的办学方向，着力推动学校转型发展，始终坚持以转型谋发展、以改革促转型，在转型发展道路上进行了一系列的探索与实践。2014 年，获批为安徽省 6 所地方应用型高水平大学项目单位之一，学校在转型发展的道路上走出了坚实的步伐，取得了较为显著的成绩。

一、学校推动应用型人才培养方面开展的工作

1. 加强学校顶层设计，明晰转型发展方向

2009 年学校第一次党代会明确提出了培养高素质应用型创新创业人才、建设高水平应用型大学的办学目标，2014 年第二次党代会又以创建地方应用型高水平大学为目标，以内涵发展为主题，以学科专业调整优化为主线，以校企深度合作为重要路径，进一步完善了转型发展的顶层设计，更加坚定了学校走应用型大学的道路自信、发展自信和前景自信。

2. 优化学科专业结构，扭住转型发展龙头

按照“专业对接企业，学科对接产业”的学科专业建设思路，积极申报符合地方支柱产业、新兴产业发展需要的新专业，压缩、停招生源不旺、就业不畅的专业；利用高新技术对传统农科专业进行升级改造，通过文科专业间的交叉融合，形成新的专业增长点。形成了以传统农科和新兴工科为主，相互支撑、协调发展，有效对接地方支柱产业、新兴产业群，全面服务地方经济社会发展的应用性学科专业体系。2007 年以来，先后增设了机械电子工程、电气工程及其自动化等 18 个专业，改造了应用化学、农产品加工等 9 个专业，停招和减招了农村区域发展、市场营销教育、园艺教育等 12 个专业。

3. 加强师资队伍建设，集聚转型发展力量

教师是实现学校转型发展的主导力量。根据应用型人才培养需要，重点加强应用型专业教师“双能”（应用型人才培养能力、产学研合作能力）素质培养，大力推行“两进、一培、一参与”制度（进企业、进基地，进行专项技能培训，参与产学研合作），积极探索双能型教师等级考核认定办法，举办教师实践技能大赛，鼓励和支持应用型专业课教师不断提高实践技能。积极改革教师绩效考核评价体系，改变传统的重学术轻教学、重理论轻实践的倾向，引导教师提升自身实践教学能力。2009 年以来，我校共有 326 位教师被认定具备“双能型”教师资格。同时采取“引聘结合”的方式，从企业与科研机构聘请了 266 位具有丰富实践经验和教学能力的专业技术人员来校任教，形成了一支专兼结合、结构合理、素质较高的教师队伍，为学校转型发展积聚力量。

4. 分类制定人才培养方案，把握转型发展关键

为加强学校应用型创新创业人才培养，推进安徽省地方应用型高水平大学项目建设，在充分调研和行业企业共同参与的基础上，以实施“卓越人才教育培养计划”为引领，遵循“重基础、强实践；重素质、强能力”的原则，全面推动应用型创新创业人才培养方案的改革工作，按照工科、农科、理科、文科四个大类，实施专业人才培养方案的分类指导。具体体现在不同类别上，对总学时数、实践学时比例、学科基础课程学时比例、专业基础课程比例、核心课程设置门数（核心课程实践学时比例）、教学方法改革、课程资源配置（网络课程和 MOOCs 等）以及教学评价手段等进行分类要求，探索建立既符合学科专业特点，又符合地方经济社会和行业发展需要的应用型人才培养方案，克服人才培养的趋同化。

5. 改革优化课程体系，抓实转型发展核心

坚持知识、能力、素质并重的原则，推行相近专业统一搭建学科专业基础课平台的模式，整体优化“平台+模块”课程架构。加强课程之间的有机联系和合理衔接，以“夯实基础课、重视专业课、强化实践课、灵活选修课”为课程设计思路，整合课程门数，合并或减少学时较少的课程门数，增加实践教学环节，推进实践教学的工程化、实训化，积极引入网络课程或 MOOC 示范项目等自主型学习课程，灵活开设选修课。同时，学校将行业标准引入到专业规范和专业标准，将技术标准引入到课程目标和课程标准，将执业资格标准引入到人才规格和人才标准，以此来研究制定人才培养标准，专业标准、课程标准、教师队伍建设和人才培养质量评价标准。

6. 突出应用科学研究，增强转型发展后劲

坚持应用性科学研究，鼓励教师和科研人员围绕地方需求和企业生产实践中出现的问题，开展应用研究，通过技术合作、技术咨询、技术服务和技术指导等形式，参与企业科技研发，促进企业科研成果转化。积极开展应用性科学研究和产学研对接活动，在滁州、蚌埠、淮南、宿州、阜阳等地开展产学研对接活动，促进应用性科研成果转化和推广。坚持为地方经济和社会发展服务，依托专家大院首席专家、科技特派员和企业技术顾问等多种形式实现了与相关企业的无缝对接，建立产学研战略联盟，主动融入以合芜蚌自主创新综合试验区为核心的地方经济建设。

7. 推进国际合作办学，汲取转型发展经验

为充分利用国境外优质教育资源，学习借鉴先进理念和成功经验，拓展应用型人才培养的国际视野，我校将推进教育国际交流与合作办学作为创建高水平应

用型大学的重要举措，从2009年开始大力实施国（境）外合作办学工程，先后与美国、德国、韩国、澳大利亚、新西兰和台湾地区等24所应用型高校建立合作关系，并与美国、韩国、台湾等国家和地区的8所大学正式签订合作办学协议。截至目前，学校已获批国家级中外合作办学项目2个、省级中外合作办学校际交流项目4个，位居安徽省高校第二位。

8. 改革教学管理机制，提供转型发展保障

学校不断深化改革，创新教学管理制度。学校根据地方性、应用型的办学定位，先后出台了《关于应用型课程开发与建设的暂行办法》《关于进一步加强实践教学和合作育人工作的意见》《关于进一步加强大学生创新创业教育工作的实施意见》，积极推进以"构建应用型创新创业人才培养机制与质量保障体系"为主线的新一轮教育教学改革；制定了《教学成果奖评奖办法》《教研工作量计算办法》等一系列规章制度，将教学成果奖、教研项目和教研论文纳入教研工作量，与科研成果同等进行奖励，鼓励教师根据应用型人才培养特点开展教学研究。

二、学校在转型发展过程中存在的问题与困难

1. 办学理念转变问题

一所学校办学理念的核心问题就是要在思想上明确"办什么样的学校"和"怎么办好学校"等问题。近年来，学校通过教育思想大讨论、论坛等方式加快教师观念转变，但多年来，学校教师由于受精英教育思想影响，在"办什么样的学校"上仍有部分教师攀高求全，追求精英化教育。还有一个问题就是教职工担心学校转型发展是不是降低了学校的层次和水平，将应用教育和职业教育对等起来。

2. 师资建设转型问题

学校教师基本上是从学校到学校，一线行业或企业实践实战经验几乎没有，实训教学、现场指导能力不强，基本上都是理论型师资队伍，所以学校近年来不断加强教师尤其是青年教师工程技能的培养培训。由于一些惯性思维，仍然存在重学历、重理论水平，而忽视教师将理论转换为技术、将技术转换为现实生产力的专业实践能力。同时，在教师职称评审的导向上，仍然存在着重理论轻实践的倾向，教师转型存在着自我意识和政策导向的双重制约。因此，教师在转型的速度和数量上仍然不能完全适应学校转型的步伐。

3. 实践教学条件问题

地方政府对本科高校的经费投入按照学生和教工数，采用统一标准，没分学校类型。而应用技术型人才培养要求大量的实训和实验教学环节，硬件投入高，

教学成本高。虽然安徽省教育厅近年来实施了高等教育振兴计划和提升计划，学校的办学经费压力大大减轻，但学校其他经费来源渠道单一，学校自身吸纳社会资金的能力弱，在实习实训基地建设投入发面还有所欠缺，影响了学校转型发展和应用型人才培养质量。

三、建设过程中的思考与建议

1. 教育部要全面加强对地方本科院校转型发展的政策引导和宏观指导

消除地方本科高校职业化的后顾之忧，增强地方本科高校转型发展的信心，在高等教育分类发展和构建应用型高等教育体系框架下推动地方本科高校转型发展。

2. 以新的评估体系引导地方本科高校转型发展

科学合理地衡量和判断地方本科高校发展水平和办学质量，不仅关系到转型发展能否顺利推进，更关系到转型之后的可持续发展，因此，需要建立应用技术类型的评估体系，通过评估来引导转型发展。评估指标体系要能体现应用型人才培养的特点，重点考察学校办学对经济社会发展的贡献度、用人单位对人才培养的满意度等方面，体现应用型特点，通过分类评估引导地方本科院校转型发展。

3. 以质量工程项目和成果推动地方本科高校转型发展

支持地方本科高校围绕转型发展工作申报国家级质量工程项目和奖项，指导地方本科高校的教学改革，组织实施重大教学改革项目，在质量工程项目和成果上多向地方本科高校倾斜，以发挥项目的驱动作用。

4. 以本科专业申报促进地方本科高校转型发展

地方本科高校转型发展的关键在于专业结构的调整以及形成符合地方支柱产业和战略性新兴产业的新的专业增长点，因此，教育部要鼓励支持和指导地方本科高校根据地方主导产业和技术领域需求，在现行本科专业目录的基础上，申报目录外专业，在新专业申报上，基于总量宏观控制的基础上，对地方本科高校新专业申报给予适当倾斜，建立专业动态调整和适时响应机制，积极对接社会需求，促进学校转型发展。

第三节　地方应用型高水平大学建设方案

根据安徽省教育厅、财政厅《关于做好2014年度安徽省高等教育振兴计划项目申报工作的通知》（皖教办〔2014〕18号）精神，为进一步巩固我校省级示范应用型本科院校建设成果，加快建设地方应用型高水平大学步伐，服务安徽区域经济社会发展需要，在充分调研并经专家论证的基础上，制定了学校地方应用型高水平大学建设方案。

一、指导思想

以党的十八大精神为指导，全面贯彻国家中长期教育改革与发展规划纲要和我省高等教育强省战略的有关要求，牢固树立以服务求支持、以贡献求发展的意识，围绕“立德树人”的根本任务和培养高素质应用型创新创业人才的目标，积极构建符合地方经济社会发展需要的应用型学科专业体系，着力加强专兼结合的“双能型”教师队伍建设和校内外实习实训基地建设，全面推进人才培养模式改革，努力强化学生创新能力和创业能力培养，把学校建设成为综合实力强、办学水平高、辐射范围广、示范效应好的地方应用型高水平大学。

二、总体目标

坚持地方应用型高水平大学的建设方向，以“学生为本”，通过产教融合、校企深度合作，在学科专业建设、人才培养模式改革、“双能型”教师队伍建设、应用型人才培养管理体制和运行机制建设等方面全面转型，使社会服务能力显著提高，办学特色进一步彰显。到2018年，学校现代大学制度基本建立，治理能力显著提升，办学条件明显改善，学科专业结构更加优化，人才培养质量显著提高，服务地方经济社会发展能力明显增强。具有开阔的国际视野，在全省乃至全国同类院校中起到示范和引领作用。

三、具体目标

1. 夯实建设地方应用型高水平大学的思想基础

通过开展理论研究、思想大讨论等活动，进一步明确“发展应用性教育，建设应用型高校，培养应用型人才”的重要性和必要性，坚持走地方应用型高水平大学的建设道路，切实坚定对学校建设应用型高水平大学办学定位的自信、高素质创新创业人才培养目标的自信、未来发展前景的自信。

2. 构建与地方行业产业高度适应的应用型学科专业体系

着力调整优化专业结构，实施“81520”专业建设工程。5年内应用型专业比例超过90%，重点建设8个国家级、15个省级、20个校级特色专业、综合改革试点专业和卓越人才培养计划专业，使特色优势专业在校生占在校生总规模的比例超过60%；争取在10～15个专业开展专业学位研究生教育；毕业生符合社会需求，初次就业率达到95%以上，专业对口就业率不低于85%，使办学定位与社会需求的符合度明显提高。

3. 打造一支高水平“双能型”师资队伍

加大引进人才和培养人才力度，5年内副高以上职称、硕博士以上学位比例提高20%，企业高级工程师（农艺师）等兼职教师占校专任教师比例达30%以上，35岁以下专任教师赴企业岗位锻炼达到100%，教师队伍的应用型人才培养能力和产学研合作能力显著提高，“双能型”教师比例占专任教师比例达70%以上。

4. 建设功能齐全、设施先进的实践教学和实验实训平台

重点打造蚌埠产学研人才培养基地，建设一批集教学、科研、生产功能于一体的校内实践教学基地和实训实验平台，校企共建“嵌入式”实验室8～10个，新建校外实习实训基地40～50个。通过加大投入、整合资源、校企联合等方式，重点建设具有同类高校一流水平的农科、工科、理科、文科等综合性实验实训中心。五年内建成在省内外有影响的产学研合作育人平台10～15个，具有区域特色产业和行业共性技术的研发中心和服务平台5～6个。

5. 创新、深化、实化产教融合、校企合作育人培养模式

一是实化校企合作育人机制，校企共同制定应用型创新创业人才培养方案，共同构建应用型课程体系和内容、改革教学方法和手段；校企共同制定核心课程标准、改革评价方法、注重过程考核；强化实践教学，使实践教学学分比例达到35%以上；推进校企分段培养、模块化教学、多证书制度。二是创新校企深度合作育人路径，在凝练2～3个密切对接行业企业学科专业群的基础上，组建1～2个以企业“冠名”的二级学院，联合培养应用型人才，在总结“隆平班”“奇瑞班”等冠名班经验的基础上，实现特色冠名班覆盖每个应用型专业。三是深化工学有机结合的人才培养机制，强化学生实践动手能力，形成特色更加鲜明的应用型人才培养模式。

6. 努力提升应用科技创新能力

一是培育一批重点学科，凝练4～5个优势学科，积极融入“合芜蚌自主创新综合配套改革实验区”和“千亿元硅产业工程”，校企联合开展科技攻关，科技成果转化率达到95%以上。二是整合玉米、有机肥、硅材料等研究团队力量与资源，组建校级以上协同创新中心3～4个，大力推进协同创新，提升服务蚌埠、滁州及皖北地区经济建设和社会发展的能力。三是深化产学研合作机制改

革，5 年内校地校企签订实质性合作协议的专业覆盖率达到 85% 以上，并取得一批有广泛应用价值的科技成果。

7. 积极推进应用型人才招生培养机制改革

探索与高职院校联合培养本科高素质应用型人才途径，在动物医学、农学、设施农业科学与工程及机械电子工程等专业推进自主招生，打通高素质应用型人才的提升通道；适时开展专业学位研究生教育招生改革，逐步建立应用型人才培养"立交桥"。

8. 推进国际合作办学，努力上规模上水平

学习借鉴国外先进教育理念，引进国外先进教学方法和手段、评价机制以及国际资格证书认证制度，提升应用型人才培养的国际化水平；积极拓展国际合作办学项目，5 年内共立项获批 8 ~ 10 个中外合作办学项目和 1 个中外合作办学机构（非法人），每个二级学院争取立项 1 个国际合作项目；着力强化教师的国际视野，选派 80 名左右专业核心课程教师赴国（境）外学习培训。

9. 着力提升学生创新能力和创业能力

继续丰富创新创业模块课程，强化创新创业能力教育；扩大现有大学生创业园规模，引进 20 ~ 30 个企业进驻创业园，建立 3 ~ 4 个大学生创业孵化基地；鼓励学生参加学科专业竞赛、开辟和丰富第二、第三课堂；每年立项各级各类创新创业项目 200 项。5 年内建立和完善面向全体学生的创新能力、创业能力培养机制和评价体系，使学生创新能力和创业能力显著增强，学校办学特色进一步强化。

四、建设思路

学校按照"科学定位、错位发展、特色办学"的总体思路，坚持"项目驱动、改革示范、重点建设、整体推进"的原则。积极对接地方产业结构升级和战略性新兴产业发展，主动服务地方经济社会需求。以结构调整为主线，以提高质量为核心，以改革创新为动力，以强化特色为重点，加强应用型学科专业、"双能型"师资队伍、实践实训基地等建设，推进产教融合、校企合作。突出应用性科学研究和科技成果转化，增强国际交流合作，拓展专业学位研究生教育，全面提升高素质应用型创新创业人才培养质量，把学校建成应用型高水平大学。

五、建设内容

1. 实施专业建设工程，发挥重点专业龙头作用

把握"注重应用，服务地方"的学科专业发展定位，坚持"强优、转旧、

创新”的专业建设思路，实施应用型学科专业建设工程，科学谋划，整体设计，突出重点，全面提高，不断优化专业结构和资源配置，形成鲜明办学特色和显著办学优势。重点加强一批应用型本科专业建设，在校级重点专业中遴选出农学、动物医学、国际经济与贸易、设施农业科学与工程等4个重点建设专业作为省级重点专业继续加大投入，在人才培养模式改革、课程建设、实习实训基地建设、师资队伍建设等方面与企业深度合作，发挥重点建设专业的龙头作用，带动和引领其他专业全面发展，逐步扩大专业学位研究生招生规模，提升学校整体办学水平。

2. 组建特色二级学院，推进校企合作育人

面向区域支柱产业和战略性新兴产业的发展，与企业联合组建2个应用型特色二级学院（工程师学院、凯盛工程学院），推进校企深度合作育人，校企共同制定人才培养方案、共同开发建设课程、共同组织实践活动，积极促进企业参与、行业协调和政府支持的多元协同人才培养机制的建立，形成学校与行业企业、科研院所联合培养人才的新格局。

3. 调整和优化专业结构，培育和申报新的应用型专业

紧密对接皖江城市带承接产业转移示范区、合芜蚌自主创新综合改革试验区建设需求，围绕新能源汽车、新型显示、节能环保、公共安全、生物技术、基因育种、文化创意等新兴产业，培育和申报材料成型及控制工程、微电子科学与工程、复合材料与工程等应用型专业。建立专业申报和建设的进入、发展和退出机制，使我校专业布局更趋合理，更加符合学校的办学定位，通过建立专业评价分类的长效机制，定期开展专业评价和评估，实施不同专业的分类管理，使学校应用型专业比例达到90%以上。

4. 深化教育教学改革，整体优化应用型人才培养体系

进一步明确学校办学定位和应用型创新创业人才培养目标，以培养创新精神和实践应用能力为重点，以实施国家专业综合改革试点专业（种子科学与工程）、国家卓越工程师教育培养计划项目（食品科学与工程、机械设计制造及其自动化、车辆工程、环境工程）、国家卓越农林人才培养计划项目（动物科学、农学、农业资源与环境）、国家大学生实践教育基地（安徽科技学院-马鞍山雨润食品有限公司工程实践教育中心）和国家首批卓越农林人才教育培养计划改革试点高校（动物科学、农业资源环境和农学）建设为引领。深化人才培养方案改革和课程结构体系改革，引进和建设一批MOOCs课程、推广应用一批翻转课堂教学。加大虚拟仿真实验系统建设，推进学生知识、能力、素质协调发展；和

行业企业等共同完善应用型人才培养方案，分类指导、体现特色，在“应用型、地方性和高水平”上下功夫、在规范和创新上下功夫。强化实践教学，健全教学质量保障体系与社会评价机制，全面提高应用型人才培养质量。

5. 加强实践教学平台建设，完善实践教学体系

加强校内外实践教学基地和实验实训平台建设，加大课内外教学资源的整合与优化，分层次、有重点、有目标地优化实践教学体系，实践能力培养贯穿专业4年学程不断线，加大实践课比例，理工医农专业的实践课程学分达到35%以上、文法经管专业的实践课程学分达到30%以上。将学校教育与社会实践紧密结合，将企事业用人单位对人才素质要求引入教学体系，做到实践教学进企业、进社区。结合实验教学、课程设计、毕业论文（设计）、学科竞赛等实践教学环节，构建实训与实习相结合、通用职业能力与专业职业能力培养相结合、校内与校外相结合，覆盖学生学习全程的实践教学体系。

6. 强“双能型”师资队伍建设，提高教师教学水平

进一步拓展思路，完善政策措施，汇聚各类优秀人才。以中青年骨干教师和创新团队为重点，实施学术技术带头人、学科拔尖人才和骨干教师培养计划；加大博士、教授等高层次人才引进力度，对高层次人才在编制使用、职务聘任、科研资助等方面给予政策倾斜，进一步优化师资队伍学历、学缘和职称结构；坚持引进和培养并重，加大企业高级工程师（农艺师）等兼职教师的聘用力度，大力推进青年教师赴企业挂职锻炼；鼓励教师参与企业项目申报与研究，提高教师队伍的应用型人才培养能力和产学研合作能力，提高教师教学水平、科研创新和社会服务能力。

7. 推进科技创新，提升社会服务能力

积极融入“合芜蚌自主创新综合配套改革实验区”和“千亿元硅产业工程”，推进科技体制机制创新，建立以科技成果转化和产业化为导向的激励机制，充分调动广大教师投身科技创新的积极性和创造性。围绕区域发展战略和行业支柱产业，校企共建3~4个支撑专业发展、科技攻关和服务地方的科技创新平台。拓展产学研成果转化渠道，推进校企协同创新和科技成果转化提升服务地方经济发展能力。

8. 拓展国际校际交流与合作，切实提高学校国际化水平

面向美、德、韩、日等国家及台湾地区，多渠道拓展国（境）外联合办学，学习借鉴国外应用型人才培养模式和办学理念，引进优质教育教学资源，努力培养高素质应用型人才。与15所左右国（境）外大学开展交流合作，以“2+2”

双学位培养项目为主，开展学生互换、学分互认和学位互授联授。鼓励和支持教师出国深造、参加学术交流、开展科研合作，提高教学研究能力。加大国际引智工作力度，吸引海外优秀留学人员，引进境外优秀教材。积极吸引国（境）外知名学校、教育和科研机构以及企业，搭建教学科研合作平台。

六、特色二级学院项目建设

（一）建设目标

为进一步巩固应用型人才培养成果，提高创新创新人才的教育质量，在校企合作、工程师教育培养计划、学生学科竞赛、创新科研项目、大学生校外教育实践基地建设的基础上，积极促进企业参与、行业协调和政府支持的多元协同人才培养机制的建立。以推进卓越人才培养计划实施，规范学生学科竞赛及其他创新活动，提升学校社会美誉度，推动校企深度合作，提高办学水平和办学质量为基本目的，筹划建立统管大学生创新教育统筹、规划、建设管理和组织实施的管理机构——工程师学院和校企深度合作冠名示范学院——凯盛工程学院。

（二）建设思路

围绕地方经济建设和社会发展需要，结合我校学科专业优势，积极实施“卓越工程师教育培养计划”，深化人才培养模式改革，加强课程体系和核心课程建设，加强工程教育型教学团队建设，加强校内外实习实训基地建设，进一步推进校企合作的办学模式，提高科技创新和社会服务能力，培养造就一批创新能力强、适应经济社会发展需要的高素质工程技术人才。通过机械设计制造及其自动化、车辆工程、食品科学与工程、环境工程四个专业的建设，在工程教育教学模式、工程教育改革和创新上充分发挥试点专业的引领示范作用，提高工程教育人才培养质量。

（三）建设内容

1. 工程师学院

工程师学院是学校适应高等教育改革与发展要求，创新人才培养模式，加强大学生创新教育统筹、规划、建设管理和组织实施，提高应用型人才培养质量而筹划成立的，是学校人才培养的示范区与先导区。工程师学院的主要任务有：

（1）学校各类特色冠名班、卓越计划班等培养方案的制订与实施

试点班学生的选拔、培养和日常教育与管理。包括蚌埠玻璃设计研究院、隆平高科种业集团有限公司、中国凯盛工程国际工程有限公司等合办的特色冠名班和国家级、省级和学校三级卓越计划班及中外合作班的人才培养方案的制订和

实施。

（2）学校“卓越工程师培养计划”的推进和实施

工程师学院负责国家、省和学校三级卓越人才计划的推进与实施。包括学校的机械设计制造及其自动化、车辆工程、环境工程、食品科学与工程 4 个专业为教育部“卓越计划”试点专业；依托无机非金属材料工程、食品质量与安全专业等 5 个专业卓越工程师计划，依托动物科学、园艺等 6 个专业的卓越农艺师计划，依托法律专业、管理专业以及思想政治教育等专业的卓越法律人才管理人才计划等为安徽省卓越工程师试点专业；依托国际经济与贸易、工商管理和公共事业管理等 6 个校级卓越计划专业。

（3）学校大学生科技竞赛的组织、管理与实施

有计划地使竞赛与培养有机结合、竞赛为培养学生实践、创新能力服务；提高学生参与竞赛的比例；加强校内外交流、研讨、表彰，推动教学改革、提升教学水平，提高学生的创新实践能力。

（4）学校其他大学生创新教育教学组织实施

学校已将大学生创新创业训练计划纳入人才培养方案和教学计划，2010 版教学计划规定，每个学生必须取得 4 个及以上创新学分，才能毕业。学院从课程建设、场地等条件配备、教师队伍选拔培养等多方入手，培养一批热爱创新创业教育的教师，开设培养创新思维与创新方法和项目管理、企业管理、风险投资等的多种类型的课程，制订学生选课、考试、学分认定、学籍管理等方面的支持政策。

（5）大学生校外实践教育基地建设与管理

负责校外实践教育基地的申报、建设与管理。2012 年 7 月，与安瑞科（蚌埠）压缩机有限公司合作，联合申报了省级机电技术教育专业省级校企合作实践教育基地，并获批立项建设。2012 年 11 月，与马鞍山雨润食品有限公司、蚌埠市和平乳业有限责任公司等企业联合申报并获批了国家级“本科教学工程”大学生校外实践教育基地——安徽科技学院-马鞍山雨润食品有限公司工程实践教育中心。校外实践教育基地的申报和立项，进一步推进校企深度合作，加强合作育人的教学体系，创建高校和企业联合培养人才的新机制，强化工程实践教育在应用型工程技术创新创业人才培养中的突出作用。

2. 冠名学院——凯盛工程学院

企业对学院冠名的过程，实际上是学校品牌和企业品牌的叠加与结合的过程，不仅提升了学院的社会品牌，而且能够促进办学水平和办学质量的提高。学

校可以通过企业及时了解市场信息，使人才培养更贴近就业市场。学校积极开展应用性科学研究和产学研对接活动。目前已与300多家企业建立了产学研合作关系，与政府、行业、部门签订产学研战略合作协议6项，与有关企业签订产学研合作项目134项，项目成果转化率已达30%以上，作物新品种转化率高达100%。与30多家中外知名企业进行合作，开办了多个冠名班。为了进一步推进校企深度合作，实现人力资源、实验实训条件、资金、人才培养、社会效益和学生就业等多方面共享与共赢，我校与中国建材国际工程有限公司（原中国凯盛工程国际工程有限公司，简称“中国建材工程”）达成合作意向，拟建立冠名学院——凯盛工程学院。

中国建材国际工程有限公司是全国综合性甲级设计科研单位和国际化工程公司，是中国建材股份有限公司的工程技术平台，拥有建筑材料（全行业）、轻纺（日用硅酸盐）、建筑机械工程、环境污染治理专项工程的设计和工程总承包、工程咨询、工程监理等甲级资质及对外经营权，设有联合国工发组织和中国政府合建的中国玻璃发展中心等7个行业性机构，通过了ISO9001：2000质量管理体系认证。

依托无机非金属材料专业建立凯盛工程学院，可以推动我校与企业的深度合作，形成校企合作新途径。根据我校学科专业的发展规划，凯盛工程学院的专业可以逐步扩大到机械、电子、电信等多个专业。冠名学院的成立将为校企合作、校地合作、校校合作树立良好典范，有力提升我校应用型人才培养质量。围绕高水平应用型创新创业人才的培养目标，安徽科技学院大力加强校企合作办学，探索人才培养模式改革。凯盛工程学院的建立就是要引入优秀的教学理念，深化教育教学改革，建立校企联合培养人才的模式，促进社会和学校优质资源整合和共享，推动教学与科研紧密结合，促进大学生在社会实践和科学研究中学习，建立起有利于培养学生实践能力和创新能力的实验实训教学体系，创建适应区域经济快速发展的高效运行的高级应用型人才培养机制。

从地方产业经济发展的人才需求和学校应用型人才培养要求的实际情况出发，凯盛工程学院应该在人才培养模式改革、师资队伍建设、课程建设、实践教学条件建设及专业方向设置等方面注重突出专业的工科性、应用性及特色性。具体措施有：

（1）成立组织机构和专业建设委员会

成立凯盛工程学院的领导机构。学校制订相关政策，在省内外公开选拔凯盛学院院长（选拔办法另行制定），任课教师评聘优先选择有企业背景的高级工程人才。同时，使该学院成为学校在招生改革、资金运行、教学改革、职称评审、激励措施等各方面综合改革的实验区。

成立专业建设委员会。为进一步提升凯盛工程学院专业建设和管理水平，适应地方经济社会发展需求，成立学院专业建设委员会。委员会成员必须有中国建材国际工程有限公司、蚌埠玻璃设计院及其他相关行业和企业人员参加。主要负责学院专业设置和申报、人才培养方案制订、课程设置、校企合作相关工作的协调等。

（2）改革人才培养模式

注重探讨政、校、企三方合作共建冠名班、特色班、卓越工程师班、中外合作班及其他形式的教学班的人才培养模式改革，不断丰富人才培养的形式和内涵；制订、修订和完善不同人才培养模式的个性化人才培养方案。根据学校办学工作实际和服务地立产业经济和社会发展需求，在开展“凯盛玻璃材料班”“德力工程班”“卓越工程师试点班”，及中韩“国际合作班”等试点工作的基础上，大胆进行人才培养模式的改革探讨工作，如无机非金属材料专业尽早谋划，尽快启动工程教育专业认证工作，先行先试，按照专业认证的要求制订或修订人才培养方案。

为培养“知识结构优、实践能力强、敬业精神强、创新创业意识强”的高级应用人才，本专业在制订人才培养方案时，要创造性地吸纳地方政府科技与人力资源管理人员和地方玻璃产业的骨干企业高级工程师的建议，以强化基础理论、注重工程实践、培养创新能力、突出专业特色为课程体系的建设原则，构建“2 平台+3 模块”的课程体系：

本专业课程设置及学时、学分比例表

课程类型		学时	学分	占总学时（总学分）比例	
通识教育课程平台		680	44	29.0%	32.1%
专业教育课程平台	学科基础课程	538	30.5	51.8%	49.6%
	专业基础课程	342	19		
	专业核心课程	334	18.5		
专业方向课程模块	玻璃	198	11	8.4%	8.0%
	水泥	198	11		
创新创业教育课程模块	创新教育课程	72	4	3.1%	2.9%
	创业教育课程	72	4	3.1%	2.9%
个性化拓展课程模块	人文素质	108	6	4.6%	4.4%
	专业拓展	108	6		
总　　计		2344	137	100%	100%

专业注重人才的专业能力与综合素质培养，人才素质与能力构成：

本专业综合素质与能力分析表

综合素质与能力	专项素质与能力	对应课程或实践
1. 基本素质与能力	1.1 政治素质	思想道德修养与法律基础、中国近现代史纲要、马克思主义基本原理概论、形势政策等
	1.2 人文科学素质	影视鉴赏、演讲与口才
	1.3 身心素质	军事训练、大学体育等、大学生心理健康教育
	1.4 分析运算能力	高等数学、材料分析与测试技术等
	1.5 英语应用能力	大学英语
	1.6 计算机应用能力	大学计算机基础、C 语言程序设计、化工制图
	1.7 利用现代化手段获取信息能力	专业前沿技术概述、计算机在材料科学中的应用
	1.8 组织管理、语言表达、人际交往能力	创新管理、创业实践、现代企业管理、市场营销、应用文写作、演讲与口才、影视鉴赏等
2. 学科基础知识及应用能力	2.1 数理化及电子电工等基础知识及分析运算能力	高等数学、大学物理、电工电子学、无机化学、分析化学、有机化学等
	2.2 理化实验基本技能与应用能力	大学物理、无机化学、分析化学、有机化学等
3. 专业基础知识及应用能力	3.1 无机材料与化工基础理论与分析能力	化学工程基础、化工制图、物理化学、晶体学基础、无机非金属材料工厂设计概论
	3.2 无机材料与化工实验基本功和动手能力	化学工程实习、专业认知实习等
4. 专业核心知识及应用能力	4.1 无机材料与化工基本理论与分析能力	无机非金属材料科学基础、无机材料物理性能、无机材料工艺学、粉体工程、材料分析与测试技术等
	4.2 无机材料与化学工程实际应用能力	无机非金属材料科学基础、无机材料物理性能、无机材料工艺学、材料分析与测试技术等课程设计或课程实习

（续表）

综合素质与能力	专项素质与能力	对应课程或实践
5. 创新创业能力	5.1 创新能力	发明学、专利学
	5.2 创业能力	大学生创业教育、现代企业管理
6. 个性化发展能力	6.1 人文素质	中国文化概论、应用文写作
	6.2 学业拓宽与提高	无机化学选论、有机化学选论、纳米材料概论等

（3）构建与优化课程体系

根据不同的人才培养模式、不同的人才培养方案，科学构建人才培养的课程体系，重点抓好专业核心课、专业基础课及专业基础课三类的课程体系建设，优化教学内容；充分利用校企合作的资源和智力、技术优势，制订课程标准、课程教学规范等；加强课程教学规律的探讨，不断改革教学方法和丰富教学手段；制定教学过程监控和教学质量考核办法；特别注重突出实验、实训、实践教学课程与环节对应用型人才培养的重要作用和地位，注重通过实验实践过程培养学生的技能及创新创业能力。

（4）加强实验实训条件建设

重点加强专业核心课、专业方向课、专业基础课的平台建设，建成6个校内实验室、1个实训中心平台；同时充分发挥政府、学校、企业三方合作的主渠道作用，新建6个以上校外大学生实践教育基地，新建6个以上校外研究中心，产品研发中心及工程技术中心等。

5. 加大师资队伍建设力度

建成一支高素质的专业师资队伍，教师人数达到35人，其中教授副教授占65%，博士学位者达到70%以上，新增“双能型”师资8~10人，培养和引进专业带头人、学术带头人2~3人，外聘专家或企业技术专家12人。

6. 强化校企深度合作

为进一步加强应用型人才培养，适合地方经济社会发展的需求，在专业建设委员会的指导下，制订相关政策制度，保证企业高级工程技术、管理人员深度参与专业建设，真正做到产教融合。如企业人员参与人才培养方案制订，研讨课程设置，与教师共同编写实践教学环节教材，现代企业文化教育等。

七、教育国际交流和中外合作办学项目建设方案

围绕创建高水平应用型大学建设的奋斗目标，精心组织实施“国境外合作办学工程”“大学生千人留学研修计划”和“百名教师海外交流访学工程”，大力推进教育国际交流与中外合作办学，学习借鉴国外应用型人才培养模式和办学理念，引进优质教育教学资源，努力培养高素质国际化应用型人才。

（一）建设目标

未来5年，力争建成2～3个中外合作办学示范项目、1个中外合作办学机构，中外合作办学在校生规模达到1000人。启动留学生教育工作，力争各类留学生累计达到100人。

1. 与30所以上国（境）外姊妹学校保持密切关系，开展实质性的国际交流与合作办学（其中港澳台地区10所左右）。

2. 中外合作办学项目（含省教育厅批准的校际交流项目）总数达到10个左右，其中教育部批准的中外合作办学项目5个。

3. 选派50名左右的专业课教师，赴海外姊妹学校进行交流访学、业务研修和“双语”教学培训。

4. 重点建设30门左右的“双语”教学课程和精品课程，引进30门左右专业课程原版教材。

5. 聘请150人次左右的合作院校高水平教师来校授课、讲学（平均每个中外合作办学项目，每年按10门引进课程由外方教师授课计算，每次来华授课讲学时间在两周左右）。

6. 遴选、奖励100名左右优秀学生出国（境）留学。

7. 累计招收各类留学生100人左右。

8. 选派50名教学管理骨干出国（境）交流培训。

9. 选派20名左右教师赴台交流访学、互派教学；选派200左右在校学生赴台进行文化交流、专业研习活动。

（二）建设思路

以国家和安徽省《教育中长期发展规划实施纲要》为指针，围绕安徽科技学院创建高水平应用型国际化大学的奋斗目标，以中外合作办学示范项目为建设重点，以学生交流和教师交流为两翼，大力拓展国际交流渠道，全面加强对外交流与合作，精心组织实施中外合作办学项目，积极引进海外优质教育资源和先进教育理念与管理经验，努力提高应用型国际化人才培养质量和安徽科技学院的办

学核心竞争力。

（三）建设内容

1. 多渠道寻求海外合作伙伴，进一步拓宽国际合作空间，注重优化海外合作伙伴的地区结构和国别结构，在巩固美、韩合作院校的基础上，重点向欧洲、大洋洲和香港地区拓展，适度考虑与日本开展合作交流。

2. 结合海外合作院校的学科专业优势，充分挖掘整合校内办学资源，根据经济社会发展需要，积极申报中外合作办学项目和中外合作办学机构。

3. 根据中外合作办学项目教学工作需要，分期分批遴选中外合作项目所在学院的专业课教师和公共基础课教师，赴国（境）外合作院校开展业务研修、交流访学，参加“双语”教学培训。

4. 突出加强中外合作办学专业“双语”教学和精品课程建设，积极引进相关专业课程的原版教材，同时鼓励本校专业课教师编写高水平的“双语”教材。

5. 根据中外合作办学项目教育教学计划，加强与海外合作院校的联络沟通，精心选聘高水平外籍教师，来校担任中外合作办学项目引进课程的教学工作，着力提高教学效果。

6. 设立优秀大学生留学奖励基金，激励学生奋发成才。

7. 发挥安徽科技学院学科专业优势，积极争取“留学中国”和“留学安徽”项目支持，努力创造条件开展留学生教育工作。

八、师资队伍建设方案

（一）建设目标

通过引进和培养一批高端人才和学科带头人、建设一批具有辐射带动作用的重点项目，努力构建人才集聚平台、成长平台和学术交流平台，用5年时间汇聚更多具有国际国内先进水平的科技领军人才和学术大师，形成一批优秀创新团队，培养一批优秀中青年学术骨干和创新人才，使我校各类高层次人才的数量有较大增长，人才队伍结构更加合理，人才创新能力和水平明显提高，更好地满足学校快速发展过程中对高层次人才的需要。

具体实施“引进高端人才和学科带头人、柔性引进学科带头人、外聘行业企业技术专家和能工巧匠，扩大赴企事业单位挂职锻炼、骨干教师访学研修、青年教师教学和科研能力培养培训、多举措加强师资队伍建设”等项目建设计划。以建设“既能教书又能育人，既能上讲台又能下车间”的高水平“双能型”师资为重点，积极与企业合作，加强专兼结合的团队建设，培养和引进在本行业、本地区有影响的专业带头人、骨干教师。学校将以建立外聘教师人才库为抓手，聘请企业行业技术专家、能工巧匠为兼职教师，逐步形成由行业企业一线技术人员兼职讲授实践技能课程机制，至2018年底使专兼教师比例达到1：1。在此基础上，在电子信息、车辆工程、机械制造、新材料与化工、现代农业、生物制药、资源与环境等重点和新兴学科领域创建高层次人才的创新团队。

通过实施高水平应用型大学师资队伍建设方案，建设一支能满足应用型本科教育教学改革与发展需要的、高水平的专兼职教师队伍，造就一批基础理论扎实、教学实践能力突出的专业带头人和教学骨干，建成由企业专家、技术骨干、能工巧匠组成的高水平外聘教师人才库，逐步形成由行业企业一线技术人员兼职讲授实践技能课程机制，在省内同类院校的专业、课程建设和专业师资培养培训方面发挥积极作用。

（二）建设思路

加强高层次人才队伍建设，是全面提升我校办学水平和教育教学质量的重要举措，是建设地方应用型高水平大学的重要保障。未来5年，我校要始终牢固树立“人才强校”意识，狠抓人才队伍特别是高层次人才队伍建设。坚持以优化结构、提升素质为目标，以加强能力建设为核心，以打造团队为重点，坚持“内培和外引并举，引进和稳定并重，培养和使用并行”的原则，按照“引进急需人才，培养骨干人才，用好现有人才，稳定关键人才”的思路，大力加强教师队伍建设，努力形成一支与地方应用型高水平大学建设目标相适应的教师队伍。

（三）建设内容

为切实推进我校师资队伍建设，全面提升师资队伍整体素质，建设成一支与地方应用型高水平大学建设目标相适应的教师队伍，未来5年，主要从以下几个项目具体实施。

1. 引进高端人才和学科带头人

根据不同层次学科专业建设的要求，加大各类高端人才和学科带头人的引进力度。以重点学科、重点实验室、工程技术研究中心和学位点建设为支撑，强化竞争意识和合作意识，整合学科力量，搭建创新平台，着力加强高层次创新人才队伍建设。未来5年内，在电子信息、车辆工程、机械制造、新材料与化工、现代农业、生物制药、资源与环境等重点学科专业，重点引进7个紧缺急需的国内外高端人才和学科带头人或人才团队，推动我校新兴学科、重点学科的建设与发展。对纳入本项目的引进人才在科研启动费、工作条件等方面给予重点支持，增强对人才的吸引力，提高人才引进的质量和水平。

以我校省级以上重点实验室、工程（技术）研究中心和人文社会科学研究基地等创新平台为基础，遴选10个仪器设备先进、团队力量较强和管理较完善的创新平台，建立“人才引进示范基地”，通过实施“户口不迁、关系不转、合约管理、来去自由”的柔性引进的新举措，探索建立“教授或专家流动站”“人才租赁”“人才共享”等制度，柔性引进15名国内高层次、高水平人才主讲核心课程，共同申报高层次课题。

2. 外聘行业企业技术专家、能工巧匠

进一步优化教师队伍结构，促进校企合作，满足工学结合等教学模式的实践和提高教学质量的需要，打造校企互通、专兼一体的“双能”结构教学团队，实现专、兼职教师优势互补，充分发挥兼职教师的作用，对应用型专业实验（实训）课师资力量薄弱的，积极从企业聘请200名行业企业技术专家、能工巧匠从事实践课教学等。

3. 赴企事业单位挂职顶岗锻炼

坚持“工学结合”，建立教师专业实习实训基地，采取委托培养的方式定期安排专业教师到企业或生产服务第一线进行实践活动。通过分批次、有计划、有针对性地对相关专业及专业基础课教师、实验实训指导教师组织技能培训，安排160名专业教师赴企事业单位参加生产服务一线岗位挂职锻炼。选送150名专业教师深入实验室、基地、厂矿开展科学研究、校企帮扶、产学研合作进行实践技能培训，加强理论教学和实践教学的结合，努力培养“双能型”教师。

4. 骨干教师访学研修

根据学科专业建设的目标和需要，加大教师赴国内外重点高校（研究所）进修、访学力度，为不同层次的骨干教师提供与之相适应的访学研修机会，不断优化教师队伍的知识、学缘和学历结构。重点资助30名骨干教师到国外高水平大学和研究机构，参与国际科学研究，跟踪国际学术前沿，提高与国际同行交流合作的能力。资助50名高校学术骨干到国内重点高校、一流研究机构和大型先进企业进行合作研究和深造，提高学术水平和科技创新能力。鼓励和支持中青年骨干教师参加国内外各种学术活动，资助100名具有较高学术水平和较大发展潜力的中青年学术骨干参加各类国际高水平学术会议，为其了解最新研究进展、展示研究成果和交流学术思想提供更多机会，使高校中青年教师及时了解接触本学科领域最新的研究成果和前沿发展动态。

5. 青年教师教学和科研能力培养培训

对当年新进教师，通过岗前培训、“三员”锻炼、导师制等措施使其站稳讲台；对青年教师，实施两年一轮的课堂教学竞赛，促进青年教师尽快成为“名师”。加大校内科研项目立项力度，不断提高青年教师科研能力。加大对教师获取新知识、传授知识、“双语”教学、现代多媒体技术教学以及科学研究等能力的培养培训工作。

6. 多举措加强师资队伍建设

积极推进“人才强校”战略，采取多项措施加强师资队伍建设，不断提高应用型人才培养能力。学校将制定个性化引才方案，引进150名应用型专业人才；充分发挥学科优势，以学科专业为平台，以重大科研项目为抓手，鼓励和倡导相同学科、相近学科及不同学科的优秀人才协同作战、联合攻关，重点培养10名左右的校级学术和技术带头人后备人选、50名左右的中青年学科带头人培养对象、100名左右的优秀中青年骨干教师。定期开展以师德建设为主题的演讲比赛、有奖征文等活动，积极做好教师评奖评优工作。

九、实践教学条件建设方案

（一）建设目标

建设功能齐全、设施先进的实践教学和实验实训平台。积极推进基础化学、物理、生物、机械电子等方向服务专业群实验平台建设，促进实验室资源整合与共享；优先建设新专业实验室；加强应用型课程改革和具有实景式教学效果的实验中心建设；重点建设一批集教学、科研、生产功能于一体的校内实践教学基地和实训实验平台，校企共建“嵌入式”实验室8～10个，新建校外实习实训基地40～50个。通过加大投入、整合资源、校企联合等方式，重点建设具有同类高校一流水平的农科、工科、理科、文科等综合性实验实训中心。

（二）建设思路

深入贯彻《国家中长期教育改革和发展规划纲要（2010—2020年）》《关于全面提高高等教育质量的若干意见》及《关于印发<安徽省支持本科高校发展能力提升计划>和<安徽省高等教育振兴计划>的通知》精神，把教育资源配置和学校工作重点集中到强化教学环节、提高教育质量上来。以实验室建设引领学科专业建设与发展，以科学性、合理性、可扩展性及适度超前性的技术装备工作促进教学内容、方法、手段的改革，培养学生的创新、创业能力，以科学、有效的仪器设备管理促进资源的合理配置，资源共享，发挥最大投资效益，以地方应用型高水平大学建设项目为抓手，促进应用型人才培养质量的提升。

（三）建设内容

1. 加大课内外教学资源的整合与优化，分层次、有重点、有目标地优化实践教学体系，实践能力培养贯穿专业4年学程不断线。加大实践课比例，理工医农专业的实践课程学分达到35%以上、文法经管专业的实践课程学分达到30%以上。将学校教育与社会实践紧密结合，将企事业用人单位对人才素质要求引入教学体系，做到实践教学进企业、进社区。结合实验教学、课程设计、毕业论文（设计）、学科竞赛等实践教学环节，构建实训与实习相结合、通用职业能力与专业职业能力培养相结合、校内与校外相结合，覆盖学生学习全程的实践教学体系。

2. 加大大学物理、基础化学、基础生物、机械电子等方向服务食品科学与工程，生物技术、动物医学、动物科学、机械电子工程、机械设计制造及其自动化、车辆工程等专业群的基础实验室建设力度，强化农科、工科、理科、文科等综合性实验实训中心的建设。

3. 加快汽车服务工程、信息显示与光电技术、景观学、动植物检疫、编辑出版学、金融工程、粮食工程等新上专业的实验室建设，尽快满足教学基本需要。

4. 积极培养学生的工程素质与能力，加强支持应用型人才能力培养核心课程改革和“教学做一体”具有实景式教学效果的实验中心建设。

5. 加强校企深度合作，根据资源共享，互利双赢的原则，充分挖掘潜力，建设一批集教学、科研、生产功能于一体的校内实践教学基地和实训实验平台和“嵌入式”实验室。

6. 充分发挥国家级、省级大学生校外实践基地（安徽科技学院-马鞍山雨润食品有限公司工程实践教育中心、机电技术教育专业省级校企合作实践教育基地）的引领作用，积极推动产教融合、校企合作，共同建设满足应用型人才培养的校外实习实训基地的建设。

十、科技创新工作建设方案

（一）建设目标

加大应用性重点学科建设力度，培育高水平科技创新团队。建设10～12个的校级重点学科、2～3个省级重点学科。新建3～4个省部以上校企合作科技创新平台，建成4～6个高水平创新团队。积极开展应用性研究，深入推进协同创新。获批省部级以上科研项目80～100项，通过鉴定成果15～20项，获批授权发明专利50～60项，力争获得省部级科技成果奖5～6项。加强科研条件开放，培养学生创新能力。吸收优秀本科生进省部以上科技创新平台参与科研达5000

人次，资助2000名优秀本科生开展大学生创新课题研究工作。

（二）建设思路

始终把为地方经济建设和社会发展服务作为中心任务，通过制定政策和体制机制改革，充分发挥学科人才优势，组织协调全校科技力量，深化协同创新，牢牢把握教育为社会需求培养人才、科研为生产需求创新技术，促使学校的应用型特点、人才的应用型特征、科技的应用性特色日益彰显。

紧紧围绕区域发展需求，加强学科建设和结构调整，积极构建以农科、工科为主，重点带动、相互支撑、多学科协调发展的学科体系。强化农学学科特色，培育机械、车辆、材料、食品学科特色，彰显应用型创新创业人才培养特色，提高学校的核心竞争力和社会影响力。

主动适应区域经济社会发展需要，积极开展体制机制改革，强化应用性研究，大力推进协同创新、科技成果转化和产学研合作，为区域经济建设和社会发展提供更加有力的人才支持和智力保障，以服务和贡献赢得社会支持，促进学校又好又快发展。

（三）建设内容

1. 围绕应用型人才培养需求，做好科技创新工作的顶层设计

聚焦应用型人才培养需求，以建立现代大学制度为契机，深化综合改革，做好科技创新工作的制度建设。建立以科技成果转化和产业化为导向的激励机制，充分调动广大教师投身科技创新的积极性和创造性。将服务社会、产学研合作、成果转化等纳入工作考核。对应用开发类科研加大扶持力度，在职称评审、硕导遴选、业绩评定等方面给予倾斜，激励科研团队与企业合作，将科技创新与地方需求紧密结合。引导教师将科研与教学结合，以高水平科研促进教师教学水平提高、办学条件改善与学生创新能力提升。

2. 优化调整学科结构，服务经济社会发展需要

围绕调整经济结构、承接产业转移和创新型安徽等重大战略，调整优化专业结构，增强适应经济社会发展的能力。围绕新能源汽车、节能环保、公共安全、生物技术、基因育种、文化创意等新兴产业，加强与经济社会发展密切相关的创新性、技术性、工程性专业建设，构建紧密对接产业结构优化升级、新兴产业发展需要的学科结构。

以创新和凸显特色的思路调整学科结构，体现和逐步发挥多科性院校的优势，构建学科层次和分布较为合理的学科体系，形成各学科之间的相互渗透和相互支撑，使学科特色更加鲜明，学科优势更为突出。按照“统筹规划、分步实

施”的思路和“协调发展、突出重点”的原则，制定学科建设规划，做强优势学科、扶持新兴学科、打造特色学科。围绕硕士学位授予权单位创建和专业学位研究生教育，学校每年投入300～400万元的建设经费，进一步加强学科团队、学科平台和学科成果建设，建立和完善校院两级学科带头人领衔的学科团队和学科创新平台运行机制，全面提升学科建设水平。

3. 推进科技创新和产学研合作，提升社会服务能力

围绕区域发展战略和行业支柱产业，建设3～4个支撑学科发展、科技攻关和服务地方的科研平台。以服务为目的、以平台为依托、以项目为抓手，打造4～6个高水平科研团队。围绕区域支柱产业和新兴产业发展需要，重点围绕皖江城市带承接产业转移示范区、合芜蚌自主创新改革试验区和国家千亿元硅产业园建设，瞄准行业产业技术需求，创新产学研合作形式，深度推进产学研合作。

坚持应用研究与生产过程相结合，把学科优势、技术优势转化为产业优势，努力提升服务地方经济发展能力。按照优势互补和合作共赢的原则，探索建立产学研战略联盟，与企业和科研院所联合申报科技项目，联合科技攻关和产品开发，共建工程技术研究中心和成果转化中心，实现科技成果向企业的转化。加强产学研合作教育，构建学校、企业、科研院所共同培养人才的新机制，力争与企业合办的特色冠名班覆盖到所有应用型专业。

4. 加强科研条件建设与开放，培养学生创新能力

营造创新氛围，加强创新教育，强化学生创意识。从舆论引导、政策扶持、技术支撑、学籍制度改革等方面，鼓励和引导大学生投身创新活动，以提升学生综合素养。邀请200位知名学者来校做学术报告，开拓师生们的视野，活跃学术气氛，提高学生的综合素质。开展大学生科研计划，学校拿出50万元，资助2000名优秀本科生开展大学生创新课题研究工作，训练学生逻辑思维，培养严谨的科学态度和工作作风，锻炼独立思考问题和解决问题的能力。积极推荐科研平台（基地）对大学生开放，使科研资源最大限度服务本科教学，积极吸收优秀本科生进实验室参与科研达5000人次。

附录1　推进应用型本科教育的有关文件选录

附1－1

办学指导思想

（2000年8月印发）

一、办学指导思想的内容

坚持社会主义办学方向。立足安徽，面向农村，服务中等职业教育。以本科师范教育为主，坚持质量第一，以教学工作为中心，加强素质教育，产学研结合，培养德智体美全面发展、具有较强实践技能的中等职业教育师资。重在建设，深化改革，加强管理，把学校建成有一定综合实力和特色的职业技术师范学院。

二、办学指导思想的内涵

（一）办学方向

1. 坚持社会主义办学方向

（1）坚持马列主义、毛泽东思想和邓小平理论的指导地位。确保学校教学、科研工作的社会主义方向，培养合格的社会主义建设者和接班人。

（2）坚持中国共产党的领导，加强党的建设。确保党和国家的各项方针、政策和法律、法规在学校得到贯彻落实。面向现代化、面向世界、面向未来，全面适应现代化建设对各类人才的需要。

（3）把德育放在首位，加强思想政治工作，培养德、智、体、美等方面全面发展的职教师资。

2. 坚持师范教育方向

高举师范旗帜，把办好职技师范专业、加强学生师范素质和技能培养，培养合格的职教师资作为根本任务。

（二）办学定位

1. 立足安徽，面向农村，服务中等职业教育

（1）立足省情，以我省发展农村职业教育和经济建设的实际需求为依据，确定培养目标和培养规格及采取相应的改革和发展措施，制订我院发展规划，调整、设置专业。

（2）主要服务对象是中等职业教育，重点是农职业高中、农业中专学校、技工学校。当前应把为农职业高中培养师资放在优先地位。此外，高等职业教育师资，普通中学的劳动技术课师资、中等职业教育的管理人员也是我院的培养对象。

（3）在办好师范专业的同时，根据社会需求和学科发展的需要，适当开办部分非师范专业，使职业技术师范教育与高等职业教育协同发展。

2. 以本科师范教育为主，适当发展其他层次教育

办好师范本科是我院办学的主要目标和任务。本科生是我院学生的主体，本科的教育质量是衡量我院教育质量和办学水平的主要标志。

（1）专业设置以本科师范教育为主。2000 年，全日制在校生为 3000 人左右；2003 年，达到 5000 人左右，其中本科生占 85% 左右。

（2）专科专业主要根据学科发展及农村经济建设的需要设置。

（3）在保证本科招生规模和教育质量的前提下，充分发掘办学资源，适度发展技术培训和继续教育，增强办学活力。

（三）培养目标

培养德智体美全面发展、具有较强实践技能的中等职业教育师资。在教育教学中不仅要抓好智育，更要重视德育，还要加强体育、美育、劳动技术教育和社会实践，使诸方面教育相互渗透、协调发展，有机地统一在教育活动的各个环节之中，促进学生全面发展和健康成长。

1. “具有较强实践技能”是我院人才培养的特殊规格要求，即学生既能胜任专业理论教学，又具有较强的动手能力。“德智体美全面发展、具有较强实践技能”是指培养的人才具有基础扎实、知识面宽、能力强、素质高的要求。

（1）基础扎实。从学科教育的规律出发，强调本科教育重在奠定坚实的基

础，着重抓基础课教学质量，强调基础知识的牢固掌握与融会贯通。要把专业教育建立在多门学科宽广而扎实的基础上。

（2）知识面宽。针对我院的服务面向，要求学生不仅要有扎实的本专业知识，还要有经济的、管理的、法律的、美学的以及相邻专业的知识；理工科学生要加强人文教育，文科学生要加强自然科学知识教育。

（3）能力强。突出实践技能即专业技能和教育教学技能的培养。各专业要根据本专业特点，注重加强专业技能训练体系和师范技能训练体系的规范和建设，明确必须掌握的专业技能项目、技能训练标准、考核标准和方法、技能训练的实践环节等。要通过加强基地和实验室建设，为实践教学提供保障。按照“双师型”目标，积极探索教学规律，逐步创造条件，实行专业技能证书制度，使学生达到“双师”要求。

（4）素质高。以思想道德素质为核心，全面培养学生素质。加强“两课”建设，进一步加强邓小平理论“进教材、进课堂、进学生头脑”工作。要重视加强职业道德教育。今后一个时期，素质教育的重点是加强人文教育，培养人文素质。

创新精神的培养是素质教育的重点。要爱护和培养学生的探索精神和创新思维，帮助学生自主学习，独立思考。营造崇尚科学、追求真理的氛围，为学生的禀赋和潜能的充分开发创造宽松的环境。要树立学生主体观念，改变由教师单向灌输知识的模式，积极探索启发式、研讨式教学。

2. 人才培养模式

依据新的人才质量观和学校实际情况，我院的人才培养模式主要指：一是以产学研三结合为基本的培养模式。要根据学科专业特点，探索产学研结合的多种形式，实行学研结合、学产结合等，提高学生实践技能。二是强化基础，拓宽专业，全面培养，增强学生的适应能力。三是加强素质教育，增加社会科学和人文科学教学内容，提高人才综合素质，构建学生可以适应终身教育和社会发展变化的整体素质结构。四是强化教育实习，增强学生教育教学技能。把对大学生的共性要求与对师范生的特殊要求结合起来，把教师职业技能的培养，寓于学校教育、教学的各个环节之中。

（四）教学质量

1. 教学工作是学校的中心工作，其他各项工作都必须围绕这个中心来开展，服务和保证教学工作的顺利进行。正确处理教学、科研与社会服务之间的关系。必须在确保教学工作的中心地位、稳定教学秩序和保证教学质量的前提下，组织教师有计划、有重点地开展应用性研究和社会服务工作，以科研促进教学，提高教学；以社会服务丰富教学内容，改善教学条件。科研、服务创收与教学发生矛盾时，服从教学。

2. 近期教学工作的基本思路是：

全面贯彻党的教育方针。不断转变教育思想观念，遵循职技高师教育规律，教学研究先行，产学研结合，改革教学内容、课程体系、教学方法和手段，积极探索构建职技高师新的人才培养模式。以注重实践、强化技能为特色，以师资队伍建设、学科专业建设为重点，着力加强教学基本建设。逐步建立良性循环的教学运行机制，健全科学规范的质量监控体系，努力提高人才培养质量。

（1）教学改革。教学改革的目标是：经过几年的努力，全院师生员工初步树立具有时代特征的、正确的职业教育思想和观念；初步形成能够主动适应我省中等职业教育和社会经济发展的人才培养模式；初步形成能够充分调动全院师生教学积极性的教学运行机制。在加强实践能力创新能力培养方面取得进展，使教学质量有较大提高。

改革的主要内容是：更新教育思想，用现代职业教育思想指导教学改革；加强以培养学生创新精神和实践能力为重点的素质教育；拓宽专业口径，调整知识、能力、素质结构，构建适应新世纪需要的人才培养模式；深化教学内容和课程体系改革，强化实践教学，构建实践教学体系，提高人才培养质量；运用以多媒体为代表的现代教育技术，改革教学方法和手段，加强对学生获取知识能力和创新能力的培养等。

（2）教学建设。优先做好教学基本建设工作，把师资队伍和学科专业建设作为重中之重，着力抓好课程、教学基地、实验室和学风建设。要集中力量、精心研究制订出各项教学建设规划。师资队伍建设要以优化结构、提高素质为目标，引进和稳定人才，加强“双师”型师资队伍建设；要加大重点学科建设力度，提高学科建设层次，创造条件积极申报硕士点；专业建设要围绕贯彻新专业目录，调整学校的专业设置，积极增设职业中学亟须的新专业；课程建设主要是贯彻《高等教育面向21世纪教学内容和课程体系改革计划的》的精神，在单门课程建设工作的基础上，逐步向系列课程、综合课程建设的方向努力；要突出教学基地和实验室建设，做好基地建设规划，加快改善实践教学条件；学风建设要在继续严格管理、严肃考纪考风的基础上，向营造学术氛围、浓厚学习风气方面发展。

（3）教学管理。进一步研究教学管理规律，改进管理方法，提高管理水平。

要以教学运行管理为基础，加强各项制度建设，规范日常管理；以质量管理为重点，积极探索有效的教学评价方法，健全质量监控体系，加大监控力度。要进一步深化教学管理体制和管理制度改革，进一步强化系（部）、教研室管理职能，明确其管理职责。强化激励机制，充分调动广大教职工的教学积极性。

3. 人才质量。坚持质量第一是我院办学的一条重要指导思想，是制定各项改革和发展措施的出发点和落脚点。要正确处理主动适应社会主义市场经济的需要与遵循高等教育规律的关系，处理好规模、结构、质量和效益之间的关系，走内涵发展的路子，切实强化质量意识，始终坚持质量第一。各项工作都要围绕提高教育教学质量来开展，通过提高每一项工作的质量，确保整个办学质量的提高。

人才质量是一个动态的、发展的观念，具有社会和时代的特征。在新的历史时期，社会发展对高校人才培养质量要求已经发生了重大变化，要研究这种变化，扬弃旧的人才质量观念，建立与社会需求相适应的新的人才质量观。现阶段要树立德智体美全面发展和知识、能力、素质协调发展、综合提高的新的人才质量观，培养基础扎实、知识面宽、能力强的高素质人才。

（五）办学特色

办学特色是学校在办学中形成的独特的品质或风格，形成鲜明的办学特色是一项重要的办学目标。我院必须根据国家的教育方针和政策，根据社会需求和学校实际情况，发挥优势，办出特色。经过多年的努力和积累，“面向农村，服务中等职业教育和农村经济建设，以本科职技师范教育为主，以农科为主；专业设置突出区域性、适应性；强化实践教学，注重技能培养，学生吃苦耐劳、实践能力强，学有专长，安心扎根基层”。已逐步成为我院的办学特色。要在巩固已有成果的基础上，努力探索，进一步强化办学特色。

附1-2

教学工作基本思路

(2000年8月印发)

我院教学工作的基本思路是：全面贯彻党的教育方针。不断转变教育思想观念，遵循职技高师教育规律，教学研究先行，产学研结合，改革教学内容、课程体系、教学方法和手段，积极探索构建职技高师新的人才培养模式。以注重实践、强化技能为特色，以师资队伍建设、学科专业建设为重点，着力加强教学基本建设。逐步建立良性循环的教学运行机制，健全科学规范的质量监控体系，努力提高人才培养质量。

一、教学改革

教学改革是高等教育各项改革的核心。为全面适应21世纪我省中等职业教育、“科教兴皖”“科教兴农”战略的实施和当今世界科学技术飞速发展的形势，我们必须增强教学改革的责任感和紧迫感，并以此推动我院教学建设和教学管理上台阶。

1. 全面贯彻“造就有理想、有道德、有文化、有纪律的德智体美全面发展的社会主义事业建设者和接班人”的教育方针，以《中共中央国务院关于深化教育改革，全面推进素质教育的决定》为指导，深入开展以“增强质量意识，加强素质教育”为内容的教育思想观念大讨论，初步确定现代职技高师教育的教学观、质量观和人才观。

2. 遵循现代教育规律，吸收并运用职技高师教育的改革成果，结合我院实际，积极探索适应我省中等职业教育农村经济建设和社会发展需要的人才培养模式、教学内容和课程体系。

3. 运用以多媒体为代表的现代教育技术，改革教学方法和手段，加强对学生获取知识能力和创新能力的培养。

二、教学建设

教学建设是教学工作的重点，是人才培养质量的根本保障。在突出学校办学特色的基础上，以师资队伍建设、学科专业建设为重点，全面加强各项教学基本建设。

（一）加大师资队伍建设力度

教师是提高教学质量的关键。职技高师在师资队伍建设上，既不能照搬普通高师的模式，也不能走专业院校的路子，应有自己的特色。

1. 要根据我院的长远发展目标和整体建设规划，切实做好我院师资队伍建设5年规划工作。

2. 加强教育，注重提高教师的职业道德水平和思想政治素质，要认真落实《教师职业道德规范》，使教师做到“学为人师，行为世范”，成为学生学习的楷模。

3. 双管齐下，着力解决高学历教师比例偏低的现状。根据需要和可能，选送事业心强、发展潜力大的青年教师，外出脱产进修；同时采取灵活、优惠的政策和措施，切实有效地引进人才，稳定队伍。

4. 立足校内，进一步做好省级、院级中青年学科带头人培养对象和中青年骨干教师的选拔、培养和考核工作，制定岗位责任。在科研立项、外出进修、调研活动和学术交流等方面给予政策倾斜。

5. 鼓励教师积极参加教学研究活动，改进教学方法，提高教学质量。

6. 注重教师实践能力的培养，激励广大教师走出校门，深入生产第一线，加入到科教兴农的队伍中去，选派一定数量的青年教师到农村参与科技开发与扶贫支教，让科技成果转化为农村经济建设的累累硕果，使教师在实践中增长才干。

7. 根据需要，采取设立特聘、返聘岗位，聘请客座教授和兼职教授等措施，聘请高职务、高学历人才来我院授课和讲学，进一步优化我院师资队伍结构，提高教学质量。

8. 严格考核，强化管理，引入竞争、激励和制约机制。一方面要改善和提高教师的各方面待遇，通过教学评估、优秀教师评选等活动，调动广大教师的积极性；另一方面，要通过考核，调整不能履行岗位职责的教师。

总之，当前师资队伍建设要以稳定队伍、优化结构、提高质量为目标，加强“双师型”师资队伍建设。

（二）加强学科专业建设

学科专业建设是提高人才培养质量和学校办学水平的一项带有全局性的教学基本建设。学校人才培养的模式，必须通过学科专业建设才能落到实处。职技高师在专业设置上应体现职教特点，突出区域性、行业性和综合性。根据目前我省的经济、科技、教育的大背景及我院的办学实际，我院专业建设要本着“坚持以农为主，改造、优化传统农科类专业，积极向二、三产业拓展，实行农、工、文、理、经、管多学科协调发展的原则，进一步拓宽专业口径，拓展专业内涵；同时，要研究城乡经济发展的结合点和新的增长点，争取形成优势专业和特色专业，逐步构建覆盖农村一、二、三产业的多学科、多门类、多层次专业体系。

要根据我院长远发展规划，结合学校办学实际，制订学科发展规划和计划，遴选2~3个反映我院特色、具有优势的学科，在人员编制、人才培养与引进、科研立项、经费投入等方面给予重点扶持，使其尽快上水平、上层次，通过3~5年左右的建设，力争取得硕士学位授予点的突破，并以点带面，促进我院教学和科研水平的提高，带动全院其他学科的建设。

（三）加强课程建设

课程是教学工作的基本单元，课程的教学活动构成了高校教学工作的主体、学校教学基本建设的核心，是高素质人才培养的奠基工程。课程建设主要是贯彻《高等教育面向21世纪教学内容和课程体系改革计划》的精神，在单门课程建设的基础上，逐步向整合成系列课程、综合课程建设的方向努力。具体来说，我们应从4个方面加大力度。

（1）优化课程结构，使专业基础宽而坚实。各系（部）应专门组织人力，邀请有关专家教授和任课教师参与、剖析本专业原有课程的教学大纲，系统分析研究课程体系和课程结构的科学性、合理性；要突出主干课程，保证人才培养的知识和能力结构相对完整。

（2）建立完整、协调、开放的课程体系，促进教学内容现代化。要根据21世纪对人才培养目标与规格的要求，结合我院实际，认真分析人才培养知识、能力、素质三个层面的相互关系，实行“重构基础，突出实践，反映前沿，交叉综合“的原则，建立与我院人才培养模式相对应的完整、协调的课程体系。

（3）充分发挥人文素质和教育理论两个教研室的作用，加强文化素质类课程和师范教育类课程的建设。

（4）加强薄弱课程的建设，对教学质量比较差的不合格课程，要跟踪调查、研究措施、重点帮扶、限期改正。对已遴选出的省、院级重点课程，院系两级要采取各种有效措施加大建设力度，争取用5年左右的时间，全院所有课程全部达到合格标准，并建成25~30门院级优秀课程，6~10门省级优秀课程。

（四）加强基地和实验室建设

实践教学和教育实习基地建设，是我院体现技术性、师范性特色、培养“双师型“人才的重要途径和保障。要坚持校内外结合，做好全面规划。当前及今后一段时间要集中精力搞好种植园、养殖园、加工园等科技园建设，尽快提高其科技含量和为教学、生产、研究服务的能力；同时，要切实加强领导和管理，健全实习管理规章制度。对我院已挂牌的校外实践教学基地和省级教育实习基地，要本着互惠互利、有利于人才培养的原则，对口系要积极主动联系，要把实习与承担实习单位的实际工作任务结合起来，以取得对方单位的切实支持，真正达到为我院实习教学服务的目的。

实验室是高等学校办学的基本条件之一，是进行教学、科研的重要基地。实验室建设一定要与我院学科专业建设、课程建设相匹配，要防止分散配置、分散管理、局部使用、低水平重复的低效益建设方式，要集中力量与条件建设好公共的基础性实验室和现代教育技术、分析测试和生物技术三个院级中心实验室。

按照优化教学资源配置的原则，对全院实验室进行调整。在调整中根据教学实验的总体安排，打破条条块块；根据各系学科专业发展的需要，实行实验仪器设备适当集中和优化配置，对实验室有关的人、财、物进行优化重组。

（五）加强学风建设

加强学风建设是高校建设发展的内在要求，是教学基本建设之一，是培养人才的一项根本措施，是体现学生素质的重要标志。

(1) 进一步加强师生的思想政治教育，将其渗透到日常管理之中。继续组织师生深入学习邓小平理论，确保邓小平理论进课堂、进教材、进头脑。

(2) 以抓学风建设为切入点，推动学风建设。首先推行教考分离，推进试题（卷）库建设；其次进一步加强考试管理，严格考试纪律，完善制卷、监考、阅卷、评分、重修等各个环节管理。

(3) 营造校园浓厚的学习、学术氛围，广泛开展人文素质教育讲座，丰富第二课堂，发挥学生学习主动性，培养学生综合素质和创新精神。

(4) 抓好日常教育和管理工作。坚持不懈地做好新生入学教育和军训工作，加强早操、晚自习及上课考勤工作，完善学风督查制度。

三、教学管理

在高等学校教学工作中，教学管理是保证和提高教学质量的基本因素之一。

(1) 高度重视和切实加强教学管理队伍的建设，努力提高教学管理水平。

(2) 稳步推进教学管理体制和制度改革，以教研室建设为重点，强化系（部）级教学管理职能，初步实现学校宏观管理、系（部）为办学实体、教研室为基础的教学管理体制。进一步强化激励机制，充分调动广大教师、学生教与学两方面的积极性和创造性，从而使我院教学管理真正走上科学化、制度化和规范化的轨道。

（3）进一步加强教学管理制度建设，并认真执行，落到实处，规范教学运行管理。

（4）建立完善的教学信息收集、分析、处理和反馈系统，加强对教学各环节的检查、督促和指导。

（5）积极探索有效的教学评价机制，建立教师教学质量和教学单位（系、部及教研室）的教学工作评价指标体系，进一步建立和完善教学质量监控体系。

四、正确处理教学与教研、生产、科研的关系

树立开放兼容和全面适应“两个根本性转变“的现代化教育观和重视学生实践能力和创新精神培养的教学观，正确处理教学与教研、生产、科研的关系。

（1）注重教学研究，以教研带动教改。

（2）面向生产第一线，在生产中寻找科研课题，研究成果直接为生产服务，同时充实教学。

（3）坚持科研为先导，着力提高教师的教学水平和学校为社会服务的能力。

附 1－3

办学特色及其建设

（2000 年 8 月印发）

一、我院现有办学特色分析

1985 年学院改制以来，全校上下在构建学校办学特色方面，积极探索，大胆实践，经过 15 年的不懈努力，在办学定位、专业建设和人才培养规格 3 个方面，初步形成如下特色：面向农村，服务中等职业教育和农村经济建设，以本科职技师范教育为主、以农科为主；专业设置突出区域性、适应性；强化实践教学，注重技能培养，学生吃苦耐劳、实践能力强，学有专长，安心扎根基层。

（一）办学定位、服务面向较为准确

1. 面向农村，服务中等职业教育和农村经济建设

改制以来，我院始终坚持“立足安徽，面向农村，服务中等职业教育”的办学指导思想不动摇，紧紧围绕发展农职业教育、促进农村经济建设的需要，培养各类人才。1985 年以来，累计毕业生近 5200 名，其中职教师资约 3000 名，农村各类适用技术人才 2000 名左右。同时，利用学校师资、技术和设备，通过举办函授教育，开展科技扶贫、送教下乡、短期培训等，多渠道、多形式地培训职教师资、普通中学劳技课师资和农村适用技术人才。先后举办各种函授学历教育、职教师资、劳技课师资培训班近 30 期（届）和 500 多期短期技术培训班，培养职教、劳技师资 2000 余人，3 万多人次接受了短期技术培训。学校已经成为我省中等农职业教育师资培养基地和农村科技人才综合培训基地。

2. 以本科职技师范教育为主，以农科专业为主

坚持以本科职技师范教育为主，既是学校办学层次定位的需要，也是区别于高等职业技术院校的标志；以农科专业为主，既是学校长期办学的优势所在，也是服务面向的体现。改制初期，仅有 3 个本科专业、4 个专科专业。经过 15 年的不断建设，本科专业数已达 13 个；本科专业中，师范类 9 个，农科类 9 个、近农类 3 个。充分体现了“以本科师范教育为主，以农科专业为主”的办学定位。

（二）专业设置突出区域性和适应性

1. 服务区域经济发展

根据安徽是农业大省的区域性经济特点，在专业设置上，我院始终围绕农村经济和农职业教育发展的需要，先后增设了农科类本科专业6个、专科专业5个，专业结构体现了服务区域经济发展的要求。动物科学、农艺教育两个本科专业最近还获批为省级高等职业技术教育人才培养模式改革试点专业。

2. 适应社会经济发展和产业结构变动需求

进入20世纪90年代以来，为适应大力发展乡镇企业、农产品加工业和设施农业，促进农村经济结构战略性调整，加强环境保护，实施可持续发展战略，对各类人才的需求，学校先后增设了经济管理、财务会计、农产品储运与加工、食品科学与工程、食品营养与检验教育、农业资源与环境、园艺教育、农村区域发展等专业。同时，根据经济发展和宏观政策及国家教育主管部门对专业设置的新要求，对已有专业进行不断改造、重组、整合，如：将特用作物教育和农艺教育、食品营养与检验教育和食品科学与工程等4个本科专业合并成两个专业，以拓宽专业口径，模糊专业界线，适应社会经济发展和提高人才培养质量的需要。

（三）实践教学特色明显，学生学有专长

1. 初步建成“双基地”（校内、校外；生产、教育）实践教学网络

针对职技高师人才培养规格的师范性、技术性、职业性要求，我院坚持“专业实践基地与教育实习基地并重、校内基地与校外基地并存”的建设原则，利用学校原有基础，根据专业建设和学科发展的需要，经过多年建设，初步形成了以农场、牧场、兽医院、花园、药园、机电实习工厂、燎原职业学校等校内基地和在校外挂牌建立的15个实践教学基地、12个教学实习基地为主体的“双基地”网络，为强化实践教学奠定了坚实的基础。

2. 锻炼培养了一支教学经验丰富、动手能力强的教师队伍

职技高师的培养目标要求教师具备一定的理论知识外，还必须有较强的动手操作能力。为适应强化实践教学的需要，学校在加强教师理论培训、提高学历层次的同时，特别注重培养教师的实践教学能力，一方面选派教师到科研机构、生产单位专门进行实践培训，一方面动员、引导教师深入农村基层，推广适用技术，进行疫病防治，解决技术难题，既取得了丰硕的科研成果（1990年以来有15项科研成果荣获省、部级以上奖励），又积累了丰富的实践教学经验，为强化实践教学提供了可靠的师资支撑。

3. 实践教学环节落实，措施有力，形式多样

我院早在1989年就出台了《关于加强实践教学的若干意见》，明确要求本科

生在校期间掌握4～8项实用技术。通过不断修订教学计划，增加实践教学时数，将实践教学贯彻于人才培养全过程，初步形成了从学生入学到毕业的实践教学完整体系。学生除参加课堂实验、教育教学实习、生产实习和毕业实习外，还积极参与教师科研、教学基地建设与管理、科技开发与产品销售，广泛参加以“科教兴农”为主题的大学生社会实践活动。

4. 学生吃苦耐劳、实践能力强，学有专长，安心扎根基层

职技高师不仅要使学生学有专长，还要使其能服务基层。为打通人才通向农村的道路，1985年我院开展从农职业中学对口招收优秀毕业生；1992年开始举办对口招生预科班，生源文化素质不断提高。通过思想教育和实践锻炼，学生不仅养成了吃苦耐劳的品质，而且练就了较强的动手操作能力。学生毕业走上工作岗位后，不仅学业精、技术强，而且下得去、留得住、用得上，深受用人单位好评和社会各界赞誉。1985年至今，已有4000多名毕业生就业于县以下农技管理、推广部门、农职中和乡镇企业。

二、我院办学特色建设目标

生存呼唤特色，特色促进发展。尽管在长期的办学实践中，我院已在办学定位、专业建设和人才培养规格上，形成了一定特色，但在充分体现职技高师应有特色方面还有较大差距，必须采取切实措施，巩固已有成果，弥补现实差距，强化办学特色，努力形成亮点，以全面提高办学质量和综合实力。

作为职技高师，我院办学特色的建设目标是：定位有特征、专业有特点、学生有特长，即：坚持面向基层，把学校建成“两个基地一个中心”（全省职教师资培养基地、科技人才综合培训基地和职教研究中心），专业建设突出区域性、适应性、前瞻性，人才培养规格体现理论性、技术性、职业性和师范性。

三、强化办学特色的对策措施

（一）继续强化“两个基地”功能，加快建设“一个中心”

在办学定位上，要继续坚持以“两个基地一个中心”（职教师资培养基地、科技人才综合培训基地和职教研究中心）为建设目标，充分发挥两个基地的功能作用，更好地为安徽的经济建设和职教事业做贡献。

1. 进一步拓宽服务面向

校名的更改，要求我院扩大服务面向。城市中等职业教育和高等职业技术教育的大发展，形成了对职教师资的新需求，为我院的发展提供了新的机遇。因

此，在继续坚持面向农村、服务中等农职业教育的同时，我院应主动适应职业技术教育发展的需要，发挥办学优势，逐步拓宽服务面向，为城市中等农职校和高职院校培养部分师资。

2. 适当发展其他层次教育

目前，高等职业技术教育蓬勃发展。作为正经历由农业大省向农业强省、资源大省向加工大省过渡的安徽，迫切需要加快发展高等农职业技术教育。为增强教育服务经济的功能，我院在坚持办好本科师范教育的同时，应积极依托现有的办学条件，发挥办学优势，适当发展专科层次的高等职业技术教育，重点培养农村基层急需的各类高级职业人才，更好地服务农村经济结构战略性调整和经济建设的需要。同时，要在重点学科建设的基础上，积极申报硕士点，适度举办研究生教育，促进学校综合实力的增强。

3. 重点建设全国职教师资培训基地，办好成人教育

创造条件，集中力量，重点投入，加快建设全国职教师资培训基地，努力办出水平，以充分发挥学校作为职业教育“工作母机”的作用。同时依托普通教育资源，发挥基地功能，大力加强继续教育，不断提高全省中等职教师资的学历层次和业务素质；继续多渠道、多形式、多层次开展各类短期技术培训，为我省经济建设和社会发展培养更多更好的实用技术人才。

4. 大力加强职教研究

安徽是人口大省，职业教育任重道远。但目前职教研究薄弱，对职教发展指导不够。作为高等职业技术师范院校，应在培养职教师资的同时，积极开展职教研究，指导、促进职教发展。要进一步充实研究力量，制定研究规划，加大支持力度，促进职教研究多出成果、快出成果，使学校真正成为全省职教研究中心，推动安徽职教事业大发展。

（二）调整优化专业结构，强化区域性、适应性，突出前瞻性

我院现有专业设置具有明显的区域性和较好的适应性，但专业覆盖面不广，对经济结构、产业结构变动的适应性、前瞻性体现不足，需重点突出。

1. 加强调研论证

要成立专业规划建设专门机构，开展经常性的调查研究，及时了解人才需求信息，把握社会职业变动趋势，准确预测人才需求的类型、规模和层次；并结合学校办学条件，进行科学论证，为调整专业结构、新设专业，提供决策依据。

2. 不断调整专业设置

要根据安徽的经济、科技、教育发展趋势和我院的办学实际，本着“坚持以

农为主，改造、优化传统农科类专业，积极向二、三产业拓展，实行农、工、文、理、经、管多学科协调发展“的专业建设原则，进一步拓宽专业口径，拓展专业内涵，强化专业的适应性。增强专业间的相互渗透，逐步建成覆盖农村一、二、三产业的多学科、多门类、多层次专业体系。同时要围绕我省经济发展新的增长点和职业教育发展的需求，及时设立“近农”“非农”专业，争取形成优势专业和特色专业，不断强化专业设置的区域性、适应性和前瞻性，为拓宽办学服务面向、实现人才培养规格奠定基础。

（三）坚持“四性”要求，培养学生特长

理论性、技术性、职业性和师范性是我院人才培养规格的全面体现。理论性要求学生具有比较扎实的基础理论、宽厚的专业基础知识，技术性要求学生掌握所学专业的高新技术应用和操作能力，职业性要求学生具备较强的职业技能开发、训练指导能力和良好的职业道德素养，师范性要求学生具有优良的教学能力，其中：技术性、职业性体现了职业技能要求，理论性、师范性体现了教师素质要求。

1. 深化三项改革

改革教学计划。人才培养规格的“四性”，要通过“双技能”（专业技能和教学技能）训练来实现，要求学校在制定教学计划时，构建“双技能”训练体系，开设专业技能课。强化教育学、心理学和教材教法及普通话、三字训练等师范教育理论、基本技能课程教学；进一步完善“双实习”制（教育教学实习和专业实习），强化实践教学环节，全面提高学生的“双技能”素质。

改革课程体系。新的课程体系要使学生在满足理论素养和专业知识学习的同时，突出实践素养和教师素质的训练，达到具有扎实的基础理论、宽厚的专业知识、熟练的专业技能、优良的执教能力的要求。要根据专业和科学技术的发展趋势，合理配置课程群，形成若干个有机结合的知识板块，以板块构成完整的课程体系，从而保证人才培养规格的实现。

改革教学内容。课程的教学内容改革要紧扣人才培养的规格要求进行。继续突出职技特点，改变重理论、轻实践的现象。注意教学内容的先进性，根据科技发展的现状与趋势，及时剔除陈旧的教学内容，把先进的、实用的高新技术引入教学过程。增加专业课应用性内容，改革宽基础、窄应用的课程内容结构，拓展专业课的应用面，增强学生适应能力。

2. 加强三项建设

实践基地建设。继续坚持走“双基地”建设道路，不断提高学生动手能力师范技能。要多方筹措资金，加大对校内基地建设的投入，积极引进新生产技术，改革管理体制，重点抓好种植园、养殖园和加工园的建设，把校内基地建成技术含量高、设备精良、省内或区域先进的实践教学园、科研实验园、高新技术示范园，实施“三园育人工程”。进一步增加校外实践基地和教育实习基地数量，完善校外基地网络；同时采取技术联姻的方式，按照“互惠互利，先让地方得利；双方受益，先让地方受益”的原则，加大投入，加强建设，取得对方单位的切实支持，真正达到为我院实践教学服务的目的。

师资队伍建设。要使职技高师的学生具有“理论性、技术性、职业性、师范性”特色，必须有一支具备这些特色培养能力的师资队伍。要加强教师的技能培养，选送教师到有关高校、企业专门进行技能培训，同时采取激励措施，鼓励教师加强实践动手能力培养，使专业课教师既能胜任专业理论课教学，又能胜任专业实践课教学。同时对非师范院校毕业的教师，加强师范基本功训练，使其掌握教学方法和教育规律，具备良好的师德，要通过选送教师攻读高一级学位或进行重点课程进修、作国内访问学者等形式，不断提高其理论修养，适应教学需要。

教材建设。为体现教学内容、课程体系改革的要求，适应人才培养的需要，必须编写出适合教学需要的教材。一方面要由国家教育主管部门牵头规划，组织编写全国职技高师通用教材；另一方面要根据本院专业设置和安徽经济发展现状，编写适合我院教学需要的特色教材。

3. 实行多种证书

为全面提高人才培养质量和综合素质，学校要积极实行学历证书和各种技能证书并存并用制度。一是要在学生综合素质测评、毕业生推荐就业等方面，实行毕业证与计算机等级证、英语等级证及专业技能证书并存并用制度，鼓励学生多考证、考高等级证，努力提高自身综合素质和动手操作能力。二是积极创造条件，争取省教育、劳动主管部门支持，开展专业技能、教师基本技能鉴定工作，在学生中推行专业技术等级（职业资格）和教师基本技能证书。三是利用现有实验实习条件，结合各系实际，制定实践技能（技术）考评标准，由学校自行组织考核，并颁发相关合格（等级）证书。

附 1－4

安徽科技学院
关于应用型人才培养方案改革的指导意见

（2010 年）

人才培养方案是应用型创新创业人才培养的顶层设计，是实施教育教学工作的基本依据，是提高人才培养质量的重要保证。为了更好地适应地方经济社会发展对高等教育人才培养的新要求，推进高水平应用型大学建设，构建具有特色的应用型人才培养体系，现就我校应用型人才培养方案改革提出如下指导意见。

一、指导思想

深入贯彻科学发展观和科学人才观，着眼于切实解决人才培养目标同质化、人才培养方式趋同化、人才培养规格与经济社会发展脱节等突出问题，以培养高素质应用型创新创业人才为根本目标，更新人才培养观念，创新人才培养模式，全面深化教育教学改革，积极构建"体系开放、机制灵活、渠道互通、方式多样、注重实践、突出能力、张扬个性"的具有显著特色的应用型本科人才培养新体制，努力提升我校人才培养与经济社会发展的符合度。

二、总体要求

以应用型示范校建设为契机，紧紧围绕高素质应用型创新创业人才的培养目标定位，以社会需求为依据，以素质教育为基础，以能力培养为核心，按照"知识结构优、实践动手能力强、敬业精神强、创新创业意识强"的人才培养规格，着力抓好课程体系和课程内容的优化、实践实训能力的强化、创新创业能力的实化、教学方法教学手段的现代化、培养途径和评价方式的多样化，切实提高学生的实践能力、创新能力、创业能力和分析解决问题能力，充分彰显应用型人才培养特色。

三、改革原则

（一）全面改革，整体优化

全校所有专业自2010级新生开始，全面实施新的应用型人才培养方案。从课程体系、课程内容到教学方法、教学手段，从理论课教学到实践课教学，从人才培养模式到人才培养体制机制等各方面改革全面推进，实现整体优化。

（二）强化能力，突出实践

在课程体系和教学内容的安排上要适当压缩通识类及基础类课程的比例，加大专业技能培养和实习实训类课程的比例，充分体现强化能力，突出实践的要求。

（三）统一指导，自主创新

本次人才培养方案改革，学校负责宏观指导，统一确定应用型人才培养方案改革的主要内容与基本方向，教学院（部）要结合各自专业的实际，以自主改革创新精神，负责人才培养方案改革的实化、细化、具体化以及特色化，特别是要在专业方向课程、创新创业教育、个性化拓展等模块上大胆改革创新。

（四）尊重规律，动态推进

应用型人才培养方案改革是一项具有根本性特征的改革，同时又是一项全新的工作，没有现成的经验可借鉴，要以改革创新的探索精神，加强学习，深入调研，精心思考，探索前进，对已出台的改革内容与改革措施，要在初步实践的基础上进行总结反思，及时纠正不合规律的做法，动态推进改革，使应用型人才培养方案改革最大限度地符合经济社会发展的要求，符合教育教学规律和人才成长的规律。

四、改革内容

（一）改革课程体系

人才培养的应用型特色首先要通过构建凸显应用性的课程体系来实现。要突破以学科为核心来设置课程体系的传统本科教育课程结构，以优化学生的知识结构，促进知识、能力和素质全面提高为目标，建设以能力为核心，以个性化专长为特色，能充分体现应用型人才培养要求的课程体系。全校统一实行“平台+模块”的课程架构，构建两个平台（通识教育课程平台、专业教育课程平台）和三个模块（专业方向课程模块、创新创业教育课程模块、个性化拓展课程模块）组成的“2+3”课程体系。

在“2+3”课程体系中，通识教育课程平台由思想政治课、外语、计算机、人文艺体课等公共类课程组成，由教务处统一设置；专业教育课程平台由学科基础课程（由数、理、化等基础类课程组成，全校本科专业统一按照农医类、理工类、经管类、其他类等四大类由教务处商有关二级学院分别设置）、专业基础课程（由3～5门专业基础课程构成）和专业核心课程（由3～4门专业课构成）组成；专业方向课程模块一般由3个方向模块组成，每一个方向模块由3～4门课程组成，突出专业方向和关键应用能力培养，每个学生原则上根据个人兴趣及专长选修1个以上模块；创新创业教育课程模块由创新教育课程和创业教育课程2个模块组成；个性化拓展课程模块，一般是在学生修完专业方向模块课程后，根据个人兴趣及专长制定“个人素质拓展计划”，再根据拓展计划选修个性化拓展课程。个性化拓展模块课程原则上由二级学院负责设置，按专业设置2～3个模块。

（二）改革课程内容

应用型人才培养不仅与课程体系密切相关，而且必须通过具体的课程内容来实现。因此，改革课程体系要与改革课程内容紧密结合。各专业都要从专业核心课程入手，以重点课程建设带动课程内容改革。课程内容改革要优化结构，更新知识，突出应用，强化实践，体现创新，精炼理论教学内容，增加应用性、创新性教学内容。要鼓励教师进行教学内容改革，编写体现应用型人才培养要求的教材，着力解决好课程内容的系统性与职业需求的实用性之间的关系、理论知识与实践应用的关系。

（三）改革实验实践教学

以培养学生实践动手能力和创新创业能力为核心，加大实验实践教学改革力度，努力构建有利于应用型创新创业人才培养的实验实践教学体系。一是构建基础实验教学层次、专业综合实验教学层次、科研创新实验教学层次等纵向三层次实验课程体系，原则上要求实验教学课程单独设课。二是按照基础型、综合设计型、研究创新型思路统筹规划实验项目，减少验证型实验，增加综合设计型实验和研究创新型实验。三是科学构建课程实习、专业实习、生产实习、创新创业实习、毕业实习、社会实践等集中实践教学体系。四是科学合理安排理论教学和实践教学的时间，加大实践教学比例，理工农医类专业实践教学学时（学分）要达到总学时数（学分数）的35%，文法经管类专业要达到25%。

（四）改革人才培养模式

要按照“基础实、结构优、能力强、素质高”的基本要求，以“能力”为核心，以“应用”为目的，以市场需求为导向，积极构建突出培养学生掌握和运用知识的实践能力、分析问题解决问题的能力、创新创业能力，构建“教”“学”“做”“用”相统一的人才培养模式，努力实现人才培养模式的多样化。

1. 创新教育模式

全面推行体现“强化理论基础、优化知识结构、突出实践创新、促进个性发展”的“2+2”分段培养模式，即学生入学后前2年先按学科大类完成通识教育和基础教育课程教学，以强化理论基础、优化知识结构、提升基本素质为主。后2年完成专业课程、创新创业教育课程和个性化拓展课程教学，以突出实践动手能力和创新创业能力为主，应充分体现因需施教、因材施教的原则。

2. 积极推进校企合作人才培养模式改革

继续加强学校与联合办学企业的联系，选择一批发展前景广阔、人才需求容量大的行业企业，建立稳固的联合办学关系；积极拓宽校企联合培养人才渠道，逐步扩大“冠名特色班”在各专业中的比例。以职业和岗位能力需求为依据，校企共同研究制定人才培养方案，共同实施课程体系和教学体系等方面改革，吸收企业有实践经验和教学能力的技术人员参与教学；同时，着力推进“学历证书+职业资格证书”、工学交替、顶岗实习等校企合作“双向互动”的人才培养模式改革，构建合作人才培养新机制，联手打造体现行业企业特点、适应职业岗位需求的高素质应用型人才。

3. 积极推进“2+2”或“3+1”的“国际校际合作”人才培养模式改革

通过加强国际交流，选择若干专业与一些办学质量高、信誉好的国外高校，在建立互相承认学分的合作办学关系基础上，举办“2+2”（2年国内、2年国外）或“3+1”（3年国内、1年国外）的国际校际合作班，逐步建立“双学历证书+国际职业资格证书”的国际化应用型人才培养模式，使一些专业的应用型创新创业人才培养实现国际化。

4. 积极推行主辅修制

在部分优质教学资源充沛的学院开设辅修专业，鼓励学有余力的学生，在学习主修专业的同时，可以跨学科修读辅修专业。辅修专业一般设置8~10门该专业的主要课程。学生修读辅修专业课程一般从第五学期开始，辅修课程不合格，不影响主修专业的毕业和学位。

（五）改革人才培养的体制与机制

1. 改革和完善学分制

在主体实行学年学分制的基础上，逐步推行完全意义上的学分制，把改革完善学分制与实行弹性学制结合起来，鼓励学生快速成才与个性化成才。

2. 改革创新学生评价机制

构建体现应用型人才培养特质的综合评价机制，建立以成绩、能力、素质等多方面结合的综合评价系统，着重考察学生的分析问题解决问题的能力、实践动手能力、创新创业能力。

改革考试考核内容与方法。一是改革单一的试卷考核方式，实施多元化的考核方式，可采取闭卷、开卷、口试、实际操作、撰写论文、综合测评等形式，侧重考查学生归纳、分析、应用、创新的能力。如思想政治类课程可通过撰写社会调查报告、研究论文等方式考核；一些实践性、操作性强的课程，可采取实际操作、工程设计、技艺展示等方式考核；一些综合性强的课程还可采取笔试、口试、实际操作三结合的方式进行考核。使学生的学习重点由死记硬背转到对学习内容的理解、分析和应用上。二是加强过程考核和中期考核，鼓励学生在日常学习中勤动脑、勤动手。通过构建多元、动态的评价机制，全面科学地评价学生的综合素质、实践应用能力和创新创业能力。

3. 建立创新创业激励机制

设置创新创业实践学分，推行毕业论文（毕业设计）制度改革，学生在科技竞赛、学术研究、发明创造、创新创业实践等方面取得突出成绩，达到规定分值的可申请免做毕业论文（毕业设计）。

五、保障条件

（一）加强教育理念更新，为应用型人才培养提供思想保障

要通过加强宣传发动，深入开展教育思想观念大讨论等活动，切实提高全体教师、各级领导干部对建设应用型大学、培养应用型人才的必要性、重要性、紧迫性的认识，切实转变人才培养的理念，把推进应用型人才培养模式改革工作变成学校各级党政组织、广大师生员工，尤其是教师的自觉行动，形成人人注重学习研究、个个积极参与改革探索、各方齐抓共管、层层着力推进的新局面。

（二）加强“双能型”师资队伍建设，为应用型人才培养提供师资保障

校院两级都要采取“内培”和“外引”相结合的方式着力推进“双能型”教师队伍建设工作。“内培”就是现有教师凡达不到“双能”要求的，必须通过专门培训、定向研修、企业兼职（挂职）、基层任职（挂职）、自主考证等方式，提升两个能力；“外引”就是要根据教学工作需要，采取特聘、兼职、兼课或课程、教学内容、研究项目招标等方式，积极从科研院所、大中型企业引进具有丰

富实践经验与教学能力的高级专门人才承担教学和科研任务，组建一支高水平的兼职教师队伍。特别是要建立教师定期深入基层、深入企业、深入一线兼职、挂职制度，促进教师在实践中增长知识、锻炼能力，将课堂教学与生产实际更好地结合起来。通过“内培”“外引”打造出一支结构合理、素质精良、专兼结合、能力突出、学科专业覆盖全面的应用型师资队伍。

（三）加强实习实训基地建设，为应用型人才培养提供设施保障

要通过加强实习实训基地建设来奠定应用型人才培养的设施保障。实习实训基地建设要按照“发挥两个积极性、构建双基地”的思路来推进。发挥两个积极性就是要充分发挥校院两级的积极性，学校要加大投入，加强校企联合，努力建设高水平的校级实习实训基地。各二级学院也要根据专业发展需要，通过整合资源、加强校企联合，建设一定数量的实习实训基地。构建双基地就是加强校内外“两个基地”建设，要加大投入，使校内组成覆盖学科大类、设施先进的校级实习实训中心。同时大力拓展校企合作办学，充分利用行业企业资源，构建校院两级分层与企业共建、覆盖所有专业的校外实习实训基地。通过“两个基地”建设，构建起全方位的教学与生产实际、教学与科研实际、教学与创新实际、教学与工程实际、实习与就业相结合的平台。

（四）建立奖惩激励机制，为应用型人才培养提供制度和纪律保障

教务处、各教学院（部）必须把此次人才培养方案改革作为中心工作来抓。学校将组织校内外专家对全校各专业应用型人才培养方案进行评审，对于那些思路清晰、论证科学、方案可行的改革方案，学校将作为专门的人才培养方案改革教学研究立项，并予以资助。另外，应用型人才培养的改革成效将与教学院（部）年度考核挂钩。

六、具体要求

（一）各学院要成立本科人才培养方案改革工作领导小组和专业培养方案制订工作小组，根据学校的总体意见和相关要求，深入调研，充分论证培养要求、课程内容、课程体系及结构等具体问题，整体设计专业人才培养方案。

本次工作采用“企业（行业）调研—毕业生就业岗位分析—能力分析表制定—课程体系及教学环节设计—培养方案初稿—校企共同论证—学校审批”的路径进行。专业人才培养方案必须经学校教学工作委员会论证。

（二）人才培养方案改革必须广泛发动全体师生积极参与，要根据我校人才培养目标定位，结合学科特点和专业特色，认真分析各专业在社会、经济发展中

的地位和作用，以及各专业原人才培养方案存在的问题，在认真听取毕业生和高年级学生意见的基础上，根据社会需求、生源性质、师资水平、办学条件和毕业生走向等实际情况，准确定位，明确本专业人才培养目标、基本规格要求及课程体系，以保证人才培养方案的科学性、规范性和先进性。

（三）应用型人才培养方案改革是一项深层次和涉及面广的改革，有很多深层次问题、难点问题需要面对并取得突破，要发扬真抓实干的精神和求真务实的作风，不畏艰难，真抓真干真改。要坚决反对做表面文章，搞形式主义，确保各项改革措施落实到位，努力提高工作的实效性。全校及每一个教学院（部）都要有标志性的改革成果，最终要以学生的“四个能力”（实践能力、分析解决问题能力、创新能力、创业能力）是否得到提升来检验人才培养方案的成效。

七、时间安排

自2010年6月起，共分5个阶段开展应用型人才培养方案的制定工作。

（一）第一阶段：调研（2010年6月17日~2010年6月30日）

各教学单位通过学习讨论，深入领会《关于推进应用型人才培养方案改革的指导意见》文件精神，按照人才培养方案制定总体设计思路和要求，广泛调研国内同类院校相关专业人才培养方案的目标定位、课程设置、学时学分分配等情况，调研毕业生和用人单位意见，形成初步调研意见。

（二）第二阶段：草拟专业培养方案初稿（2010年6月20日~2010年7月10日）

各教学院（部）以专业为单位组织研讨活动，根据调研讨论情况，按照学校人才培养方案模板，组织专人制定人才培养方案，并完成初稿草拟任务。

（三）第三阶段：各教学院（部）论证与修改方案初稿（2010年6月30日~2010年7月20日）

各教学院（部）召开由教师、专业带头人、用人单位等不同层面的座谈会，深入论证初稿，根据论证意见对初稿进行修改和调整，将论证修改后的人才培养方案定稿报教务处。

（四）第四阶段：审核与验收（2010年7月25日~2010年8月10日）

学校教学工作委员会会同学术委员会召开专门会议，对各专业制定的人才培养方案进行审核验收。验收方式采取专业负责人和课程负责人PPT汇报方式进行。思政课、数学、大学英语、体育课程负责人做课程教学改革及实施方案报告，各本科专业负责人汇报内容包括调研工作简介、培养目标确定、能力分析表解析、教学进程安排、专业核心课程的确定和落实、总学分及最低学分要求、实践学分所占比例、自我评价及存在问题分析。各教学单位将修改意见反馈给各专业再次修订。

（五）第五阶段：完善与定稿（2010 年 8 月 11 日 ~2010 年 8 月 30 日）

审核校对、统稿编辑，提请学校批准后执行。

附件一：人才培养方案的基本结构

附件二：人才培养方案课程编号

附件三：人才培养方案学分计算办法及学分要求

附件四：课外实践与创新创业教育学分计算方法

附件一

“2010级本科专业人才培养方案”的基本结构

____＊＊____本科专业人才培养方案

学科门类：

专业代码：

一、培养目标：依据社会需求和自身特点，分方向明确专业培养目标和专业特色。

二、培养要求：包含4个方面：①思想政治素质；②专业技能素质；③文化素质；④身心素质。其中，专业技能素质要体现知识结构要求和能力结构要求。

三、专业方向：各专业以社会需求和行业能力要求为导向，明确3～4个培养方向。

四、专业能力分析表：

综合能力	专项能力	对应课程或实践
基本素质与能力	1.1 政治素质	
	1.2 人文科学素质	
	1.3 身心素质	
	1.4 分析运算能力	
	1.5 英语应用能力	
	1.6 计算机应用能力	
	1.7 利用现代化手段获取信息能力	
	1.8 组织管理、语言表达、人际交往以及在团队中发挥作用的能力	
	…	
学科基础知识及应用能力		
专业基础知识及应用能力		
专业核心知识及应用能力		

五、学制与学分

1. 学制　2. 学分

六、毕业与学位授予（毕业条件及其他说明）

授予________学士学位

七、实践性教学环节

实践教学项目	学分	周数	安排学期	实践方式
入学教育及专业导论	1	2	1	集中
军训（含军事理论）	1	（2）	1	集中
社会实践	1	（3）	第2、4、6学期后暑期	由校团委统一安排
……	……	……	……	……
技能训练				各专业自行安排
课程实习				各专业自行安排
专业实习				各专业自行安排
毕业实习	10	10	第8学期	集中
毕业教育	1	1	第8学期	集中
毕业论文（设计）	6	6	第8学期	集中
合计				

八、教学时间安排总表

学年 / 学期 / 项目	一		二		三		四		合计
	1	2	3	4	5	6	7	8	
入学教育和专业导论	2								
军训（含军事理论）	（2）								
课堂教学									
复习考试	1	1	1	1	1	1	1		
专业实习或教育实习									

（续表）

学年 / 学期 / 项目	一		二		三		四		合计
	1	2	3	4	5	6	7	8	
毕业实习								10	
毕业论文（设计）								6	
毕业教育								1	
总周数	19	19	19	19	19	19	19	17	150

九、课程设置及学时、学分比例表

课程类型		学时	学分	占总学时（学分）比例	
通识教育课程平台					
专业教育课程平台	学科基础课程				
	专业基础课程				
	专业核心课程				
专业方向课程模块（各方向学时、学分大体相同）	方向一				
	方向二				
	…				
创新创业教育课程模块	创新教育课程				
	创业教育课程				
个性化拓展课程模块	模块一				
	模块二				
	模块三				
总　计					

十、主干学科

指本专业范围内所涉及学科中赖以支撑并起主导作用的学科，也是本专业在学科意义上得以独立存在的主要依据。各专业可列出主干学科 1 ~3 个。

十一、核心课程（简介 3 ~4 门）

十二、教学进程表

课程类别	课程编号	课程名称	学分	总学时	学时分配		各学期学时分配								考核方式
					理论	实践	1/16	2/18	3/18	4/18	5/18	6/18	7/18	8/18	
通识教育课程平台															
专业教育课程平台 学科基础课程															
专业教育课程平台 专业基础课程															
专业教育课程平台 专业核心课程															

（续表）

课程类别		课程编号	课程名称	学分	总学时	学时分配		各学期学时分配								考核方式
						理论	实践	1/16	2/18	3/18	4/18	5/18	6/18	7/18	8/18	
专业方向课程模块	方向1															
	方向2															
	…															
创新创业教育模块	创新教育模块			该模块所有学生均须修满4个学分，学分认定见有关文件。												
	创业教育模块			该模块所有学生均须修满4个学分，学分认定见有关文件。												
个性化拓展课程模块	模块一															
	模块二															
	模块三															
说明：各专业军事理论教育、专业导论在第一学期以讲座形式进行。师范类专业在专业方向课程模块中设“教育类课程”方向。每个专业均须在“通识教育课程平台”中设人文科学素质课程4个学分。																

注：通识教育课程与学科基础课程的学时学分安排参见《通识教育课程、学科基础课程学时学分安排建议表》（另行下文）。

十三、辅修专业培养方案样表

________学院　________专业辅修培养方案

课程名称	学　分	辅修专业教学计划
毕业论文		必做，但不计学分。
总计		学生必须修满25学分

辅修先修课程（各学院根据本专业实际要求填写，如没有则此表不填）

课程名称	学分	备注

附件二

人才培养方案课程编号规则

（一）课程编号共8位，分别反应某门课程的课程类别代码、学院代码、专业代码、学制、课程序号。其中：第1、2位为课程类别代码；第3、4位为学院代码；第5位为专业代码；第6位为学制代码；第7、8位为课程序号。即：

* *	* *	*	*	* *
课程类别代码	学院代码	专业代码	学制	课程序号

（二）第1、2位代表课程类别代码（用大写英文字母表示）：

通识必修课程类别代码统一为TB；
通识选修课程类别代码统一为TX；
学科基础课程类别代码统一为JC；
专业基础课程类别代码统一为ZJ；
专业核心课程类别代码统一为ZH；
专业方向课程类别代码统一为ZF；
创新教育课程类别代码统一为CX；
创业教育课程类别代码统一为CY；
个性化拓展课程类别代码统一为GT。

（三）第3、4位代表学院代码（用阿拉伯数字表示）：

学院代码	学院
11	植物科学学院
12	动物科学学院
13	生命科学学院
14	经济管理学院
15	工学院
16	外国语学院
17	理学院
18	文法学院
20	体育教学部

21　　　　城建与环境学院

22　　　　食品药品学院

（四）第5位代表专业代码。

该代码由各学院自行编定（可依本系专业设置的先后顺序编码）。例如：某学院有三个专业，则可分别对应编码为1，2，3。专业代码编定后报教务处备案，不再变动。

（五）第6位代表学制代码。

（六）第7、8位代表课程序号。

课程序号从01-99。课程序号的编制顺序是：每类课程分别从01编起。

通识课程、学科基础课程大学数学、大学物理、化学由教务处统一编号，编号规则同上，“学院代码”统一编为00，“专业代码”统一编为0，不归属到各学院编号。

附件三

人才培养方案学分计算办法及学分要求

1. 学分计算办法（最小单位为 0.5）

学分是学生学习量的计算单位，计算学分时精确到小数点后一位，取值“0”或“5”（小数点后第一位为 0 ~ 2 时取“0”，3 ~ 7 时取“5”，8 ~ 9 时取“0”整数位同时加 1），学分最小计算单位为 0.5 学分。课程学分的计算方法如下：

（1）理论课程学分数=课内总学时/18；

（2）实验课程学分数=课内总学时/18；

（3）体育课学分数=课内总学时/32；

（4）集中实践教学环节学分数=教学实践周数；

（5）毕业实习学分数=10 学分；

（6）毕业论文（设计）学分数=6 学分；

（7）形势与政策开设 2 学年，共计 2 学分。

2. 总学时、学分要求

文法经管类专业（不含集中实践教学环节）总学时控制在 2400 以内，学分控制在 150 ~ 160 学分左右；理工农医类专业（不含集中实践教学环节）总学时控制在 2600 以内，总学分控制在 165 ~ 175 学分左右。

附件四

课外实践与创新创业教育学分计算方法

课外实践与创新教育是人才培养的重要组成部分，在制订人才培养方案时，应对其相应的教育教学活动项目、教学目的及要求、活动安排、考核办法做出明确具体规定，各专业可根据本专业人才培养需要安排课外阅读、专业实践与社会调查、学术科技与创新创业活动等内容，每位学生在校期间至少应完成学分。对于学生参加培训或竞赛、获奖或取得创新成果所获得的学分，也可计入学生创新学分。计分原则上按以下要求进行：

（一）学科竞赛：

1. 教育主管部门举办的学科竞赛：

获省级一等奖及以上：4 学分；

获省二等奖：3 学分；

获省三等奖：2 学分。

2. 非教育主管部门举办的学科竞赛降一档认定，即参照上述标准分别降 1 学分。

3. 校级竞赛一等奖：1.5 学分；

校级竞赛二等奖：1 学分；

校级竞赛三等奖：0.5 学分。

4. 学校组织的 1 周以上学科竞赛培训经考核成绩合格者可计 1 学分。

（二）学生科研：

1. 在公开出版的国家级刊物上发表专业论文 1 篇计 3 学分，省级 1 篇计 2 学分，市级 1 篇计 1 学分。

2. 在省级及以上公开出版的刊物上发表文艺作品（诗歌、小小说、散文、绘画作品等）一次计 1 学分。

3. 获得国家专利：发明专利计 3 学分，实用新型专利计 1.5 学分，外观设计专利计 1 学分。

4. 参加学校的创新课题，结题考核达优秀，经所在学院认定后计 1 学分，本项累计最多计 2 学分。

5. 参加专业社会调查，撰写 3000 字以上的调查报告，并经学院认定后计 0.5 学分。

（三）技能证书：

1. 学生在校期间凡获得国家或省统一考试的计算机、普通话考试等级证书者，计 1 学分。

2. 非英语专业学生参加全国大学英语四级考试成绩优秀者或通过六级考试者，英语专业学生参加专业四级考试成绩优秀者或通过专业八级者，计 1 学分。

3. 在校期间获得国家劳动和人事部门认可的职业资格证书者（不含已在公选课中承认学分的驾驶证、教师资格证），每证计 1 学分。

附1－5

关于进一步加强省级示范应用型本科院校建设的意见

（2011年）

为贯彻落实《国家中长期教育改革和发展规划纲要（2010—2020年）》《安徽省中长期教育改革和发展规划纲要（2010—2020年）》《中共安徽省委安徽省人民政府关于建设高等教育强省的若干意见》精神，结合安徽省经济社会发展需要，为把我校建设成为高水平省级示范应用型本科院校，经过充分调研论证，特制定本意见。

一、指导思想

以科学发展观为指导，以改革创新为动力，以提高质量为核心，积极构建适应经济社会发展需要的应用型学科专业体系，全面推进人才培养模式改革和教学模式创新，着力加强双能型队伍和实习实训基地建设，努力强化学生实践能力、创新能力和创业能力培养，全面提升人才培养水平、增强科学研究和社会服务能力、推进文化传承与创新，把学校建设成为实力强、质量高、特色鲜明的高水平应用型大学。

二、建设目标

（一）建立和完善应用型创新创业人才培养机制和质量保障体系，在校企合作办学体制机制、专业人才培养模式改革、课程结构和教学体系建设、双能型师资队伍建设、校内外实习实训基地建设、科技创新和产学研合作等方面引领应用型本科院校改革与发展方向。

（二）加强应用型学科专业建设。根据地方经济建设和新兴产业发展需要，调整优化学科专业结构，构建与地方经济社会发展需求相适应的学科专业体系。5年内本科专业数达到60个左右，应用型专业比例超过90%，省级以上重点学科、特色专业的数量和质量明显提升，应用型专业硕士研究生教育和硕士学位授权单位建设方面取得突破。

（三）加强人才培养模式改革和教学模式创新。以“构建应用型创新创业人才培养机制和质量保障体系”为重点，实施新一轮教育教学改革，全面推进学分制管理、模块化教学、多证书教育，加强人才培养方案修订和核心课程建设。5年内构建面向社会、适应市场的应用型人才培养模式和以应用能力培养为核心的课程结构、教学内容体系。

（四）加强“双能型”教师队伍建设。通过“内培”“外引”相结合的方式，打造出一支结构合理、素质精良、专兼结合、能力突出、学科专业覆盖面广的应用型师资队伍。5年内具有双能素质教师比例超过60%，兼职、外聘的“双师型”教师达到25%，教师队伍的应用型人才培养能力和产学研合作能力显著提高。

（五）加强校内实习实训中心和校外实习实训基地建设。5年内建成3～5个具有实验实训、科技推广、大学生创业功能的跨学科专业的校内实习实训中心，以及校企共建、资源共享、覆盖所有专业的校外实习实训基地，构建符合应用型创新创业人才培养需要的、特色鲜明的实践教学体系。

（六）加强科技创新和产学研合作。积极融入皖江城市带承接产业转移示范区、国家技术创新工程试点省、合芜蚌自主创新综合改革试验区等重点战略工程，加强应用科学研究，加快科技成果转化，提升服务经济建设和社会发展的能力。五年内建成3～4个省级重点实验室和省级工程技术研究中心，建立较为完善的产学研用合作机制，推出一批有广泛应用价值的科技成果。

（七）加强大学精神和校园文化建设。5年内形成以“追求卓越、崇尚创新、团结协作、拼搏奉献”为核心的和谐校园文化，建成和谐优美、内涵丰富、格调优雅、特色鲜明的校园人文环境和自然环境，营造学术氛围浓厚、创新意识强烈、学科交叉融合的优良学术环境。

三、主要措施

（一）建立和完善应用型人才培养机制和质量保障体系

1. 围绕应用型创新创业人才培养需要，改革教育资源配置方式，从专业建设、课程建设、实践教学、教学队伍等多个方面进行全方位、大力度的建设，使教学体系与教学资源更加符合应用型本科院校的办学目标要求。

2. 转变思想、更新观念、大胆创新，推进新一轮教育教学改革，使专业结构、培养模式、课程体系、教学内容、考核标准、评价方式更加符合应用型人才的培养目标要求。

3. 加强制度创新和方式变革，构建以提高应用型人才培养质量为导向的管理制度和工作机制。一是以质量保障为核心，不断构建现代质量管理制度，重点是制定《应用型本科教育各主要教学环节质量标准和评价办法》等教学运行制度、质量监控制度。二是立足“三项服务”（为学校教育事业发展服务、为教师专业发展服务、为学生学业发展服务），强化“三个突出”（突出针对性、突出全程性、突出实效性），加强“四化建设”（科学化、信息化、多元化、动态化），通过构建和完善服务型质量监控与保障体系，推进学校教学基本建设不断加强，教师专业水平不断提高、学生学业能力不断发展。三是以“质量工程”为抓手，以培养模式改革促进人才培养工作整体创新，以特色专业建设促进专业水平整体提升，以教学名师和教学团队促进教学队伍建设，以精品课程建设促进教学内容和课程体系改革，以实验教学示范中心建设带动实践教学改革，不断寻求应用型人才培养质量的新突破。

（二）进一步优化学科专业结构

1. 围绕调整经济结构、承接产业转移、建设工业强省和创新型安徽等重大战略，调整优化学科专业结构，增强适应经济社会发展的能力。围绕新能源汽车、新型显示、节能环保、公共安全、生物技术、基因育种、文化创意等新兴产业，加强与经济社会发展密切相关的创新性、技术性、工程性专业申报和建设。农医类专业要稳定规模、强化特色，注重用高新技术进行专业改造；工科类、管理类专业要加快发展、提升内涵，增强适应经济社会发展的能力；文法类、理学类专业要进行应用型改造，通过交叉融合形成新的专业增长点。要关停并转一批布点多、条件弱、就业难的专业，尽快形成与我省经济社会发展需求相适应、结构优化的学科专业体系。

2. 积极推进教学资源的优化整合，建立和完善适应于学科专业宽口径、可集成、易交叉的二级学院和公共教学平台。加强重点专业和专业群建设，特别是与主导产业群直接相关的重点专业建设。逐步形成以重点专业为支撑、相关专业协调发展的布局合理、优势突出的专业群体系，增强专业的适应能力、调节能力、抗风险能力。

3. 加强专业内涵建设，围绕社会和市场需求改革人才培养模式，修订人才培养方案，调整课程结构体系，更新教学内容和方法，开展专业、课程质量标准制定和认证工作。加强核心课程、双能型师资队伍、校内外实习实训基地建设，提高应用型人才培养质量。加强校地合作、校企合作，通过特色冠名班、共建实验室等方式，将最新实践成果引入课堂。

4. 加强学科内涵建设，努力构建重点学科、重点建设学科、重点培育学科协调发展的应用性学科体系。积极申报国家级、省级重点学科，增设3～4个省级重点实验室和省级工程技术研究中心，遴选建设3～5个高水平的学术团队和创新团队，改革和完善学科平台的工作机制和运行模式，产生一批较有影响的学术成果和应用成果，力争在专业硕士研究生教育方面尽快实现突破。

5. 加强省级示范应用型本科高校重点专业建设，将园艺、食品科学与工程、机械电子工程等3个专业作为省财政重点资助专业，将农艺、动物医学等7个专业作为校财政重点资助专业，通过“一改三建”（人才培养模式改革，核心课程、双能型师资队伍、校内外实习实训基地建设），使他们在人才培养模式改革、课程结构体系调整、双能型教师队伍和校内外实习实训基地建设方面取得重大突破，把他们打造成省内外有一定影响、特色明显的应用型示范专业，带动全校所有学科专业及专业群的改革与发展。

（三）进一步深化教育教学改革

1. 加大人才培养模式的改革力度。不断更新教育观念，改进教学方式和教学内容，创新教学管理制度。推行“大类招生、分段培养”“企业特色冠名班”“3+1”“实践教学小学期制”等人才培养模式改革，进行理实结合、教学做一体化、项目驱动、任务导向、工学交替、研究性学习等教学模式改革，开展有助于学生动手能力培养的实践教学模式改革，推进多证书制、主辅修制、双学位制等学籍管理制度改革，真正做到学思结合、知行统一、因材施教。

2. 充分利用学校与企业、科研单位等多种不同教学环境和教学资源，改革单一的以学校为主体的培养模式，将学校教育与生产、科研实践有机结合，积极推进卓越工程师、卓越农艺师、卓越教师等培养计划。

3. 深化教学内容改革，构建符合经济社会发展需要的课程体系。加强相关产业和领域发展趋势和人才需求研究，吸引产业、行业和用人单位共同研究课程计划，制定与生产实践、社会发展需要相衔接的课程体系。教学内容改革要优化结构、更新知识、突出应用、强化实践、体现创新，精炼理论教学内容，增加应用性、创新性教学内容，鼓励编写体现应用型人才培养要求的特色教材、校本教材，着力解决好课程内容的系统性与职业需求的实用性之间关系、理论知识与实践应用的关系。

4. 深化教学管理方式改革，促进学生个性发展。积极推进学分制管理，选择部分学院进行弹性学制的试点，允许提前完成学业，允许工学交替、推迟毕业。积极推进主辅修制、双学位制，为学生提供多样化的教学服务。改革学籍管理制度，允许学生用创新学分、考证学分替代专业任选课学分，允许学生用大学生科研立项发表的省级以上论文替代毕业论文。建立外语、计算机、普通话等达标免修制、分层教学制。鼓励支持各二级学院根据市场导向、岗位需求、学生情况、专业特点在规范相关程序的情况下积极进行教学管理改革。

（四）进一步加强教师队伍应用能力培养

1. 加强高层次应用型教师队伍建设，设置博士后流动岗位，畅通优秀人才引进通道，每年引进和培养应用性学科的博士不少于15人。设置科技创新岗位，支持创新人才集中精力开展技术成果转化、科技攻关、服务企业技术创新。充分利用科研项目、科技平台集聚和培养高层次人才的作用，加快应用型创新团队和教学团队培养，造就一批具有领先水平并符合经济社会发展和自主创新需要的学科专业带头人。

2. 加强教师队伍应用能力的培养，2010年以来新进的青年教师，必须在近3年内完成2门实验课程或集中实践环节的教学或辅导任务，并作为晋升职称的必备条件。要打破理论课教师与实验课教师之间的限制，鼓励和支持教师积极承担实践教学任务。要定期组织教师进行实验实践教学方式、方法的研讨，加强教学仪器设备使用技能方面的培训，提高教师的实践动手能力。

3. 建立教师到企业挂职锻炼制度，35岁以下的中青年教师要有挂职锻炼经历，时间一般在1个月以上，4个月以内。学校每年利用暑假期间选送10%左右的专业教师到企业进行挂职锻炼或参加实践培训。设立专项基金，支持教师参加职业技能培训和职业资格认证，进一步提高教师的应用型人才培养能力。

4. 加大从企事业单位聘请双师型教师的力度。各学院均要从企事业单位、生产建设和管理一线聘请高职称、高技能人员担任双师型教师，以课堂教学、专题讲座、实践教学、指导实习和毕业论文（设计）等形式承担相关理论教学和实践教学任务，将现场和生产一线的最新信息、成果、技术引入课堂教学。从2010年开始，应用型专业聘请双师型教师的比例不得少于15%，并应逐年提升。

（五）进一步加强校内外实践教学基地建设

1. 加大仪器设备投入，加强实验室和实习实训基地建设。加大实验经费投入，改善新设专业实验条件，提高实验课程和实验项目开出率；加强资源整合和共享，重点建设建成3～5个具有实验实训、科技推广、大学生创业功能的、跨学科专业的校内实习实训中心；利用中央财政支持专项和奥地利政府贷款，加强学科型实验室建设，建立和完善分析测试中心、细胞分子生物学平台、机电工程训练中心和家禽疫病防控与监测省级重点实验室。

2. 加大实践教学改革力度，改变单纯以课程设立实验室的现状，从人才培养体系整体出发，建立以能力培养为主线，分层次、多模块、相互衔接、科学系统的校内实验实训教学体系。实验实训内容与工程、社会应用实践密切联系，形成良性互动。建立新型的适应学生能力培养、鼓励探索的多元实验实训考核方式和教学模式，推进学生自主学习、合作学习、研究性学习。

3. 充分利用社会资源，采取校地合作、校企共建等方式，共建1～3个工程技术研究中心。采取依托、联合、共享等方式，建设一批跨专业、多功能的综合性校外实习实训基地，逐步发展成为集学生实习与就业、教师教学与科研、科技开发与应用为一体的综合性产学研基地。

4. 加强实验实训教学队伍建设，制定相应政策，采取有效措施，鼓励高水平教师投身实验实训教学工作。建设实验实训教学与理论教学队伍互通，教学、科研、技术兼容，核心骨干相对稳定，结构合理的实践教学团队。建立实验实训教学队伍知识、技术不断更新的科学有效的培养培训制度。

5. 加强实验室和实训基地建设模式和管理体制改革，依据学校、学科和专业特点，整合分散建设、分散管理的实验实训教学资源，建立面向多学科、多专业的实验实训教学中心，实现优质资源共享。建立有利于激励学生学习和提高学生能力的有效管理机制，创造学生自主训练、个性化学习的实验实训环境。建立实验实训教学的科学评价机制，引导教师积极改革创新。建立实验实训教学开放运行的政策、经费、人事等保障机制，完善实验实训教学质量保障体系。

（六）进一步加强产学研合作和科技成果转化

1. 强力推进产学研合作，扩大产学研合作范围，改进产学研对接模式，建立人才共育、过程共管、成果共享、责任共担的产学研合作联盟，实现横向科研项目和经费数量、学校与企业联合培养学生、学校为企业社区培训人数显著增长。主动参与服务新农村建设和民生工程等多元化社会服务体系建设，努力构建产学研合作与社会服务网络体系。加强产学研项目的管理，建立跟踪落实机制和项目实施效果的评价机制，切实扩大产学研合作的参与面和受益面。

2. 积极推进产学研合作模式创新。按照优势互补、资源共享、互利互惠、共谋发展的原则，加大同企业、科研院所等多层次、多方位的科技合作，采取与企业共同申报课题、联合建立研发中心、共建工程技术平台、共建经济实体、参与产业创新战略联盟等不同模式的产学研联合体和校外中试基地，形成“分工明确，利益共享，风险共担”的合作机制，为科技成果产业化创造条件。

3. 积极融入皖江城市带承接产业转移示范区、国家技术创新工程试点省、合芜蚌自主创新综合改革试验区，依托高新技术开发区、产业园等创新载体，建立科技联络站，参与企业的技术进步和技术改造，开展应用技术研究，共同建立一批以持续合作创新为目标的产学研基地。积极参加安徽省教育厅与地方政府组织的产学研合作活动和蚌埠市、滁州市科技活动周活动，展示和推介学校有特色的科技成果。

4. 制定学校科技创新和科技转化规划，修改完善科技管理和科技奖励规章制度，建立以科技成果转化和产业化为主导的激励机制。积极开展与企业、农业科技大户之间的技术合作，支持教学科研人员通过科技特派员、兼职、脱产等方式，为企业提供科技咨询和科技服务，把项目落在企业、把论文写在一线，推出一批有广泛应用价值的科技成果，增强社会服务能力。

（七）进一步加强对外合作办学

1. 进一步加强校地合作，努力将学校建成服务地方经济和社会发展的“四个中心”

一是要根据地方经济发展需要，与有关部门和企业联合开展师资、技能、劳动力就业与创业等各类培训。努力将学校建设成为地方人力资源培训中心。

二是加强产学研合作，主动走出校园，积极从地方经济社会建设需求中寻找课题，有针对性开展科研攻关，解决企业迫切需要解决的技术难题。邀请企业联合申报各级各类科研课题，并将科技成果向社会推介、转化，为社会提供贴身服务。以企业为主体，建立健全产学研项目对接平台、专家库共享平台。努力将学校建设成为地方产学研合作中心。

三是围绕地方经济社会和产业结构特点开展专项研究，积极参与和承接地方政府重大课题，为政府决策、重点建设提供理论和技术支持。鼓励教师受聘为地方政府咨询顾问，积极参与社会发展计划等重大决策的调研、论证工作。努力将学校建设成为地方咨询服务中心。

四是发挥哲学社会科学的专业优势，积极投入地方精神文明建设，为塑造和宣传地方形象、为地方文化建设做出贡献。进一步开展大学生社会实践、科技服务、青年志愿者、“三下乡”等活动，为地方经济、文化建设提供直接服务。积极开展明文化、地方书画等研究与宣传，提升地方文化建设品位，使学校在地方经济社会和文化事业发展中起到支撑和引领作用。努力将学校建设成为地方文化研究中心。

2. 进一步加强校企合作，建立“资源共享、合作共赢”的校企合作平台和机制。要加强与企业、科研院所的联系，共建产学研合作基地、实习实训基地和毕业生就业基地。鼓励和支持各学院合作建设实验室和研发中心，将应用型人才培养延伸到企业，融入进社会。建立校企合作的长效机制，每年举行1～2次不同主题的校企合作对接会，并建立检查、考核和成果展示制度，切实在校企合作方面取得实效。

3. 进一步加强安徽省应用型本科高校之间的校际交流，积极参加安徽省应用型高校联盟（简称行知联盟）的工作，加强与安徽农业大学、安徽工业大学、驻蚌高校的交流与合作，开展学分互认、教师互聘、研究生联合培养等活动，共同建设重点学科、特色专业、精品课程、科研团队，搭建资源共享的网络教学平台和实验、实训、实习基地，努力实现“优势互补、资源共享、互惠互利、共同发展”。

4. 进一步加强国际交流与合作，不断提升对外开放水平。多渠道拓展国（境）外联合办学，积极引进先进教育理念、教育经验和办学模式，广泛开展教师互派、学生互换、学分互认和学位互授联授；积极吸引国（境）外知名学校、教育和科研机构以及企业，合作设立教育教学、实训、研究机构或项目，搭建教学科研合作平台；加大国际引智工作力度，提高外籍教师比例，吸引海外优秀留学人员，引进境外优秀教材。鼓励和支持教师出国深造、参加学术交流、开展科研合作，拓宽学术视野，提高研究能力和学术水平。

（八）进一步加强大学精神和校园文化建设

1. 通过开展校园文化建设，进一步理清和强化办学理念，凝练和弘扬大学精神，营造优良校风，努力在学校精神、自然环境、人文环境、学术环境、文化环境等方面取得标志性成果。

2. 积极组织实施校园精神培育与弘扬计划、学术文化建设计划、制度文化建设计划、教风学风建设计划、校园文化活动精品计划、品牌形象塑造计划、校园环境建设计划，精心凝练和培育应用型高校的大学精神和文化内涵，建成有影响、有特色的文化活动项目。

（九）进一步加强质量工程建设

1. 推进国家级、省级质量工程项目的申报工作，要精心策划和组织，确保在同类高校的领先地位。要重点抓好重点学科、特色专业、实验实训示范中心、应用型教师教学能力发展中心、卓越应用型人才培养计划等项目的申报和建设工作，发挥好质量工程项目在省级示范应用型本科院校建设中的基础性、引领性、导向性作用。

2. 加强质量工程项目的建设和管理工作，将项目建设与应用型本科院校建设结合起来、与应用型人才的培养过程结合起来，加强中期检查和结项验收，确保完成建设目标。发挥质量工程项目的导向作用、带动作用、辐射作用，在应用型学科、应用型专业、应用型团队、应用型基地建设方面取得突破。

3. 主动对接国家、我省高等教育重大改革部署和重要工程项目，特别是对照《国家中长期教育改革和发展规划纲要（2010—2020年）》《安徽省中长期教育改革和发展规划纲要（2010—2020年）》《中共安徽省委安徽省人民政府关于建设高等教育强省的若干意见》中的重大项目和改革试点，在教育改革试点省、高等教育质量提升工程、重大改革试点项目等方面积极行动、超前谋划、主动作为，实现我校改革发展的新跨越。

四、加强领导，为省级示范应用型本科院校建设提供强有力的保障

（一）加强对省级示范应用型本科院校建设工作的领导

学校成立省级示范应用型本科院校建设工作领导组、工作组和督察组，各学院及有关职能部门成立相应的工作机构，形成责任主体明确、任务落实到位、责权利相结合的工作机制。

（二）加强对省级示范应用型本科院校建设工作的推进

制定对省级示范应用型本科院校建设的实施方案和分年度实施计划，细化各部门、各学院的工作目标与任务，加强检查、考核和奖惩，确保省级示范应用型本科院校建设任务的完成。

（三）加大对省级示范应用型本科院校建设的投入

改革经费使用办法，以项目驱动的方式，加大对人才培养模式改革、核心课程建设、师资队伍建设、实习实训基地建设等方面的投入力度，并将省级示范应用型本科院校建设任务和工作成效作为部门经费预算的重要依据。

（四）加强对省级示范应用型本科院校建设的宣传引导

进一步统一思想，深化对建设省级示范应用型本科院校及培养高素质应用型人才重要性的认识。采取多种渠道广泛宣传，形成人人关心、支持、参与省级示范应用型本科院校建设的良好氛围。

（五）加强对省级示范应用型本科院校建设和培养高素质应用型人才的理论研究

通过设立相关科研课题、举办论坛和培训班等方式，积极开展相关理论研究，为省级示范应用型本科院校建设提供理论支撑。

附录2　省级示范应用型本科院校应用型专业建设方案选录

2009年安徽省启动了“省级示范应用型本科院校”立项建设工作，安徽科技学院及时总结以往开展应用型本科教育的经验，积极申报，经专家论证评审，以高分被遴选为“省级示范应用型本科高校”立项建设单位。之后，学校精心制定了建设方案，全面推进示范应用型本科高校各项建设工作，特别是重点推进了应用型专业建设工作。为此，特选择农科和工科应用型专业建设方案各一个附录如下：

附录2－1

农艺教育专业建设方案

（2009年版，节选）

一、建设思路

根据安徽现代农业产业对农业应用型人才的要求，以“3+1”“校企结合订单式”等人才培养模式改革为切入点，突出实践能力培养，改革课程体系、教学内容和教学方法，加强师资队伍、实训基地建设，提高人才质量。

二、建设目标

1. 总体目标

充分利用农艺教育专业在教育教学改革中已取得的成果，并以省级示范专业建设为切入点，进一步强化该专业内涵建设，逐步形成以该专业为主体，以农学、农业资源与环境、种子科学与工程、植物保护专业为支撑，以作物生产、新品种培育、种子生产与加工、测土配方施肥、植物病虫防治为主线的专业群协同发展格局。在推广“产学研”密切结合、校企合作办学“隆平种子班”“莱姆佳肥业班”人才培养模式的基础上，探索试行“3+1”人才培养模式，并构建与之相适应的课程体系；校企合作共建科学的教学质量管理体系；建设高素质的“双能型”教学团队；将农艺教育专业实训实习基地建成省级实训实习基地；增强社会服务和辐射能力；创建国家级农学类应用型创新创业人才培养模式实验区。

2. 具体目标

（1）完善“校企结合订单式培养”和“3+1”等人才培养模式

总结和升华“隆平班”“莱姆佳班”和“长城生化植保班”的宝贵经验，在相关专业群内的农学、植物保护、种子科学与工程和农业资源与环境等4个专业进行推广，整体提升专业群的目的；根据人才培养的规格和企业对人才的要求，加强和完善“校企结合订单式培养”和“3+1”等人才培养模式理论研究与实践，使农艺教育专业及专业群内80%以上的学生受益。

（2）构建适应的课程体系，校企共建《作物遗传育种原理》、《作物栽培技术》《种子生产技术》《土壤肥科学》和《植物保护技术》5门专业优质核心课程，其中《作物遗传育种原理》《植物营养学》现为安徽省精品课程，将进一步建成校企结合的国家级精品课程，《土壤肥科学》和《植物保护技术》建成安徽省精品课程，《作物栽培技术》和《试验统计方法》等建成院级精品课程。

（3）加强学生校内外实训、实习期间的管理，建立一套完善的校企双重管理体系和教学质量监控体系，健全规章制度，加强教学全过程监控。

（4）专任教师总数达到30名，其中省级学科带头人1~2名，省级中青年骨干教师2名，校级学科带头人1~2名，校级中青年骨干教师2名，全国职业技能高级考评员达到10~15人，建立兼职教师资源库，聘用兼职教师15名（其中客座教授5名，行业专家10名），使兼职教师数量由原来的8人增加到15人，专兼职比例达到2：1。

（5）每年有计划地组织15人次到校内外实训基地进行实践或调研，选派1名专业教师到企业挂职锻炼，选派1~2名教师出国研修；支持2~3名教师在职攻读博士，1~2名骨干教师赴国内外重点大学访问学习。培养2~3名国家级高级考评员，通过培养，不断提高教师的整体素质。

（6）以省级重点学科和玉米育种安徽省工程技术中心为依托，在现有实验室、植物科技园和组织培养实训中心等基础上，组建专业群的公共技术平台，包括植物营养调控分析测试和作物遗传育种与分子操作2个技术平台，实现分析测试的现代化、配套化、提高仪器设备的使用率；改（扩）建种植科技园实训实习基地，大幅度提高田间作业的机械化程度和栽培设施的现代化程序、新建良种繁育与加工和植物保护校内实训实习基地，努力提高学生生产性实训的质量和比例，并将种植科技园实训基地建成安徽省种植示范与技术服务的窗口；建成4～6个省级示范性校外实习及就业基地，确保全部学生1年以上的顶岗实习或专业见习；与企业共建实训基地运行与管理机制，加快实训教学内容与教学方法改革与实践的研究，研发专业技术岗位群实训项目和实习标准，进一步补充完善《作物栽培技术》《作物遗传育种》《种子生产技术》和植物保护技术等主干课程实习指导手册。

（7）以农艺教育专业为核心，以重点学科建设为龙头，带动紧密联系的作物生产类农学、农业资源与环境、种子科学与工程、植物保护专业等4个专业建设，形成专业群，整体提升重点专业及专业群办学水平和人才培养质量，辐射带动全省及华东和华中地区的农职业教育乃至全国高等院校相关专业的建设与发展。

三、建设内容

（一）人才培养模式改革

1. 探索和实施“校企结合订单式培养”人才培养模式及课程体系

在继续完善校企结合订单式“隆平班”“莱姆佳班”人才培养模式的基础上，进一步加强其理论研究和实践总结，形成其独特的理论体系，在专业群内的农学、农业资源与环境、种子科学与工程、植物保护专业等4个专业人才培养实践中借鉴推广。

2. 根据人才培养和企业岗位需求，改革和完善“3+1”人才培养模式

目前，农艺教育专业在校班级以灵活采用“3+1”人才培养模式。学生前3年完成所有在校学习任务（包括课程教学、校内教学实训等）；第7学期在校内外实训基地（包括教育教学能力训练）实践或进行就业见习，同时完成教育教学实习和职业资格鉴定等；最后一个学期，根据择业的方向，选择到相应的企业、相应的技术岗位顶岗实习，完成职业素质和职业岗位能力的培养，成为高素质应用型专门人才。

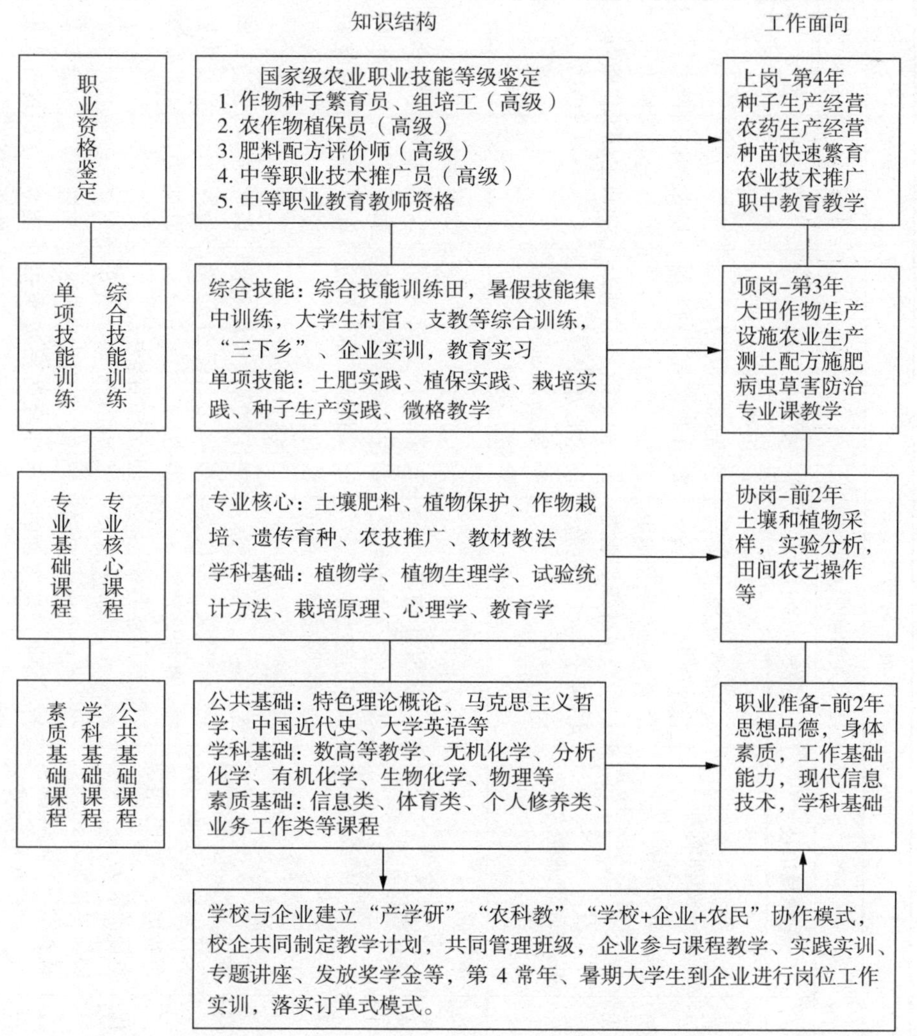

图1　安徽科技学院校企合作隆平种子班、莱姆佳肥业班、长城生化植保班“订单式”人才培养模式

（二）课程体系构建

1. 职业岗位能力分析

依照企业对人才培养的要求和职业资格标准，分析农艺专业高级应用型人才应具备的职业岗位能力。专业面向作物种植技术人员、作物良种繁育技术人员、植物病虫害防治技术人员、农职业教育师资以及农业生产资料类其他相关技术应用和管理层次的职业岗位。

表 1　职业岗位能力分析表

专　业		农艺教育				
专业职业目标		农业技术人员和农业职教师资				
专门技术		土壤肥料技术	作物栽培技术	种子生产技术	植物保护技术	职业中学教师
工作领域（职业能力要求）	专门技术能　力	1. 土壤样品采集、制备及质地鉴定能力 2. 土壤营养测定能力 3. 化学肥料检测能力 4. 养分平衡配方施肥能力	1. 种子处理能力 2. 育苗育秧能力 3. 作物栽培田间操作能力 4. 田间管理能力	1. 品种资源收集与管理能力 2. 亲本杂交操作能力 3. 优良单株识别能力 4. 种子生产、检验、加工能力	1. 作物病害的识别、预测与防治能力 2. 作物害虫识别、预测与防治能力 3. 农田杂草识别及防除能力 4. 农业病虫草害综合防治能力	1. 教师语言能力 2. 学科教学能力 3. 班主任工作能力 4. 心理教育能力
	关键能力 学习能力 工作能力 创新思维能力	学习能力： 1. 获取土壤改良、植物营养理论知识的能力 2. 获取新知识、新技术的能力 工作能力： 正确测土配方，提高合理施肥的能力。 创新思维能力： 了解国内外农田保护、土壤肥力、肥料研制、创新施肥方法，并对土地复垦提出解决方案的能力	学习能力： 1. 获取标准化作物栽培理论知识的能力 2. 掌握新技术、新方法的能力 工作能力： 工作能力： 按农产品标准化要求，实施无公害、绿色栽培、有机栽培等方面的能力 创新思维能力： 掌握作物栽培新技术，创新栽培新模式的能力	学习能力： 1. 获取作物新品种选育、杂交制种理论知识的能力 2. 掌握新技术、新方法的能力 工作能力： 对亲本杂交、后代选择、良种繁殖能力 创新思维能力： 作物新品种选育思路、选育工作方案和新品种推广等方面的能力	学习能力： 1. 获取病虫草害防治理论知识的能力； 2. 掌握新技术、新方法的能力 工作能力： 对作物病虫害预测预报能力、综合防治能力 创新思维能力： 掌握作物病虫害发生规律，制定作物病虫草综合防治方案的能力	学习能力： 1. 获取教育和学科教学理论知识的能力 2. 掌握教育教学新方法、新手段的能力 工作能力： 因材施教的能力，网瘾等问题学生转化教育能力，学科教学能力 创新思维能力： 掌握学生思想教育的能力，掌握优秀班集体建设的能力

（续表）

专业		农艺教育				
行动领域（专业任务要求）	任务名称	测土配方施肥	标准化作物栽培	新品种选育与推广	病虫草害综合防治	中学教育教学
	任务要求	1. 学会土壤取样方法 2. 学会土壤养分和肥料养分测定方法 3. 学会作物营养缺乏症的识别 4. 学会综合施肥技术	1. 学会种子处理方法 2. 学会育苗、育秧、播种方法 3. 学会作物栽培田间管理的标准化生产操作	1. 学会杂交水稻制种方法 2. 学会作物亲本杂交方法 3. 学会杂交后代选择 4. 学会新品种繁殖和种子生产加工 5. 掌握新品种推广方法	1. 学会病虫害预测预报方法 2. 学会病虫草害识别 3. 学会病虫草综合防治方法 4. 学会化学农药使用方法	1. 掌握学科课堂教学方法 2. 掌握班集体建设方法 3. 掌握学生思想教育方法 4. 掌握因材施教和启发教育方法 5. 掌握问题学生转化教育方法
学习领域（专业课程要求）	知识	1. 土壤调查与肥力测定 2. 作物营养需求规律 3. 化学肥料、有机肥、复合肥等理化性状和施肥方法 4. 制定配方施肥方案	1. 农作物生长发育规律与田间调查 2. 农作物耕作与栽培方案制定 3. 水肥等作物生长调控农艺方法	1. 种质资源管理 2. 作物遗传规律和育种技术方法 3. 杂交制种 4. 良种繁育和推广	1. 农作物病虫草等有害生物的生物学特征和发生危害规律 2. 病虫害预测预报 3. 化学防治、生物防治等综合防治方法	1. 认识学生心理发展规律 2. 教育教学理论和方法 3. 师范生基本能力和素质 4. 个别教育和班集体建设
	创新专业课程	1.《土壤修复与复垦》 2.《精准施肥技术》	1.《免耕技术》 2.《网络农业》	1.《种业创新方法》 2.《种业发展史》 3.《组织培养快繁与苗期管理》	1.《标准化栽培病虫草综合防治技术》 2.《外来物种综合防治》	1.《农科教材教法》 2.《现代农业实践教学指导》

2. 构建与“3+1”人才培养模式配套的“递进式三阶梯学分制课程体系”

按照教育部和安徽省教育厅本科生质量标准，紧密结合技术岗位要求和职业资格标准，以强化生产性实践技能的培养为主线整合和优化课程，构建完善的实践教学课程体系。紧紧把握“厚基础、宽口径、高素质、强能力”的原则，尽可能在真实的职业氛围中完成主要专业理论教学，并充分重视学生可持续发展能力的培养。创建了“递进式三阶梯”学分制课程体系。

“第一阶梯”即公共必修课阶梯，包括外语、体育、计算机、文化素质和思想政治类等课程（55 学分）。

“第二阶梯”即专业必修课阶梯，包括专业基础和专业类课程（70 学分）。

“第三阶梯”即专业方向模块课，包括专业方向基础课和专业课（35 学分）。

其中实践和能力训练不少于 30 学分，同时，课程体系构建中始终贯穿素质教育，通过校企文化的融合，培养学生良好的职业道德素养、健全的心理和健康体魄以及吃苦耐劳、艰苦奋斗、诚实守信的优良品质，使学生树立强烈的事业心和社会责任感，热爱农艺教育专业。

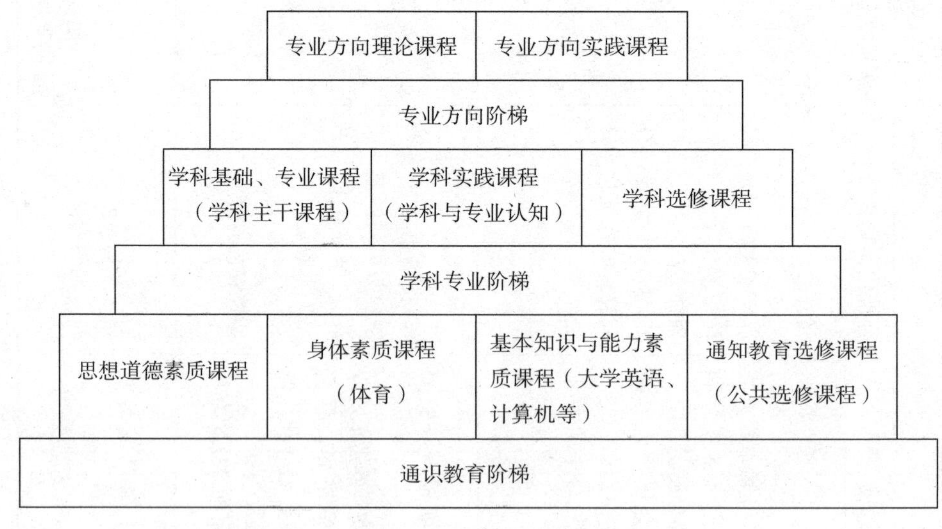

图 2　“递进式三阶梯”学分制课程体系

3. 优质核心课程建设

以农艺教育专业职业岗位能力分析为依据，结合安徽省农业发展区域规划和提高粮食综合生产能力、调整优化种植业结构、大力提升科技的支撑作用、加快农业增长方式转变、提高农业生产的组织化程序、推进农业产业化经营和全面推进现代高效农业的总体要求，将《作物栽培技术》《作物遗传育种》《种子生产

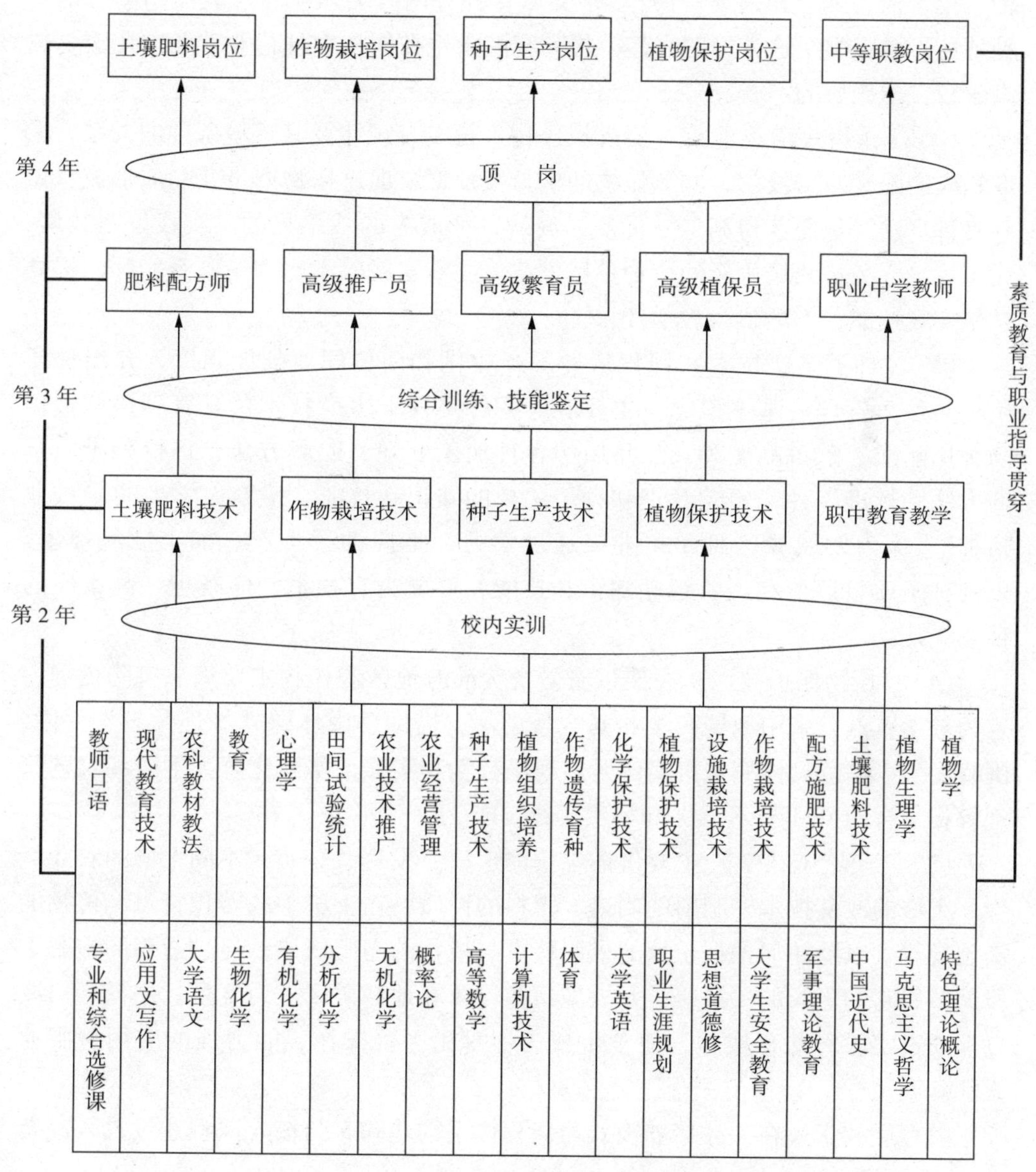

图3　课程设计

技术》《植物保护技术》《土壤肥料学》5门课程确定为核心建设课程，教学内容充实现代农业技术成果。加快传统种植业向现代种植业的转变，全面提升种植业的现代化水平，提高安徽农业综合生产能力的竞争力。

（1）《作物遗传育种》根据安徽农业发展现状，系统讲述遗传育种原理，以稻、麦、棉、玉米和高粱-苏丹草杂交草育种等内容为教学重点，突出本院的育种特色，增强学生这方面的兴趣。提高我院学生在作物育种行业就业的比例，提高学校在本领域的声誉。

（2）《作物栽培技术》主要讲授作物生长发育规律及其环境条件的关系，采取相应的配套栽培技术，调节作物的生长及发育，促进作物产量及品质形成，做到良种良法，从而获得高产、优质、高效、低成本的栽培目的。实践设施栽培、无土栽培、免耕栽培等新的作物种植方法。注重实践教学，理论联系实际，提高学生实践技能，不断提高教学效果。

（3）《种子生产技术》课程从种子产业化和岗位职业技能角度，介绍种子生产与经营管理的基本概念，主要农作物各类种子生产技术及其管理措施，提高种用品质、贮藏品质和商品品质的各种加工处理、贮藏方法，评价种子质量的方法和标准，种子经营管理和种子法规的知识和技能，培养大学生的“种业精神”，大力发展我国种子事业。通过学习，掌握种子生产、加工贮藏技术，以及种子质量评价和经营管理知识和技能，可成为有技术、懂管理、高素质的种业人才。

（4）《植物保护技术》主要以安徽及黄淮海地区农作物主要病虫害防治等内容为教学重点，采用现场教学和安全教学法，借助多媒体课件等现代教学手段，围绕无公害果蔬具体病虫害实例开展现场教学和实践，实施化防、生防和农艺管理等相结合的 IPM 技术，提升学生实践技能。

（5）《土壤肥料学》主要讲述土壤的形成、发育、分布、不同土壤的农业特性、土壤的改良技术、肥料的制造、肥料的性质、在土壤中的转化特点、植物的需肥规律，以及如何根据土壤的供肥特点与植物的需肥规律，通过适当的施肥手段调节好它们之间的关系等。开展城镇建设废弃地和矿区土地复垦，中低产田改良。通过实验和课程实习，使学生成为懂理论、善操作、能力强的应用型肥业人才。

教育厅和学校在人才培养模式与课程体系构建和 5 门核心课程建设投入经费总计 46 万元。

表 2　课程体系建设计划表　　单位：万元

项　目	地方政府和学校			合计	建设目标	负责人
	2010 年	2011 年	2012 年			
人才培养模式	20	15	9	44		刘　正

（续表）

项　目		地方政府和学校			合计	建设目标	负责人
		2010 年	2011 年	2012 年			
课程体系构建	作物遗传育种	8	5	5	18	国家级精品课程	张子学
	作物栽培技术	7	4	4	15	省级精品课程	杨安中
	种子生产技术	8	5	5	18	省级精品课程	时侠清
	植物保护技术	7	4	4	15	省级精品课程	黄保宏
	土壤肥料学	8	5	5	18	省级精品课程	于群英
	其他课程	5	4	4	13		
合　计		63	42	36	141		

（三）实训实习基地建设

通过改扩建基础实施、购进仪器设备等加强硬件建设的同时，加强学生校内实训和校外顶岗实习的管理等内涵建设。

（1）实验技术平台、实训室建设

主要改扩建植物营养调控、作物遗传育种分析中心、植物保护、种子机械加工和植物组织培养 5 个校内实验实训中心（室），购置教学设备 20 台（件），资金预算 220. 4 万元。

表 3　教学实训仪器设备购置投资概算明细表　　　　单位：万元

序号	设备名称	单位	数量	单价	合计
1	原子荧光分光光度计	台	1	18. 0	18. 00
2	气相色谱仪	台	1	12. 0	12. 00
3	液相色谱仪	台	1	31. 0	31. 00
4	紫外分光光度计	台	1	3. 0	3. 0
5	超纯水制备系统	套	1	1. 2	1. 2
6	显微数码互动系统	套	1	20. 0	20. 0
7	显微图像投影仪和分析系统	套	1	0. 90	0. 90
8	显微投影仪（带工作站 CYG-055）	台	1	2. 70	2. 70
9	垂直流超净工作台	台	4	1. 20	4. 8
10	光照培养箱	台	4	1. 0	4. 0
11	超低温冰箱	台	1	3. 8	3. 8

（续表）

序号	设备名称	单位	数量	单价	合计
12	摇床	台	4	0.5	2.0
13	恒温培养箱	台	4	0.8	3.2
14	高压灭菌锅	台	2	1.5	3.0
15	全自动核酸提取仪	台	1	25.0	25.00
16	荧光定量 PCR 仪	台	1	42.0	42.00
17	蛋白质自动分析仪	台	1	1.20	1.20
18	近红外谷物测定仪	套	1	40.0	40.0
19	电泳仪	台	4	0.5	2.0
20	真空干燥箱	台	1	0.60	0.60
合　计					220.4

（2）校内实训基地

主要扩建良种繁育与加工、植物保护实训 2 个校内实训基地。其中良种繁育与加工基地，为农艺、农学、种子科学与工程 3 个专业共享的校内实训基地；良种繁育与加工基地，主要建设 600m^2 种子加工间，包括成套种子加工设备等和 40000m^2 良种繁育田。植物保护实训基地为农艺、农学、种子科学与工程和植物保护 4 个专业共享的校内实训基地；植物保护实训基地主要建设 200m^2 植物病虫害生物学实验室，200m^2 昆虫、病害标本室，与凤阳县农村合作建设 20000m^2 病虫害鉴定监测试验田；通过建设，努力提高学生生产性实训的质量和比例，并将一园二地总体建成安徽省农学种植示范创新基地与技术服务的窗口。

工程估算投资 59.6 万元，其中：土建工程及室外配套工程投资 25 万元，设备购置 20 万元，品种引进 5 万元，工程建设其他费用 9.6 万元。

表 4　良种繁育与加工基地建设投资概算明细表　　单位：万元

序号	内　容	单位	数量	单价	合计
一	土建工程				25
1	种子质量安全与保健室及内部设施	栋	1	8	8
2	种子繁育网室	栋	2	4	8
3	作物品种改良中心	栋	1	9	9
二	设备购置费				20
1	拖拉机及其配套机械	台	1	3	3

（续表）

序号	内　容	单位	数量	单价	合计
2	旋耕机	套	1	1.0	1.0
3	播种机	台	1	1.0	1.0
4	收割机	套	1	5.0	5.0
5	种子精选机	台	1	5.0	5.0
6	种子包衣机	台	1	1	1
7	种子发芽箱	台	4	1	4
四	引种费用				5
五	工程建设其他费用				9.6
1	可研及勘察设计费				3
2	环境保护费				0.5
3	工程监理费				2
4	建设单位管理费				1
5	土地租赁费	亩	62	500	3.1
合　计					59.6

（3）校外实训基地

从现有的20个校外实训基地中，选择信誉度高、业绩优良、管理规范、实习条件完善并有一定技术实力的4～6个建成省级示范校外实习及就业基地，确保全部学生1年以上的顶岗实习。与企业共建实训基地运行与管理机制，加快实训教学内容与教学方法改革与实践的研究，研发专业技术岗位群实训项目和实习标准，补充完善《良种繁育与加工》等主干课程实习指导手册。

（四）师资队伍建设

在现有20名专任教师的基础上，以“优化结构、完善机制、突出重点、提高水平”为方针，以加强“双师”教学团队建设为重点，不断优化教师队伍的职称结构、学历结构和年龄结构，实行内部人才多渠道培养与外部引进高层次人才相结合，建设一支素质优良、结构合理、人员精干、相对稳定的高水平教学团队。到2012年底，专业教师总数达到45人，其中专任教师301，兼职教师15人。学历结构、职称结构、双师结构、专业技术结构更加合理，达到示范要求。

（1）省级学科带头人培养与引进

从科研院所引进2～3名具有专业拓展能力和较强教学科研能力的高层次人才，聘用的学科带头人应有8年以上生产实践工作经验，具有高级职称的行业技术大师。同时，对现有校级专业学科带头人，通过出国研修学习国外先进的办学理念、教育教学方法和先进的技术，不断开阔国际视野，尽快培养304名省级学科带头人。以指导和带动中青年教师的成长。

（2）省级骨干教师的培养

从现任中青年教师中选拔4～6名既有扎实的专业知识，又具有丰富的实践经验的副高职称以上或博士以上专业教师或技术人员，培养成为校级骨干教师，并在校级骨干教师中选拔2～3省级骨干教师，同时，加大国家高级考评员的培养力度，不断提高“双师”型教师比例。

（3）专任教师培养与引进

项目建设期间，引进6～8名博士研究生，支持6名教师在职攻读博士，努力提高教师中研究生以上学历的比例；通过每年选派2名教师到企业挂职锻炼、国内大学生或科研所进修学习，有计划地组织教师15人次以上，利用寒暑假到校内外实训基地进行顶岗实践，组织教师10人次以上参加国内短期培训，参加至少30人次的专业学术交流，不断加强“双师型”教师队伍建设。

（4）兼职教师聘用

在本专业现有8名兼职教师的基础上，聘请客座教授5名，行业技术专家5人，有实践经验的技术人员5人，组成兼职教师资源库，充实师资队伍，促进专业及专业群的发展。

表5　农艺教育专业及相关专业群师资队伍建设目标

农艺教育专业及专业群	专任教师						兼职教师	
	人数	博士	教授	双师型教师	专业带头人	骨干教师	人数	高级职称
现有基础	20	2	6	18	1	2	8	6
建设目标	30	12	10	28	3	6	15	15

表6　农艺教育专业及相关专业群专业师资队伍建设经费一览单位：万元

师资建设项目	总人数（人）	标准（万元/人）	2010年资金预算（万元）	2011年资金预算（万元）	2012年资金预算（万元）	项目总预算（万元）
引进急需的高层次人才（专业带头人）	1	20	20	—	—	20

（续表）

师资建设 项　目	总人数 （人）	标准 （万元/人）	2010年 资金预算 （万元）	2011年 资金预算 （万元）	2012年 资金预算 （万元）	项目总预算 （万元）
聘请客座（名誉）教授	5	2	4	4	2	10
聘请技术专家	10	2	10	6	4	20
引进研究生	6	1	2	2	2	6
教师到企业实践	20	0.5	8	8	4	10
挂职锻炼	4	0.5	1	0.5	0.5	2
师资培训	30	0.5	5	5	5	15
研究生培养	6	1	2	2	2	6
出国研修培训	3	1.5	1.5	1.5	1.5	4.5
国内进修学习	6	1	2	2	2	6
国内学术交流	34	0.1	1.5	1	1	3.5
合计资金（万元）	—	—	57	32	24	103

（五）专业共享教学资源库建设

按照教育部共享型专业教学资源库建设标准，高标准完成包括人才培养模式与课程体系、教学质量管理体系、实训基地运行管理体制、各类教学文件、课程、专业群实训平台、培养鉴定材料等方面的建设。

表7　农艺教育专业共享教学资源库建设内容一览表　　单位：万元

建设内容		资金预算
人才培养模式与课程体系	人才培养模式与课程体系的研究	4
教学质量管理体系	教学质量标准体系建设与实施	2
	教学质量监控体系建设与实施	2
	教学质量评价体系建设与实施	3
实训基地运行管理体系	实训基地运行与管理机制研究	2
	与生产岗位（群）对应的专业技术实训项目和实习标准制定	1.5
	校企联合编写完善《作物生产》等8门主干课程实训指导手册	1.5

（续表）

建设内容		资金预算
教学文件	教学文件制定	1.5
课　程	教材、讲义、课件、辅导材料、题库和精品课程建设等	4
专业群实验实训平台	专业群共享操作训练资料库	2
	仿真模拟实训环境开发	4
培训、鉴定	职业技能题库、职业资格证书考证资料等	1.5
合　计		29

（六）社会服务能力建设

1. 坚持三个面向（面向农业、面向基层、面向农职业教育），培养“四能人才”（能下去、能留住、能用上、能干好的高级应用型人才），以质量求发展的办学理念，改善办学条件，提高办学水准。通过“回乡农民工职业技能培训”、“绿色证书”、国家级职教师资培训基地的培训任务、一村一名大学生等人才培养工程，为农业农村建设发展积极开展多层次的农业应用型技术人才培养工作。

2. 每年选派骨干教师深入农业生产一线，并通过“科技特派员”“科技专家大院”“科技宣传月”和科技夏令营等活动，面向广大农民、种粮大户开展作物栽培，测土配方施肥、植物保护技术咨询、讲座、上门指导等服务工作，普及作物生产新技术。

3. 发挥种植科技园、良种繁育和加工、植物保护等实训基地的示范和技术服务窗口作用，为本地区及周边地区的农业发展做好技术保障。

4. 每年夏季，由教师带队，组织学生到对口扶贫县进行农业技术推广的宣传指导工作、深入种粮大户进行作物高产栽培技术、精准施肥技术、植物保护技术的指导工作，并协助有关部门进行高产栽培技术设计、病虫害预测预报及防治技术规程的制度、配方施肥设计等工作，提高作物产量、降低成本、增加农民效益，提高农业服务职能部门的服务质量。

5. 每年夏季组织学生，协助隆平高科技种业、北京联创种业有限公司、大北农集团绿色农华等开展品种选育、良种繁育、肥料合理使用测土配方施肥、植物保护等工作，培养学生的实践操作技能。

6. 辐射带动华东地区农职业教育乃至全国同类院校相关专业、地区农业行业的建设与发展。积极完成我校国家级职教师资培训基地的培训任务，提高农职业中学教师业务水平。共享教学资源，带动国内农业院校农艺专业及专业群协同发展。

附录2－2

机电技术教育专业建设方案

（2009年版，节选）

一、专业建设目标

（一）建设思路

紧紧围绕学科建设、专业特色和课程建设，以提高教学质量为出发点，以教学内容和课程体系改革为核心，强化“三位一体”式工学结合人才培养模式，突出岗位能力培养，为经济社会培养具备专业理论知识和实践能力的、企事业单位需要的应用型机电技术人才。

（二）建设目标

1. 总体目标

通过课程教学改革建设，实现机械设计制造、机电控制为主的课程体系更加贴近人才需求实际，行业特色更加突出；通过教学实验实训条件建设、人才培养模式和师资队伍建设，把实践性教学贯穿于人才培养的全过程，实现机电类人才培养模式符合岗位需求实际；通过专业内涵建设和特色建设，做大做强机电主体专业；实现专业办学实力、教学质量、管理水平、办学效益、辐射能力等方面显著增强，为企业培养高层次应用型人才、为中等职业教育培养师资的特色鲜明的专业。

2. 具体目标

（1）进一步深化与完善“高校+生产企业+职高”的三位一体式工学结合的人才培养模式。主要采用的人才培养模式。

（2）从岗位能力分析人手，以机电设备的安装、调试和维修能力培养为核心，构建以能力为主线、双证融合考核的课程体系。

（3）与企业使用，以项目为导向，设计课程内容，重点建设《机械控制工程基础》《单片机控制技术》《测试技术与信号处理》3门优质核心课程。

（4）培养机电技术专业带头人2名，培养骨干教师6名，注重培养专职教师的双师素质，“双能”型教师比例达到90%，聘请6名企业技术骨干为兼职教师，建设一支专兼结合的专业教学团队。

（5）增强社会服务功能，建成完善的机电一体化技术专业生产性实训基地，成为集教学、技能鉴定、科研、生产、培训为一体的产学研基地。

二、专业建设内容

（一）实施“三位一体”人才培养模式

1. 深化“校内产学一体”，实施“高校+生产企业+职高”的三位一体人才培养模式

在原有“校内产学一体”式工学结合的教学模式基础上，结合机电技术的发展和企业对机电类人才知识能力结构要求的变化，深化和完善人才培养模式，构建“高校+生产企业+职高”的应用型机电类技术人才培养模式。

人才培养分三个阶段进行：

（1）文化素质培养

学生首先在学校学习文化素质课程，然后选择一定社会工作岗位进行社会实践，在课堂和职高内完成，教学时间为0.5个学期。

（2）专业基本技能训练

以机电设备组装与调试为依托，在校内专业工程训练中心完成专业基本技能训练，教学时间为6个星期。

（3）岗位综合能力训练

在学校和校外教育实习基地，校内工程训练中心结合毕业实习综合能力训练，教学时间为1个学期。

人才培养模式主要特点：

（1）实践教学实现4年不断线

学习过程中，学生在课堂、社会、校内外实训实习基地进行技能实训及毕业实习，4年不断线，有利于职业素质和实践能力培养。根据岗位要求和职业考核标准，分解职业能力，形成基本素质和能力、岗位基本能力、岗位综合能力3个层次的能力体系。

（2）加强职业技能培养

在专业基本技能训练、岗位综合能力训练结束后，根据岗位能力考核标准和职业标准对学生进行考核，并完成“数控工艺员证书”“中级电工证”“数控操作工”等职业资格认证工作，实现学历毕业证和职业资格证的融合。

（3）全过程职业素质培养

注重对学生职业道德、技术知识、操作技能和基本职业素质的全面养成，将职业素质培养贯穿教学全过程。同时，积极帮助学生进行职业生涯规划。

（二）改革课程体系与教学内容

1. 建立以能力为主线、双证统一的课程体系

以岗位能力训练为主线，构建双证融合的课程体系，如图1所示。

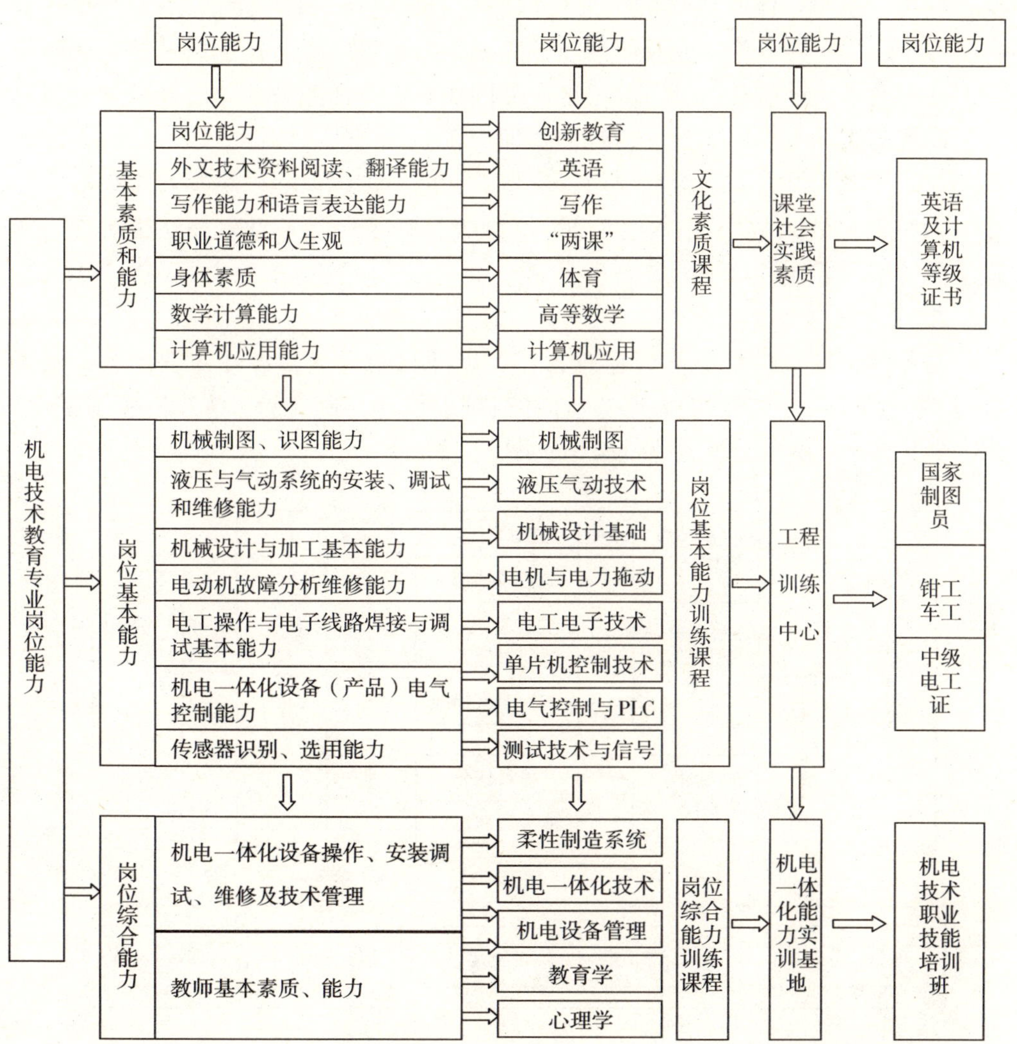

图1　机电技术教育专业课程体系示意图

根据岗位要求和职业考核标准，分解职业能力，形成基本素质和能力、岗位基本能力、岗位综合能力 3 个层次的能力体系。

根据能力目标，形成 3 个课程模块：文化素质课程模块、岗位基本能力训练课程模块、岗位综合能力训练课程模块。

文化素质课程模块的教学，以校园文化、素质培养社团为依托，主要在课堂与社会实践岗位完成。岗位基本能力训练课程模块、岗位综合能力训练课程模块，按照“三位一体”模式，在工程训练中心、机电一体化能力实训基地、校内实习工厂、实习合作企业及职高技校完成，根据机电专业技术领域和职业岗位群的任职要求设计教学内容，以机电产品制作、工作任务为载体展开教学，保持教学内容与实际工作的一致性，校内实训与企业工作的一致性。

在岗位基本能力训练课程模块、岗位综合能力训练课程模块学习结束后，完成“数控工艺员证书”“中级电工证”“数控操作工”等职业资格认证工作，实现学历证书和职业资格证的统一。

2. 重点课程建设

与芜湖奇瑞、合肥美菱等企业合作，以项目为导向，设计课程内容，建设《电机与电力拖动》《数控技术》《计算机辅助设计与制造》《单片机控制技术》4 门重点课程。重点课程的建设架构见图 2。

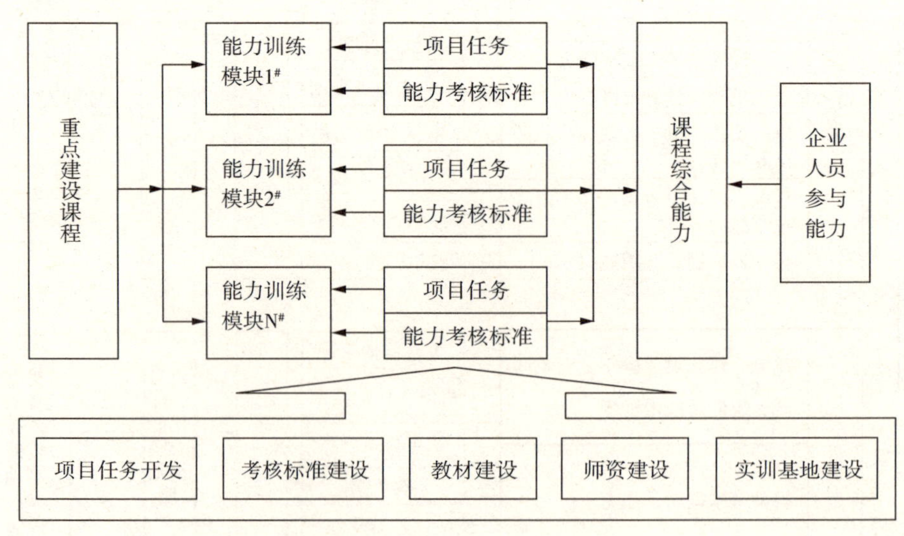

图 2　重点课程的建设架构

其中，《单片机控制技术》课程教学设计见图 3。

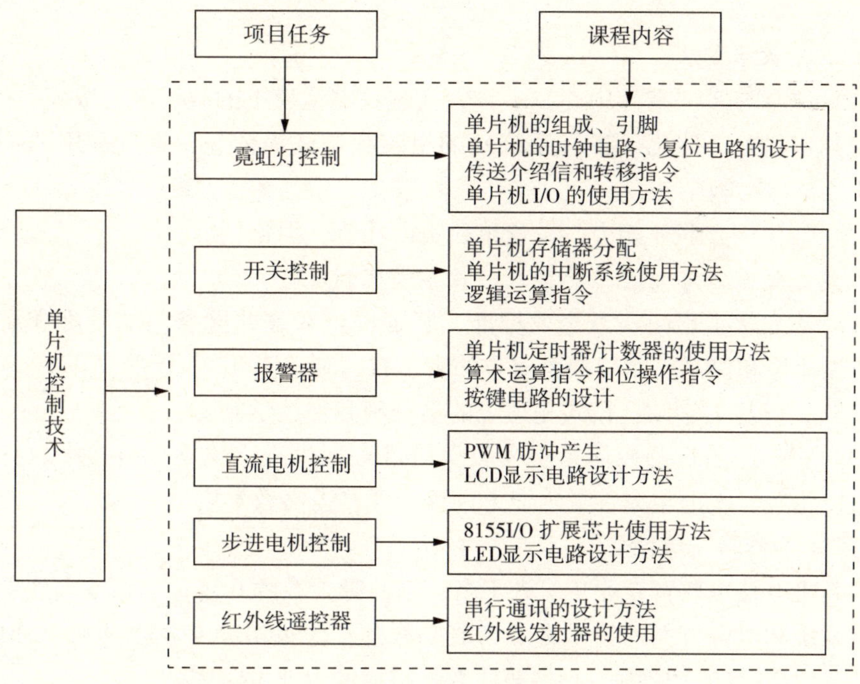

图3　《单片机控制技术》课程教学设计

课程建设思路为：

（1）依据职业岗位要求，与企业专家共同制定课程标准；

（2）按照职业标准，将岗位能力分解为若干个能力模块；

（3）结合生产实际和能力训练要求，开发相应的项目任务；

（4）制定融合职业标准和行业标准的能力训练模块考核标准、考核方法；

（5）编写适合在生产性实训基地开展实践教学的教材。

重点课程建设计划见表1。

表1　重点建设课程与教材建设规划表

课程名称	负责人	合作企业	建设内容
电机与电力拖动	陈　娟	合肥美菱	1. 开发课程项目任务； 2. 建设课程标准； 3. 编写电子教案和教学讲义； 4. 建设课程能力考核标准； 5. 完成课程课件，建立课程网站； 6. 建立课程评价体系； 7. 建立教学素材库； 8. 建立试题库。
数控技术	张春雨	芜湖奇瑞	
计算机辅助设计与制造	张　华	芜湖奇瑞	
单片机控制技术	叶爱芹	合肥美菱	

3. 改进教学方法

（1）课堂与实训室（中心）一体，实现真实情境下的教、学、做合一；

（2）以机电一体化设备（系统）的组装和调试为依托，重点采用“项目导向，任务驱动”教学法；

（3）强化核心职业能力，设置单独实训环节，强化训练。

4. 建立适应工学结合培养模式的教学管理制度

（1）建立学生顶岗实习企业标准，制定校企双方共同参与的管理和质量保障与监控体系和机制，明确校企双方的责、权、利；

（2）试行与工学结合模式相适应的学分制和弹性学制；

（3）将产品质量监控体系引入教学质量管理过程，建立机电技术教育专业教学监控体系，改进与完善学生能力过程管理，提高教学质量。

（三）师资队伍建设

培养机电技术教育专业带头人1名；培养骨干教师6名；聘请6名企业机电一体化系统和机电方面的技术骨干为兼职教师；注重培养专职教师的双师素质；建设一支由20名专职教师、6名兼职教师组成的专业教学团队。

1. 专业带头人培养

通过校外实习基地实践、技术项目开发、出国培训等途径，选拔1名教学水平较高、创新能力较强、具有企业实践经验的教师为本专业带头人。

专业带头人应掌握机电技术专业国内外的发展趋势，有较强的组织领导能力，能够运筹、统领专业的建设和发展工作；理论水平高，生产实践经验丰富，具有高级工程师或副教授以上职称；面向行业开展技术合作、咨询或培训，具有行业或企业工作经历，有独立开发产品能力和科研能力；能承担本专业核心课程的教学任务，教学效果好，能够指导骨干教师。专业带头人培养措施见表2。

表2　专业带头人培养措施

培养项目	境外培训	国内培训	项目开发	企业实践	学位选修
培训地点	德国 奥地利	各师资培训基地 机电技术开发公司	合作企业学院	合肥美菱公司 芜湖奇瑞公司	高校

（续表）

培养项目	境外培训	国内培训	项目开发	企业实践	学位选修
培养内容	1. 学习应用型人才培养办学模式 2. 学习应用型课程体系开发 3. 学习国外先进教学管理经验 4. 带课程开发课题考察国外高等教育 5. 作为访问学者参与科研项目	1. 学习应用型人才培养模式 2. 学习先进教学管理经验 3. 学习应用型课程体系开发 4. 学习新技术、新知识、新方法	1. 参与企业开发新产品，主持机电科研项目 2. 解决企业技术难题 3. 进行机电人才培养模式研究教研项目 4. 进行机电课程开发研究教研项目	1. 学习先进机电技术 2. 参加生产实践提高技能 3. 联系合作办学 4. 参与企业员工培训	攻读机电技术方面博士学位

2. 聘请企业高级技术人员

聘任在企业界具有一定影响力的机电技术方面高级技术人员6名，帮助专业设计和更新课程，指导专业建设，评价、检查专业的教学活动，向专业提供岗位技能要求和需求资讯，指导教师和学生开展岗位综合能力训练。

3. 专业骨干教师培养

培养骨干教师6名。其中，电气控制与PLC方向、单片机方向、数控技术方向、检测技术方向、液压与气压传动方向、计算机辅助设计与制造方向各1名。

骨干教师应具有较强的课程开发能力、实践动手能力和技术研发能力。成为专业课程教学的主力军和专业建设、课程开发、科研横向课题研发的核心力量。

骨干教师培养措施见表3。

表3　骨干教师培养措施

培养项目	境外培训	国内培训	项目开发	企业实践	学位选修
培训地点	德国	各师资培训基地 机电技术开发公司	合作企业学院	合肥美菱公司 芜湖奇瑞公司	高校

（续表）

培养项目	境外培训	国内培训	项目开发	企业实践	学位选修
培养内容	1. 学习应用型办学模式 2. 学习应用型课程体系开发 3. 学习国外先进办法经验 4. 带课程开发课题考察	1. 学习先进教学方法 2. 学习高等教育经验 3. 专业专项技能训练 4. 学习新技术、新知识、新方法	1. 参与企业开发新产品，主持机电科研项目 2. 解决企业技术难题 3. 进行机电课程开发研究教研项目	1. 学习先进机电技术 2. 参加生产实践提高应用能力 3. 参与企业员工培训	攻读机电技术方面博士学位

4. 双能素质教师培养

加强青年教师队伍的生产实践活动，安排专业教师到企业顶岗实践，提高实践教学能力，鼓励专业教师参加各类技能等级考试，使其掌握机电一体化设备操作运行、维护维修专业技能，2010 年底双能素质教师所占比例达到 90% 以上。

双能素质教师培养措施见表 4。

表 4　双能素质教师培养措施

实践企业	芜湖奇瑞	液力机械厂	合肥美菱
人数	2	3	3
时间	半年	3 个月	3 个月
培养内容	1. 参加生产实践，主要岗位： 自动化生产线操作工 自动化生产线维修工 车间工作长 生产线主控制室操作员 2. 学习自动生产线新技术、新知识 3. 参与企业自动化生产线技术改造	1. 参加生产实践，主要岗位： 机电一体化设备生产制作 机电一体化设备销后技术服务 机电一体化原材料采购 机电一体化设备销售 机电一体化设备维修 车间管理 2. 学习机电专业新技术、新知识 3. 参与企业机电一体化设备研发	1. 参加生产实践，主要岗位： 机电设备生产制作 机电设备销后技术服务 机电设备原材料采购 机电设备销售 机电设备维修 车间管理 2. 学习机电新技术、新知识 3. 参与企业机电设备研发

5. 聘请企业技术骨干做专业兼职教师

聘请精通企业生产过程，熟悉机电设备操作、安装调试、维护维修及管理工作的，有扎实的专业基础知识和丰富实践经验或操作技能的技师、工程师以上资格专业人才，通过教学培训，参与专业教研活动，建成完备的专业兼职教师人才库。

兼职教师建设规划见表5。

表5　兼职教师建设规划

<table>
<tr><th>兼师方向</th><th>数量（人）</th><th>兼师来源</th><th>从事教学工作</th><th>资格</th></tr>
<tr><td>液压与气压传动技术</td><td>2</td><td>液力机械厂</td><td>液压与气压传动课程教学</td><td rowspan="3">技师及以上职业资格，工程师及以上职称。</td></tr>
<tr><td>自动化生产线电气调试</td><td>2</td><td>芜湖奇瑞</td><td>电气控制与PLC、自动化生产线安装维修、工业机器人等课程教学</td></tr>
<tr><td>机电一体化设备制造</td><td>2</td><td>合肥美菱</td><td>自动化生产线安装维修、机电管理等课程教学</td></tr>
<tr><td>总计</td><td>6</td><td></td><td></td><td></td></tr>
</table>

（四）实训基地建设

按照实习合作企业、机电一体化能力实训基地、专业基本能力训练中心、素质培养社团4个层次进行实训基地建设。

实训基地的建设与职业技能培训要求相适应，融合现代技术，提升技能训练水准，建立新型共享实训平台，突出实训基地的多功能作用，在满足专业教学要求前提下，发挥培训、职业技能鉴定、技术应用研究、教师实践锻炼等功能。

1. 校内实训基地

在现有实训条件的基础上，新建实训室1个：工业机器人实训室；扩建实训中心（室）4个：机电一体化设备实训中心、自动化生产线实训中心、电工与电子实训室、液压和气压传动实训室。

拓宽实训中心（室）的功能，加大社会服务能力，建成完善的机电一体化技术专业生产性实训基地，成为集教学、技能鉴定、科研、生产、培训为一体的产学研基地。

2. 校外实习实训基地

在现有7家校外实训基地基础上，再建立6个稳定的校企深度合作的校外实训基地，完成岗位综合能力训练课程的教学任务、教师实践锻炼、机电技术应用研究和项目开发。在现有30多家企业的基础上，再与30多家企业签订实习协议，满足专业实习要求，确保100%学生有半学期以上专业实习工作经历。

3. 建设素质培养社团

进一步建设机电一体化协会、机器人协会、发明协会和电子协会等一批社团，通过“机电一体化大赛”“汽车大赛”“创新大赛”“电子大赛”等国内、国际高水平技能竞赛，提高学生专业技能水平，培养专业学习兴趣，扩展视野，增强团队协作能力。

4. 职业技能鉴定

保证毕业学生“双证书”100%获取率，提高双证书的层次和拓展专业技能考核门类，增加电工工种培训鉴定，扩大社会培训项目。

5. 实训基地内涵建设

加强实训基地的管理，完善学生和教师实习管理制度，开发技能培养项目，制订标准。主要建设内容如下：

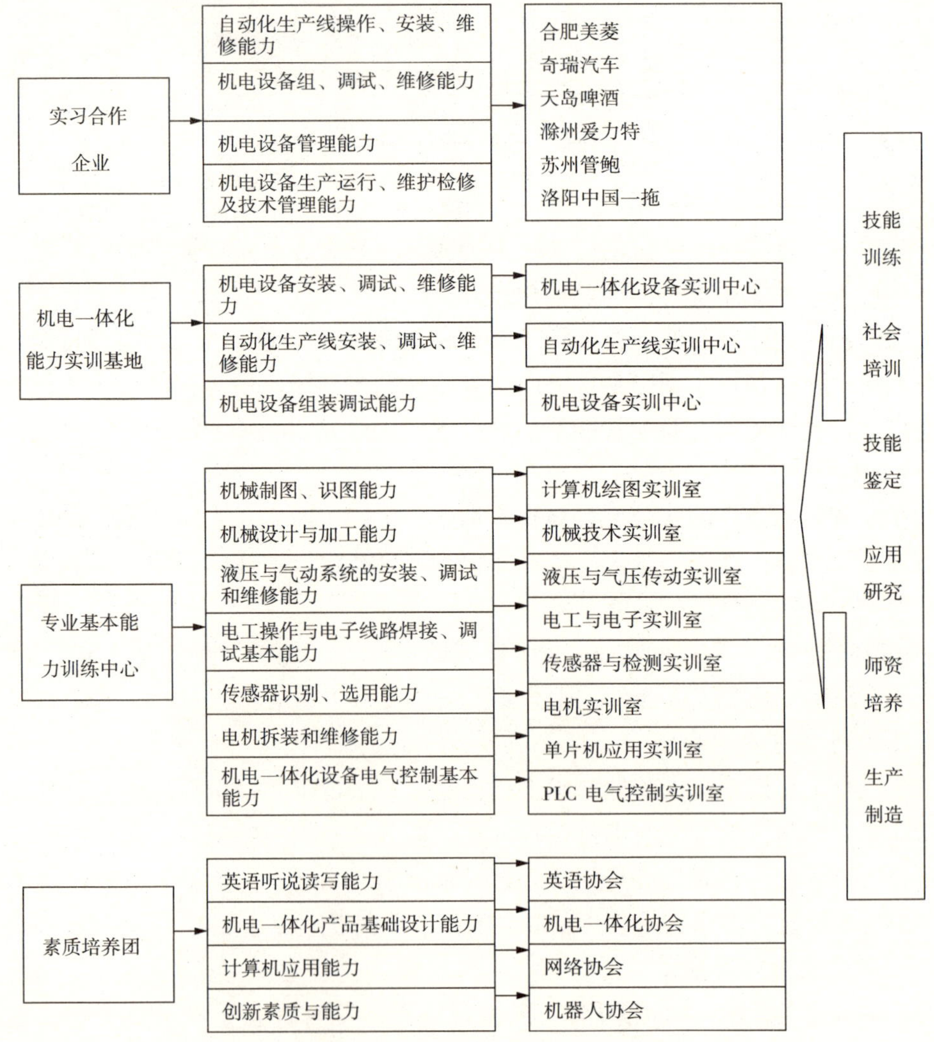

图4 机电技术教育专业实训体系构建图

表6 新建、扩建实训中心（室）一览表

序号	项目名称	建设内容	功能	完成时间	负责人
1	液压和气压传动实训室（扩建）	液压综合实训台6套； 气压综合实训台6套； 液压气动元器件； 液压气动软件； 实训室相应软件建设。	①机电专业和专业群开展技能训练、虚拟实验和课程教学②对企业员工、社会人员进行培训③开展机电一体化职业技能培训与鉴定④为液压和气压科研项目提供试验研究场所	2009.9	李 慧
2	电工与电子实训室（扩建）	供电系统操作控制屏、电工技能实训柜、照明电路实训柜、低压配电柜、高低压开关电器、综合保护器、各种继电器、各种导线和电缆等。 实训室相应软件建设。	①机电专业和专业群开展技能训练和课程教学②对企业员工、社会人员进行培训③开展电工职业资格培训与鉴定④为机电产品科研项目提供试验研究场所⑤为电子协会和电子大赛提供仪器仪表、元器件、技术服务和场所	2009.9	陈 娟
3	工业机器人实训室（新建）	创新实践平台建设； 创新仿真软件； 各类机器人； 实训室相应软件建设。	①开展工业机器人操作安装维修能力训练②为工业机器人科研项目提供试验研究场所③对企业员工、社会人员进行培训④对机器人协会开展活动和机器人大赛提供一定的设备、技术服务和场地	2009.9	曾其良
4	机电一体化设备实训中心（扩建）	机电一体化设备组装实训装置； 机电一体化设备组装仿真软件； 设备故障诊断与维修检测仪器设备及工量； 实训中心相应软件建设。	①机电专业和专业群开展技能训练和课程教学②开展机电一体化高级职业培训认证中设备组装调试、故障诊断与维修培训及鉴定③对企业员工、社会人员进行培训④为机电设备控制科研提供研究场所⑤为机电设备一体化协会开展活动和机电一体化大赛提供仪器仪表、元器件、技术服务和场所	2009.9	乔印虎

（续表）

序号	项目名称	建设内容	功能	完成时间	负责人
5	自动化生产线实训中心（扩建）	构建货架、堆垛机、输送机、AGV 小车、搬动机器人、条码和射频识别设备、库存管理软件及控制系统；系统仿真分析软件及其工作站。 实训中心相应软件建设。	①开展自动生产线操作安装维修能力训练②对企业员工、社会人员进行培训③开展机电一体化高级职业培训及鉴定④为自动化生产线科研项目提供试验研究场所	2009.9	陈杰平

（1）制定、完善实训基地管理制度

制定完善实训基地设备管理制度、学生顶岗实习管理制度、学生校内实训管理制度、兼职教师实训指导管理制度、实训教学组织管理制度、教师校内实训与企业实践锻炼管理制度。

表7　职业技能培训鉴定项目一览表

时　间	培训鉴定工种	鉴定等级	鉴定人数
2009 年	数控工艺员	中级	250
	数控操作工	中、高级	200
	电工	初、中级	250
2010 年	数控工艺员	中级	250
	数控操作工	中、高级	200
	电工	初、中级	250
2011 年	数控工艺员	中级	250
	数控操作工	中、高级	200
	电工	初、中级	200

（2）编写技能训练指导教材，开发技能培养项目，完善考核标准。

① 开发岗位基本技能和综合技能训练项目 60 个；

② 编写实训项目操作流程和工艺标准 60 个；

③ 编写和完善岗位基本能力和综合能力训练指导教材；

④ 编写重要设备的安全操作规程；

⑤ 完善岗位基本能力的综合能力考核标准。

（五）专业教学资源库建设

1. 引进国外成熟的机电一体化技术专业教学资源

收集国外同类院校现有教学资源，进行内容的翻译、整合、引用和消化吸收。

2. 完善专业岗位综合能力的基本能力课程全套教学文件

重点建设岗位综合能力和岗位基本能力课程模块全套教学文件，包括课程标准、电子教案、试题库、多媒体课件、教材、专业书籍、资料和教学标准等。

3. 拍摄2部实训教学录像片

以生产中的技术或技能运用为内容，在真实的职业环境中摄制2部实训教学录像片。

4. 开发机电一体化技术专业开放式教学网站

开发《机械控制工程基础》《单片机控制技术》《测试技术和信号处理》《传感器与检测技术》《电机与拖动》《液压与气压传动技术》和《电工与电子技术》等7门网络课程，建立专业教学网站。所建成的专业教学资源库见图5。

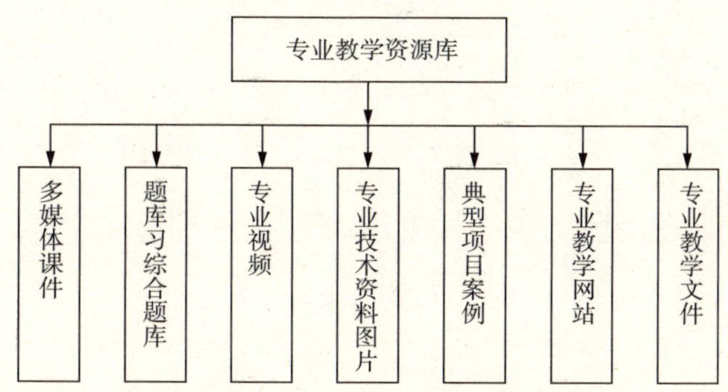

图5　机电技术教育专业教学资源库构成

（六）社会服务能力建设

积极开展社会服务，在对外培训、职业技能鉴定等方面有所突破。通过与企业交流平台的建设，加强信息交流与技术合作。

附录3　地方应用型高水平大学建设应用型人才培养方案选编

2015级本科专业人才培养方案修订的指导思想，以党的十八届三中全会提出的深化教育领域综合改革的明确要求，全面贯彻落实国家、安徽省《中长期教育改革和发展规划纲要（2010—2020年）》《教育部关于全面提高高等教育质量的若干意见》（教高〔2012〕4号）文件精神，以“地方应用型高水平大学”建设为目标，贯彻2014年安徽省高等教育振兴计划有关文件精神，落实我校地方应用型高水平大学建设实施方案，充分体现人才培养的地方性、应用型、高水平。现节选学校工科、农科和文科各一个专业的人才培养方案，附录如下：

附3－1

机械设计制造及其自动化本科专业人才培养方案

（2015版）

一、培养目标

本专业培养德智体美全面发展，掌握机械设计、机械制造及其过程自动化方面的专业基本理论知识，具有机械产品设计、制造、设备控制及生产组织管理等方面的应用能力，能够在机械制造领域从事设计制造、科技开发、应用研究、生产组织和管理等方面工作，具有创新意识和创业精神的高素质应用型专门人才。

二、培养要求

本专业学生主要学习机械设计、机械制造、机械电子及自动化等方面的基本理论和基本知识，接受现代机械工程师的基本训练，掌握机械产品设计、制造、设备控制及生产组织管理等方面的基本能力。

毕业生应获得以下几方面的知识和能力：

1. 具有从事工程工作所需的相关数学、自然科学以及经济和管理知识。

2. 掌握机械工程基础知识和本专业的基本理论知识，具有系统的工程实践学习经历，了解本专业的前沿发展现状和趋势。

3. 具有制图、计算、测试、调研、查阅文献和基本工艺操作等基本技能和较强的计算机应用能力；掌握文献检索、资料查询及运用现代信息技术获取相关信息的基本方法；具有综合运用理论和技术手段设计机械系统、部件和过程的能力。

4. 具有对于机械工程问题进行系统表达、建立模型、分析求解和论证的能力；掌握基本的创新方法，具有追求创新的态度和意识。

5. 具有在机械工程实践中初步掌握并使用各种技术、技能和现代化工程工具的能力，达到与本专业相关工种的高级工及以上技术水平与能力；具备利用自动化理论与方法设计产品的生产工艺、并组织实施的能力；具备设计和实施工程实验的能力，并能够对实验结果进行分析。

6. 对终身学习有正确认识，具有不断学习和适应发展的能力；具有一定的组织管理能力、表达能力和人际交往能力以及在团队中发挥作用的能力。

7. 具有人文社会科学素养、社会责任感和工程职业道德；了解与本专业相关的职业和行业的生产、设计、研究与开发、环境保护和可持续发展等方面的方针、政策和法律、法规，能正确认识工程对于客观世界和社会的影响。

8. 具有国际视野和跨文化的交流、竞争与合作能力。

三、素质与能力分析表

综合素质能力	专项素质与能力	对应课程或实践
1. 基本素质与能力	政治素质	思想道德修养与法律基础、中国近现代史纲要、马克思主义原理概论、毛泽东思想和中国特色社会主义理论体系概论、形势政策等
	人文科学素质	演讲与口才、应用文写作、中国近代人物研究、明史十讲

（续表）

综合素质能力	专项素质与能力	对应课程或实践
	身心素质	军事训练、大学体育、大学生心理健康教育等
	分析运算能力	高等数学、线性代数、概率论与数理统计、计算方法等
	英语应用能力	大学生英语、机械工程英语等
	计算机应用能力	大学计算机基础、C语言程序设计、计算机绘图、Creo2.0三维机械设计
	利用现代化手段获取信息能力	文献检索、大学计算机基础等
	组织管理、语言表达、人际交往以及在团队中发挥作用的能力	现代企业管理、各集中实践环节、社会实践等
2. 学科基础知识及应用能力	一般通用零部件和机械设备的设计能力	画法几何及机械制图、测绘实习、机械原理、机械设计、机械原理课程设计、机械设计课程设计、机械系统设计、机械系统设计课程设计等
	工程中构件的受力分析、运动分析和计算，强度和刚度校核能力	理论力学、材料力学、机械有限元分析等
	电路的分析、计算和设计能力	电工与电子技术、电工电子技术实习等
3. 专业基础知识及应用能力	绘制、阅读机械图样能力	画法几何及机械制图、测绘实习、计算机绘图、creo2.0三维机械设计等
	对结构零件进行合理选材及制定热处理工艺路线的能力	机械工程材料、材料成形技术基础、机械制造工程训练等
	运用传感器对工程中的应力、应变、扭矩、振动及温度等进行测量，从而改善设备性能的能力	传感与检测技术、互换性与测量技术等
4. 专业核心知识及应用能力	先进制造技术应用能力	机械制造技术、计算机辅助设计与制造、数控技术、机械制造技术课程设计、现代制造技术综合实训等
	机电液一体化控制及应用能力	机械工程控制基础、流体力学与液压传动、机电一体化技术、液压传动综合实训等

（续表）

综合素质能力	专项素质与能力	对应课程或实践
5. 专业实践技能与动手能力	5.1 机械设计与机械制造实践能力	认识实习、测绘实习、机械制造工程训练、机械原理课程设计、电工电子技术实训、机械设计课程设计、液压传动综合实训、现代制造技术综合实训、机械制造技术基础课程设计、机械系统设计课程设计、专业技能训练、毕业实习、毕业论文（设计）
6. 创新创业能力	创新能力	创新创业论坛、专业创新教育实践
	创业能力	大学生创业教育、大学生就业指导、专业导论、专业创业教育实践
7. 个性化发展能力	人文素质	演讲与口才、应用文写作、中国近代人物研究、明史十讲
	专业拓展	机械工程英语、机械优化设计、机械有限元分析、工业机器人、工业产品造型设计等

四、学制与学分

1. 学制：标准学制4年，修业年限3～6年

2. 学分：最低修读177.5学分，其中课内教学环节须修满133.5学分，实践教学环节须修满44学分。

五、毕业与学位授予

学生在规定的学习年限内，完成各教学环节学习，修满专业规定的最低学分，准予毕业。授予工学学士学位。

六、全学程时间安排总表

项目 \ 学期 \ 学年	一		二		三		四		合计
	1	2	3	4	5	6	7	8	
军训（含军事理论）	2								2
入学教育和专业导论	(2)								(2)
课堂教学	15	18	14	16	17	13	13		108
专业实习、课程设计			4	2	1	5	3		15
毕业实习								6	6
专业创新创业实训							2		2
毕业论文（设计）								10	10
复习考试	1	1	1	1	1	1	1		7
小学期		2		3		2			7
机动	1							3	4
假期	6	6	6	5	6	6	6		41
全学程总周数	25	27	25	27	25	27	25	19	200

七、实践性教学环节

课程编号	实践教学项目	学分	周数	安排学期	实践方式
SJ00201	入学教育及专业导论	1	（2）	第1学期	集中
SJ00202	军训（含军事理论教育）		2	第1学期	集中
SJ00203	社会实践	1	（3）	第2、4、6学期后暑期	由校团委统一安排
SJ15204	大学英语网络自主学习实训	4	（4）	第1、2、3、4学期	网络自主学习中心统一安排
SJ16201	认识实习	1	（1）	第1学期	蚌埠晶菱机床公司、蚌埠金威滤清器有限公司等企业参观实习，企业工程师讲解．周末进行

（续表）

课程编号	实践教学项目	学分	周数	安排学期	实践方式
SJ16202	机械制图综合实训	2	（2）	第2学期	学校制图实训室、CAD机房进行
SJ16203	机械制造工程训练	3	3	第3学期	工程训练中心进行，外聘部分企业技师参与指导
SJ16204	机械原理课程设计	1	1	第3学期	工学基础实验教学中心进行
SJ16205	电工电子技术实训	2	2	第4学期	工程训练中心电子实训区，外聘部分企业技师参与指导
SJ16206	机械设计课程设计	3	（3）	第4学期后暑假短2	工学基础实验教学中心进行
SJ16207	液压传动综合实训	1	1	第5学期	机械与汽车实验教学中心
SJ16208	现代制造技术综合实训	3	3	第6学期	含数控、线切割、柔性制造系统以及五轴加工等。在工程训练中心校企合作进行，外聘部分企业技术人员参与指导，工程师以上职称比例不低于30%
SJ16209	机械制造技术基础课程设计	2	（2）	第6学期后暑假短3	机械与汽车实验教学中心，外聘部分企业技术人员参与指导，工程师以上职称比例不低于30%
SJ16210	机械系统设计课程设计	2	2	第6学期	机械与汽车实验教学中心
SJ16211	专业技能训练	2	3	第7学期	在工程训练中心或工程实践教学基地进行，外聘部分企业技术人员参与指导，工程师以上职称比例不低于30%
	专业创新创业实训	2	2	第7学期	

（续表）

课程编号	实践教学项目	学分	周数	安排学期	实践方式
SJ16212	毕业实习	4	4	第8学期	南京自控仪表、上海克来公司、广州佛朗斯机械公司等企业进行，外聘部分企业技术人员参与指导，工程师以上职称比例不低于30%
SJ16213	毕业论文（设计）	10	10	第8学期	机械与汽车试验教学中心、上海克来公司等部分企业，外聘部分企业专家和技术人员参与指导，工程师以上职称比例不低于50%
	合计	44	50（17）		

八、课程设置及学时、学分比例表

课程类型		学时	学分	占总学时（学分）比例	
通识教育课程平台		786	43	32.5	32.2
专业教育课程平台	学科基础课程	580	31	23.9	23.2
	专业基础课程	446	25	18.4	18.7
	专业必修课程	316	17.5	13.0	13.1
创新创业教育平台	创新创业基础课程	51	3.5	2.5	2.6
	创新创业核心实训课程	63	3.5	2.6	2.6
个性化拓展课程模块	人文素质选修课	144	2	1.4	1.5
	专业选修课	36	8	5.9	5.9
总　计		2422	133.5	100	100

九、主干学科

力学、机械工程

十、核心课程

1. 机械设计（Mechanical Design）

学时：54　学分：3

课程简介：本课程是高等工科院校机械工程类专业的一门专业技术基础课。本课程主要研究一般工作条件和常用参数范围内的通用机械零件的工作原理，结构特点，基本设计理论和设计计算方法，以及机械系统方案的设计与选择。主要目的是使学生掌握机械设计的基本理论和方法，培养学生工程实践能力和创新意识。

教学方法或手段：本课程部分内容教学采取模块化项目教学，任务驱动。课程后续3周的课程设计，要求必须有企业工程师参与指导，学生需完成规定量的课程设计任务。

教学评价方式：考核综合考虑大作业、课程设计等，总体采取过程考核的方式进行。平时成绩占20%，考试成绩占80%。

教材选用：教育部规划教材。

2. 机械制造技术（Mechanical Manufacturing Technology）

学时：54　学分：3

课程简介：本课程主要讲授金属切削加工的基本理论，金属切削机床的结构，各种刀具、量具、夹具的结构、材料、选用和设计，机械加工工艺规程制定、装配工艺基础等知识。通过学习，学生应具备简单零件的机械加工工艺编制及加工的能力。

教学方法或手段：本课程部分内容教学采取教学做一体化方式在工程训练中心机加工和数控车间进行。课程后续2周的课程设计，要求必须有企业工程师参与指导，工程师以上职称比例不低于30%，学生需完成规定量的课程设计任务。

教学评价方式：考核综合考虑大作业、课程设计等，总体采取过程考核的方式进行。平时成绩占50%，考试成绩占50%。

教材选用：教育部规划教材。

3. 数控技术（Numerical Control Technique）

学时：54　学分：3

课程简介：本课程主要讲授机床数字控制技术的基本原理，数控指令系统，数控加工工艺及程序编制，数控装置的结构与分析、数控驱动系统原理以及数控装备的使用维修方法等知识。通过学习，学生应掌握数控机床的基本结构与原理，具备数控加工程序编制及数控加工的能力。

教学方法或手段：本课程数控编程和数控机床结构等部分内容教学采取教学做一体化方式在工程训练中心数控车间进行。课程对应现代制造技术实习采取校企合作联合指导，外聘企业技术人员参与指导，工程师以上职称比例不低于30%。

教学评价方式：考核综合考虑机床实操、工艺处理以及程序编写能力等，总体采取过程考核的方式进行。平时成绩占50%，考试成绩占50%。

教材选用：校企开发自编校本教材。

4. 流体力学与液压传动技术（Fluid Mechanics and Hydraulic Transmission Technology）

学时：54　学分：3

课程简介：本课程主要讲授液压流体力学基础、液压与气压传动的基本概念与理论；液压元件、液压辅件、气动元件、气动辅件的结构和使用；液压与气动系统基本回路、常见的故障及排除，以及液压与气压系统的设计方法等知识。通过学习，学生应具备液压系统设计、维护和使用的能力。

教学方法或手段：本课程部分内容教学采取教学做一体化方式在实验室进行。课程后续1周的课程设计，学生需完成规定量的课程设计任务。

教学评价方式：考核综合考虑大作业、课程设计等，总体采取过程考核的方式进行。平时成绩占50%，考试成绩占50%。

教材选用：教育部规划教材。

5. 机械系统设计（Design of Mechanical System）

学时：36　学分：2

课程简介：本课程是一门专业主干核心课程，从整体的角度和系统的观点出发，较全面地讲授机械系统的基本概念、性能要求、设计规律、评价方法和典型结构，重点突出了工程设计的应用技术知识。主要内容包括绪论、总体设计、传动系统设计、执行系统设计、支承系统设计、控制系统设计和机械系统实用设计技术。

教学方法或手段：本课程部分内容教学采取移动课堂教学理念进行情景式教学方式在工程训练中心机加工进行。课程后续2周的课程设计，要求必须有企业工程师参与指导，工程师以上职称比例不低于30%，学生需完成规定量的课程设计任务。

教学评价方式：考核综合考虑大作业、课程设计等，总体采取过程考核的方式进行。平时成绩占50%，考试成绩占50%。

教材选用：教育部规划教材。

十一、教学进程表

课程类别		课程编号	课程名称	学分	总学时	学时分配		各学期学时分配											考核方式
						理论	实践	1	2	短1	3	4	短2	5	6	短3	7	8	
通识教育课程平台		TS26001	思想道德修养与法律基础	3	48	38	10		48										试
		TS26002	中国近现代史纲要	2	32	24	8	32											试
		TS26003	马克思主义原理概论	3	48	38	10				48								试
		TS26004	毛泽东思想和中国特色社会主义理论体系概论Ⅰ	2	32	32						32							试
		TS26005	毛泽东思想和中国特色社会主义理论体系概论Ⅱ	4	64	44	20							64					试
		TS15001-4	大学英语（Ⅰ-Ⅳ）	15	270	230	40	60	70		70	70							试
		TS19001-4	大学体育（Ⅰ-Ⅳ）	4	126	126		30	32		32	32							试
		TS28001	大学计算机基础	3	48	16	32		48										试
		TS28003	C语言程序设计	4	72	48	24				72								试
		TS18001	大学生心理健康教育	1	14	14			14										查
		TS26006	形势与政策	2	32	12	20	16	16										查
专业教育课程平台	JC	JC28001	高等数学A1	4.5	80	80		80											试
	28001	JC28002	高等数学A2	5	100	100			100										试
	JC	JC28006	线性代数	2	48	48			48										试
	28002	JC17021	大学物理B	4	72	54	18		72										
	JC	JC25007	普通化学	2	36	32	4	36											
	28006	JC16201	理论力学	3.5	64	64					64								试
	JC	JC16202	材料力学（双语）	3	54	50	4					54							试
	28008	JC16203	热工基础	2	36	32	4					36							
	JC	JC28018	概率论与数理统计	3	54	54								54					
	17021	JC16204	计算方法	2	36	36								36					试

（续表）

课程类别		课程编号	课程名称	学分	总学时	学时分配		各学期学时分配											考核方式
						理论	实践	1	2	短1	3	4	短2	5	6	短3	7	8	
	专业基础课程	ZJ16201	画法几何及机械制图	5	88	76	12	88											试
		ZJ16202	计算机绘图	1	20	0	20		20										试
		ZJ16203	机械工程材料	2	36	30	6		36										试
		ZJ16204	电工电子技术	4	72	60	12				72								试
		ZJ16205	机械原理（双语）	3	54	48	6					54							试
		ZJ16206	互换性与测量技术	2	36	30	6					36							试
		ZJ16207	传感与检测技术	2	36	26	10					36							试
		ZJ16208	机械设计	3	54	46	8							54					试
		ZJ16209	机械工程控制基础	3	50	40	10							54					试
	专业必修课	ZB16201	流体力学与液压传动技术	3. 5	64	54	10							64					试
		ZB16202	机械制造技术	3	54	46	8							54					试
		ZB16203	计算机辅助设计与制造	2	36	18	18							36					试
		ZB16204	机床电气控制技术	2	36	30	6							36					试
		ZB16205	机械系统设计	2	36	36									36				试
		ZB16206	数控技术	3	54	48	6								54				试
		ZB16207	单片机原理与应用	2	36	30	6								36				试

（续表）

课程类别		课程编号	课程名称	学分	总学时	学时分配		各学期学时分配											考核方式
						理论	实践	1	2	短1	3	4	短2	5	6	短3	7	8	
创新创业教育课程平台	基础课程	CY00001	大学生创业教育	1	18	18											18		查
		TS00001-2	大学生就业指导	2	24	24											24		查
		CX16201	专业导论	0.5	9	9		9											查
	核心实训课程	CX00002	创新创业论坛	0.5	9	9											9		查
		CY14020	工业企业管理	1.5	27	27											27		查
		CX00003	专业创新教育实践	1.5	27	27									27				查
		CX00001	创新创业成果学分认定	创新创业成果学分认定见有关文件															
个性化拓展课程模块	人文素质选修课	GT18601	演讲与口才	1	18	18											18		查
		GT18608	应用文写作	1	18	18											18		查
		GT18106W	中国近代人物研究	1	18	18											18		查
		GT16201	生命科学概论	1	20	20											20		查
		GT16203	文献检索 *	1	18	18											18		查
		GT18107W	明史十讲	1	18	18											18		查

（续表）

课程类别	课程编号	课程名称	学分	总学时	学时分配		各学期学时分配											考核方式
					理论	实践	1	2	短1	3	4	短2	5	6	短3	7	8	
专业选修课	GT16201	材料成形技术基础	2	36	30	6								36				试
	GT16202	先进制造技术	2	36	36									36				查
	GT16203	现代设计理论与方法	2	36	36									36				查
	GT16204	自动化制造系统	2	36	36									36				查
	GT16205	机电一体化技术	2	36	26	10								36				试
	GT16206	Creo 三维机械设计	2	36	10	26								36				查
	GT16207	机械工程英语	1	24	24									24				查
	GT16208	机械制造装备设计	2	36	36									36				查
	GT16209	工业产品造型设计	2	36	30	6										36		试
	GT16210	模具设计与制造	2	36	36											36		试
	GT16211	机械有限元分析	1	20		20										20		查
	GT16212	机械优化设计	1	20	20											20		查
	GT16213	工业机器人	1	20	20											20		查
	GT16214	绿色设计与绿色制造	1	20	20											20		查
	GT14021	质量管理体系	1	20	20											20		

（续表）

课程类别	课程编号	课程名称	学分	总学时	学时分配		各学期学时分配											考核方式
					理论	实践	1	2	短1	3	4	短2	5	6	短3	7	8	
最低修读的学分/学时			133.5	2407	2090	332	351	504		358	350		452	243		168		
课堂教学周数							15	18		14	16		17	13		13		
周学时数							23.4	28.0		25.6	21.9		26.6	18.7		12.9		

说明：

1. 各专业军事理论教育、专业导论在第一学期以讲座形式进行。

2. 创新创业教育平台，学生获得“创新创业成果”学分可抵免修读创新创业核心实训课程学分。

3. 个性化拓展模块要求学生至少须选修10学分，其中“人文素质”选修模块要求学生至少选修2个学分（＊课程必选），且至少选修一门网络课程；专业选修课程模块至少选修8个学分。

5. 通识基础课程除教务处安排的MOCC、网络课程外；各学院根据专业具体情况选择部分学科专业基础课程进行课程改革，设置一定学时的网络课程等优质资源课程。

十二、辅修专业培养方案样表

机械工程 学院 机械设计制造及其自动化 专业辅修培养方案

课程名称	学　分	辅修专业教学计划
机械制图	3	第 2 学期
工程力学	4	第 2 学期
计算机绘图	2	第 3 学期
机械设计基础	4	第 3 学期
机械工程材料	2	第 3 学期
机械制造技术基础	3	第 4 学期
电工电子技术	3	第 4 学期
液压与气压传动	2	第 5 学期
数控机床操作与编程	2	第 6 学期
Creo2.0 三维机械设计	2	第 6 学期
毕业论文		必做，但不计学分。
总计	27	学生必须修满 25 学分

辅修先修课程（各学院根据本专业实际要求填写，如没有则此表不填）

课程名称	学分	备注
高等数学	5	第 1 学期
大学物理	2	第 2 学期

附3－2

种子科学与工程本科专业人才培养方案

（2015版）

一、培养目标

本专业培养德智体美全面发展，适应现代种业要求，掌握种子科学与工程技术等方面的基本理论、基本知识，具有较强的实践能力和创新能力，能够从事作物育种、种子生产、加工贮藏、质量检验、种子经营管理和其他相关工作，具有创新意识和创业精神的高素质应用型专门人才。

二、培养要求

本专业以植物遗传育种为基础，学生主要学习各类作物种子生产、种子质量控制及提高种子商品性的种子加工包装贮藏方面的基本理论和基本知识，接受作物育种、种子生产、贮藏加工、种子检验、经营管理等方面的基本训练，具有作物育种与开发、种子生产、种子经营管理等方面的基本能力。

毕业生应获得以下几方面的知识和能力：

1. 具备扎实的数学、植物学、普通化学、分析化学、有机化学等基本理论知识；

2. 具备植物生理生化、遗传、土壤肥料、农业气象、植物保护的基本理论和实践技能；

3. 掌握种质资源利用、新品种选育与种子高产高效生产的基本理论和实践技能；

4. 掌握种子加工、贮藏、种子质量检验与控制等方面的基本理论和实践技能；

5. 具有种子营销和企业管理学的基本理论和实践技能；

6. 熟悉国家种子产业政策、知识产权及种子法等有关政策和法规；

7. 具有较强的分析与决策，口头与文字表达及独立获取知识与综合创新的能力；

8. 具有较强的计算机、外语综合应用能力；

9. 具有良好的思想道德素质和文化素养，身心健康；

10. 具有较好的科学素质、竞争意识、创新意识和合作精神。

三、专业方向

1. 种子生产方向

主要学习现代生物技术及农作物育种、新品种区域试验、原种和杂交种生产、种子（苗）快速繁殖、种子加工、质量检验等知识，具有较强的实践能力。

2. 种子经营管理方向

主要学习品种权保护、新品种田间示范、推广与开发、种子营销、仓库管理与企业运营管理等知识，具有较强的组织管理和沟通、协调能力。

四、素质与能力分析表

综合素质与能力	专项素质与能力	对应课程或实践
1. 基本素质与能力	政治素质	马克思主义基本原理概论、毛泽东思想和中国特色社会主义理论体系、形势政策等
	身心素质	军事训练、大学体育、大学生创业教育、大学生就业指导等
	分析运算能力	高等数学 c、试验统计方法等
	英语应用能力	大学英语、种子专业英语等
	计算机应用能力	大学计算机基础、VFP 程序设计等
	利用现代化手段获取信息能力	计算机在农业上的应用、种子科学进展等
	组织管理、语言表达、人际交往以及在团队中发挥作用的能力	社交礼仪、大学语文、美学原理、中国文化概论、种子创新实践、种子经营管理等
2. 学科基础知识及应用能力	化学分析基本知识及应用能力	普通化学、分析化学、有机化学、生物化学等
	植物及生理学基本知识及应用能力	植物学及实习、植物生理学等
	农业气象基本知识及应用能力	农业气象学、作物栽培原理等

（续表）

综合素质与能力	专项素质与能力	对应课程或实践
3. 专业基础知识及应用能力	作物学基本知识及应用能力	作物栽培技术及实习、种子生产技术及实习
	生物学基本知识及应用能力	生物化学、遗传学、植物生理、种子生物学等
	植物保护基本知识及应用能力	植物保护技术及实习等
4. 专业核心知识及应用能力	作物栽培育种知识及应用能力	作物栽培技术、育种技术及其课程实习、企业实训、种子科学进展等
	种子生产技能与方法	种子生产技术、种子加工贮藏技术、种子检验、种子生产实习、企业实训等
	种子经营管理技能与方法	种子经营管理学、销售管理学、会计学基础、农技推广、种子企业实训等
5. 专业实践技能与动手能力	专业单项实践技能与动手能力	作物栽培实习、作物育种实习、种子生产实习、种子检验实习等
	专业综合实践技能与动手能力	专业技能训练、企业实训、毕业实习
6. 创新创业能力	创新能力	种子产业创新创业论坛、种子专业创新实践、种子科学与工程专业导论等
	创业能力	大学生创业教育、大学生就业指导等
7. 个性化发展能力	人文素质	社交礼仪、大学语文、美学原理等
	专业素质	蔬菜花卉栽培技术、农业机械与应用、种子专业英语和种子科学进展等

五、学制与学分

1. 学制：实行弹性学制，标准学制4年，学修业年限3~6年。

2. 学分：最低修读173学分。其中课内教学环节必须修满131个学分；实践性教学环节必须修满42个学分。

六、毕业与学位授予

学生在规定的学习年限内，完成各教学环节学习，修满专业规定的最低学分，准予毕业。

授予农学学士学位。

七、全学程时间安排总表

学年 / 学期 / 项目	一		二		三		四		合计
	1	2	3	4	5	6	7	8	
军训（含军事理论）	2								2
入学教育和安全教育	(2)								
课堂教学	15	18	18	18	15.5	16.5	14	0	114
专业实习、课程实习	1			(8)	2.5 (2.5)	1.5 (3.5)	3 (1)		8
毕业实习								8	10
毕业论文（设计）								6	6
专业创新创业实训								2	
复习考试	1	1	1	1	1	1	1		7
机动							2	3	5
假期	6	8	6	8	6	8	6		48
全学程总周数	25	27	25	27	25	27	25	19	200

八、实践性教学环节

课程编号	课程名称	学分	周数	安排学期	实践方式
SJ00001	入学教育及专业导论	1	(2)	第1学期	集中
SJ00002	军训（含军事理论教育）		2	第1学期	学校集中安排
SJ00003	社会实践	1	(3)	大一至 大三暑期	由校团委统一安排

（续表）

课程编号	课程名称	学分	周数	安排学期	实践方式
SJ26107	思想政治理论课暑期社会实践	1	（1）	大一至大三暑期16学时	由思政部安排
SJ13114	植物学教学实习	1	1	第1学期	校内集中
SJ11111	作物栽培原理实习	1	1	第5学期	由任课教师集中安排
SJ11316	植物保护技术实习	1	1	第5学期各半周	由任课教师集中安排
SJ11401	农作物种子育苗实践	1	（1）	第6学期	校内分段集中
SJ11113	作物栽培技术实习	2	（2）	第5.6学期各1周	依农事活动机动安排
SJ11402	种子生产实践	3	（3）	第5.6学期各30学时	任课教师依农时分散安排
SJ11204	作物育种技术实习	2	2	第6.7学期各1周	校内集中
SJ11403	种子检验技术实习	1	1	第5学期	由任课教师分段集中安排
SJ11404	种子加工与贮藏实习	1	1	第7学期	校内集中
SJ11405	种子经营管理实习	1	（1）	第7学期	由任课教师分段集中安排
SJ11406	专业综合技能训练	1	1	第7学期	学院统一安排
SJ11003	企业实践	8	（8）	第4学期暑期	安徽隆平高科等种子企业，分组集中进行，以顶岗见习、科研报告形式考核
SJ11002	毕业实习	8	8	第8学期	学院统一安排
SJ11001	毕业论文	6	6	第（6.7）8学期	学院统一安排
SJ11006	专业创新创业实训	2	2	第8学期	学院统一安排
	总计	42	26（21）		

注：表中括弧内数据属课外周数。

九、课程设置及学时、学分比例表

<table>
<tr><th colspan="2">课程类型</th><th>学时</th><th>学分</th><th colspan="2">占总学时（学分）比例</th></tr>
<tr><td colspan="2">通识教育课程平台</td><td>786</td><td>43</td><td>33.2%</td><td>32.8%</td></tr>
<tr><td rowspan="3">专业教育
课程平台</td><td>学科基础课程</td><td>476</td><td>26</td><td rowspan="2">35.0%</td><td rowspan="3">48.8</td></tr>
<tr><td>专业基础课程</td><td>352</td><td>19.5</td></tr>
<tr><td>专业核心课程</td><td>327</td><td>18</td><td>13.8%</td></tr>
<tr><td rowspan="2">创新创业
教育平台</td><td>创新创业基础课程</td><td>60</td><td>4</td><td>2.53%</td><td>3.1%</td></tr>
<tr><td>创新创业核心实训课程</td><td>63</td><td>3.5</td><td>2.7%</td><td>2.7%</td></tr>
<tr><td rowspan="2">专业方向课程模块（各方向学时、学分大体相同）</td><td>种子生产方向</td><td>180</td><td>10</td><td rowspan="2">7.6%</td><td rowspan="2">7.6%</td></tr>
<tr><td>种子经营管理方向</td><td>180</td><td>10</td></tr>
<tr><td rowspan="2">个性化拓
展课程模块</td><td>人文素质</td><td>36</td><td>2</td><td rowspan="2">5.3%</td><td>1.5%</td></tr>
<tr><td>专业拓展</td><td>90</td><td>5</td><td>3.8%</td></tr>
<tr><td colspan="2">总　计</td><td>2370</td><td>131</td><td>100%</td><td>100%</td></tr>
</table>

十、主干学科

作物育种、种子生产、种子检验学、种子经营管理。

十一、核心课程

1. 作物栽培技术（Crop Cultivation Technology）

学时：54（理论课）

学分：3（理论课学分）

课程简介：本课程主要讲授小麦、水稻、玉米、棉花、油菜等作物高产、稳产、优质、高效的综合栽培技术体系和单项技术及其原理。通过教学，使学生掌握主要农作物生长发育规律与环境条件的关系、有关的调节控制技术及其原理，学会作物栽培试验研究的基本技能，能在实际生产上根据具体情况，灵活运用所学知识，解决具体问题，提高作物产品的数量和质量、降低生产成本、提高劳动效率和经济效益。

教学方法与手段：采用情境教学法，利用多媒体和教学基地进行理论教学。

课程评价与考核：（1）学生上课出勤率评价，计为学时学分（A）：出勤率低于60%（经批准的特殊情况除外）无学分；出勤率达到100%，计满分；旷课1次扣2分，事假1次扣1分。该项目占学业总成绩20%。（2）课程结业成绩，计为成绩学分（C）：试卷符合教学大纲要求，卷面100分，主讲按参考答案评分。卷面成绩占学业总成绩的80%。学生总成绩=C+A。

使用的教材：农业高校规划教材（南方院校的最新版本）。

2. 作物育种原理（Crop Breeding Science）

学时：54（其中理论课42、实验课12）

学分：3（其中理论课2.5学分、实验课0.5学分）

课程简介：本课程主要讲授主要作物的育种目标及其性状遗传，在研究种质资源的基础上，采用有性杂交、杂种优势利用、诱发变异、细胞工程及基因工程等途径培育新品种的方法和技术，适当介绍现代作物育种的新动向。

教学方法与手段：采用情境教学法，利用多媒体和育种基地进行理论教学；实验课主要在育种基地进行操作，在实验室进行品质指标的测定。

课程评价与考核：（1）学生上课出勤率评价，计为学时学分（A）：出勤率低于60%（经批准的特殊情况除外）无学分；出勤率达到100%，计满分；旷课1次扣2分，事假1次扣1分。该项目占学业总成绩20%。（2）课业完成情况评价，计为课业学分（B）：包括课堂交流、课后作业、实验报告的完成情况，缺交作业、实验报告累计超过1/3或实验考核不及格，不能参加该门课程考试。课业完成情况占学业总成绩的20%。（3）课程结业成绩，计为成绩学分（C）：试卷符合教学大纲要求，卷面100分，主讲按参考答案评分。卷面成绩占学业总成绩的60%。学生总成绩=C+A+B。

使用的教材：农业高校《作物育种总论》或《植物育种学原理》的最新版本。

2. 种子生产技术（Seed Production Technology）

学时：54（其中理论课42、实验课12）

学分：3（其中理论课2.5学分、实验课0.5学分）

课程简介：本课程讲授种子生产基地建立与管理、种子快速繁殖与杂交种生产技术，以及保持与提高品种稳定性的基本原理与方法，主要讲授农作物和大宗蔬菜种子生产的方法及其技术规范，重点是常规品种的提纯保纯及原种繁殖、亲本繁殖和杂交种生产。

教学方法与手段：采用情境教学法，利用多媒体和种子生产基地进行理论教学；实验课主要在生产基地进行操作。玉米杂交种生产技术的实践部分在《企业实践》课中安排实训与考核，边做边学。

课程评价与考核：（1）学生上课出勤率评价，计为学时学分（A）：出勤率低于60%（经批准的特殊情况除外）无学分；出勤率达到100%，计满分；旷课1次扣2分，事假1次扣1分。该项目占学业总成绩20%。（2）课业完成情况评价，计为课业学分（B）：包括课堂交流、课后作业、实验报告的完成情况，缺交作业、实验报告累计超过1/3或实验考核不及格，不能参加该门课程考试。课业完成情况占学业总成绩的20%。（3）课程结业成绩，计为成绩学分（C）：试卷符合教学大纲要求，卷面100分，主讲按参考答案评分。卷面成绩占学业总成绩的60%。学生总成绩=C+A+B。

使用的教材：高等学校种子科学与工程专业规划教材的最新版本或安徽省规划教材《种子生产技术》。

3. 种子加工与贮藏（Seed Processing and Storage）

学时：54（其中理论课42、实验课12）

学分：3（其中理论课2.5学分、实验课0.5学分）

课程简介：本课程讲授种子的物理特性，种子清选分级、干燥方法与原理，种子仓库、入库管理、有害生物防治，以及常温库和低温仓库种子贮藏方法与技术。重点是主要农作物种子的加工贮藏原理、方法和技术。

教学方法与手段：采用启发式教学法，利用多媒体进行理论教学；实验课主要在实验室和种子加工、贮藏室进行操作。

课程评价与考核：（1）学生上课出勤率评价，计为学时学分（A）：出勤率低于60%（经批准的特殊情况除外）无学分；出勤率达到100%，计满分；旷课1次扣2分，事假1次扣1分。该项目占学业总成绩20%。（2）课业完成情况评价，计为课业学分（B）：包括课堂交流、课后作业、实验报告的完成情况，缺交作业、实验报告累计超过1/3或实验考核不及格，不能参加该门课程考试。课业完成情况占学业总成绩的20%。（3）课程结业成绩，计为成绩学分（C）：试卷符合教学大纲要求，卷面100分，主讲按参考答案评分。卷面成绩占学业总成绩的60%。学生总成绩=C+A+B。

使用的教材：高等学校规划教材《种子加工与贮藏》的最新版本。

4. 种子检验学（Seed Testing Science）

学时：66（其中理论课36、种子检验实训30）

学分：3.5（其中理论课2学分、实验课1.5学分）

课程简介：本课程主要讲授种子检验技术规程和农作物种子质量的检测方法和

技术。包括扦样、净度分析、发芽试验、生活力与活力测定、纯度检验、水分测定、健康检验、包衣种子检验、种子质量评定等内容，重点是必检指标的检验规程和质量评定标准。关于种子检验的技能部分，另设检验综合实验课、单独考核。

教学方法与手段：理论教学采用问题教学法，主要采用多媒体进行教学；实训课主要在实验室内在进行，在标准化条件下检测特定样品进行质量指标。实训课采用任务教学法、办学边做，单个项目检验结果实行比对考核，合格后进入下一项目，注重把标准养成习惯。

课程评价与考核：（1）学生上课出勤率评价，计为学时学分（A）：出勤率低于60%（经批准的特殊情况除外）无学分；出勤率达到100%，计满分；旷课1次扣2分，事假1次扣1分。该项目占学业总成绩20%。（2）课业完成情况评价，计为课业学分（B）：包括课堂交流、实验报告的完成情况，缺交实验报告累计超过1/3或实验考核不及格，不能参加该门课程考试。课业完成情况占学业总成绩的20%。（3）课程结业成绩，计为成绩学分（C）：试卷符合教学大纲要求，卷面100分，主讲按参考答案评分。卷面成绩占学业总成绩的60%。学生总成绩=C+A+B。

种子检验实训课程单独考核。平时成绩（B）按实验报告得分得加权平均值计算，占60%；课程结业成绩（C）按抽签方式进行，占40%。学生总成绩=C+B。

使用的教材：高等学校《种子检验学》《种子学实验技术》的最新版本。

5. 种子经营管理学（Seed Business and Management）

学时：45（理论课）

学分：2.5（理论课）

课程简介：本课程主要讲授新品种保护和审定管理、种子生产经营管理、加工贮藏管理、种子营销策略和企业内部管理，以及质量控制、市场管理与行政执法、进出口管理、信息管理等内容，重点是品种管理、质量管理和种子生产经营和企业管理。

教学方法与手段：主要采用案例教学法，利用多媒体进行理论教学。

课程评价与考核：（1）学生上课出勤率评价，计为学时学分（A）：出勤率低于60%（经批准的特殊情况除外）无学分；出勤率达到100%，计满分；旷课1次扣2分，事假1次扣1分。该项目占学业总成绩20%。（2）课程结业成绩，计为成绩学分（C）：试卷符合教学大纲要求，卷面100分，由主讲按参考答案评分。卷面成绩占学业总成绩的80%。学生总成绩=C+A。

使用的教材：全国农业高校规划教材《种子经营管理学》的最新版本。

十二、教学进程表

课程类别		课程编号	课程名称	学分	总学时	学时分配		各学期学时分配								考核方式
						理论	实践	1	2	3	4	5	6	7	8	
通识教育课程平台		TS26101	思想道德修养与法律基础	3	48	16	32 *		48							考试
		TS26102	中国近现代史纲要	2	32	12	20 *	32								考试
		TS26103	马克思主义基本原理概论	3	48	16	32 *			48						考试
		TS26103-4	毛泽东思想和中国特色社会主义理论体系概论Ⅰ、Ⅱ	6	96	32	64 *				96					考试
		TS15001-4	大学英语（Ⅰ-Ⅳ）	15	270	230	40	60	70	70	70					考试
		TS17001	大学计算机基础	3	48	16	32		48							考试
		TS17002	VFP 程序设计	4	72	48	24			72						考试
		TS19001-4	大学体育（Ⅰ-Ⅳ）	4	126	126		30	32	32	32					考试
		TS18701-2	形势与政策	2	32	32		16	16							考查
		TS18111	大学生心理健康教育	1	14	14			14							考查
专业教育课程平台	学科基础课程	JC17005	高等数学 C	4	80	80		80								考试
		JC25014	普通化学	3	54	54		54								考试
		JC25015	分析化学	2	36	36			36							考试
		JC25012	有机化学	3	54	54			54							考试
		JC25005-6	基础化学实验	4	72		72	33	39							考试
		JC13113	植物学	3	54	36	18	54								考试
		JC13316	生物化学	4	72	52	20			72						考试
		JC13318	植物生理学	3	54	42	12				54					考试

（续表）

课程类别		课程编号	课程名称	学分	总学时	学时分配		各学期学时分配								考核方式
						理论	实践	1	2	3	4	5	6	7	8	
	专业基础课程	ZJ11202	遗传学	3	54	42	12			54						考试
		JC11318	农业气象学	2	36	24	12		36							考试
		ZJ20107	土壤肥料学	3	54	42	12			54						考试
		ZJ11101	作物栽培原理	2.5	46	34	12				46					考试
		ZJ11316	植物保护技术	3	54	42	12					54				考试
		ZJ11403	种子生物学	3	54	42	12				54					考试
		ZJ11201	试验统计方法	3	54	48	6						54			考试
	专业核心课程	ZH11102	作物栽培技术	3	54	54							30	24		考试
		ZH11204	作物育种学（总论）	3	54	42	12				54					考试
		ZH11405	种子检验学	2	36	36						36				考试
		ZH11406	种子检验实训	1.5	30		30					30				考试
		ZH11407	种子生产技术	3	54	42	12						54			考试
		ZH11408	种子加工与贮藏	3	54	42	12						54			考试
		ZH11409	种子经营管理学	2.5	45	45								45		考试
创新创业教育课程平台	基础课程	CJ00001	大学生创业教育	1	18	18				18						考查
			大学生就业指导	2	24	24			12					12		考查
		CJ11411	种子科学与工程专业导论	1	18	18		18								考查
	核心实训课程	CH11412	种子产业创新创业论坛	0.5	9	9						9				考查
		CH11413	种子专业创新实践	1.5	27	27							27			考查
		CH11414	种子专业创业教育实践	1.5	27	27								27		考查
		CH00001	创新创业成果学分认定	创新创业实践学分的认定见有关文件												

（续表）

课程类别		课程编号	课程名称	学分	总学时	学时分配		各学期学时分配								考核方式
						理论	实践	1	2	3	4	5	6	7	8	
专业方向课程模块	种子生产方向	GT11419	种子科学进展（必选）	1	18	18							18			考查
		ZF11210	作物育种技术（各论）	3	54	42	12						54			考试
		ZF11211	植物组织培养技术（必选）	2	36	18	18					36				考试
		ZF11212	分子生物学基础	2	36	30	6					36				考试
		ZF11415	工厂化育苗技术	1	18	9	9							18		考试
		ZF16419	农业机械与应用	2	36	24	12							36		考查
	种子经营方向	ZF14815	现代企业管理	2	36	36								36		考试
		ZF14582	销售管理学	2	36	36							36			考试
		ZF24188	会计学基础	2	38	32	6					36				考试
		ZF11226	农业推广学	2	36	36								36		考试
		ZF11416	种子法规	1	18	18								18		考试
		ZF14583	电子商务概论	2	36	24	12						36			考试
		ZF11320	植物检疫学	2	36	30	6							36		考试
个性化拓展课程模块	人文素质模块	GT18306	社交礼仪	1	18	18						18				考查
		GT18603	大学语文	1	18	18						18				考查
		GT18625W	美学原理（w）	1	18	18						18				考查
		GT18623W	中国文化概论（w）	1	18	18						18				考查

（续表）

课程类别	课程编号	课程名称	学分	总学时	学时分配		各学期学时分配								考核方式
					理论	实践	1	2	3	4	5	6	7	8	
专业拓展模块	GT11320W	微生物与人类健康（w）	1	18	18						18				考查
	GT17004	网页制作	1	18	18							18			考查
	GT11417	种子专业英语	2	36	36							36			考查
	GT11418	计算机在农业上的应用	1	18	18							18			考查
	GT11420	园艺概论	2	36	36							36			考查
	GT11421	牧草栽培学	2	36	36	30	6						36		考查
	GT11422	牧草种子学	2	36	36	30	6					36			考查
	GT12922	牧草饲料加工与贮藏	2	36	36	24	12					36			考查
	GT12923	动物养殖	2	36	36							36			考查
学生最低修读的学分/学时			131	2370	1803	419	377	405	420	406	291	309	162	0	
课堂教学周数							15	18	18	18	15.5	16.5	14	0	
周学时数							25	23	23	23	19	19	12	0	

说明：1. 各专业军事理论教育、种子科学与工程专业导论在第一学期以讲座形式进行。
2. 实践学时后有 * 的表示自主学习学时。
3. 专业方向课程模块，要求学生至少须选修 10 个学分，建议在专业方向内选择，允许跨方向选择。
4. 学生获得“创新创业实践” 1 个学分可抵免修读 1 门相应的创新创业核心实训课程。
5. 个性化拓展模块要求学生至少须选修 7 学分，其中人文素质模块且至少选修 2 学分（含一门网络课程）；专业拓展模块至少选修 5 个学分。

十三、辅修专业培养方案

农学院 学院 种子科学与工程 专业辅修培养方案

课程名称	学　分	辅修专业教学计划
种子生物学	2.5	春季学期
作物栽培技术（Ⅰ-Ⅱ）	3	春、秋季学期
作物育种学（总论）	3	春季学期
作物育种技术（各论）	3	春季学期
种子检验学	2	秋季学期
种子学综合实验	2	秋季学期
种子生产技术	3	春季学期
种子加工与贮藏	3	春季学期
种子经营管理学	2.5	秋季学期
现代种业专题	2	秋季学期
毕业论文		必做，但不计学分。
总计	26	学生必须修满26学分

附3－3

汉语言文学本科专业人才培养方案

（2015版）

一、培养目标

本专业培养德智体美全面发展，掌握扎实的汉语言文学基础知识，具有良好的人文素养，熟悉汉语及中国文学的基础知识，具有较强的审美能力和汉语言文字表达能力，具有初步的汉语言文学研究能力，能够在文化、教育、出版、传媒机构以及政府机关等企事业部门从事与汉语言文字运用相关工作，具有创新意识和创业精神的高素质应用型高级专门人才。

二、培养要求

本专业学生主要学习中国语言、中国文学、外国文学、文学理论、教育学等方面的基本理论和基本知识，接受中文写作、文学鉴赏与批评、中学语文教育及教育学研究等方面的基本训练，掌握汉语言文学相关知识的学习、教学、科研等方面的基本能力，具有较完善的知识结构、较强的创新能力。

毕业生应获得以下几方面的知识和能力：

1. 掌握文学艺术、语言学、中国文化的基础知识，具备运用文史哲知识分析解决汉语言文学学科基本问题的能力；

2. 掌握现代汉语、古代汉语、写作学的基础知识，具备运用汉语言知识处理古今语言文字材料的能力；

3. 掌握古代文学、现当代文学、外国文学及文学批评的基础知识，具备解读和分析古今文学作品的能力；

4. 掌握汉语言文学及教育学、心理学的基础知识，具有较强的口语和书面语表达能力，能够讲比较标准的普通话，使用规范的汉语言文字，具备在中等学校从事语文教学的能力；

5. 掌握文秘、新闻等与汉语言文学专业相关学科的基础知识，具备在企事业单位从事文秘管理、新闻采编、广告策划的能力；

6. 掌握计算机基础知识，具备运用计算机知识获取信息的能力；

7. 掌握外国语基础知识，具备一定的外语听说读写能力；
8. 掌握体育运动常识，具备健康的身心素质。

三、专业方向

1. 文秘方向：学习和掌握文秘事务理论和基本知识，具有较强的文秘写作和办公自动化操作能力，能胜任企事业单位和经济管理部门的文秘写作、办公室管理和公关策划、设计、组织等实务管理工作。

2. 新闻方向：学习和掌握我国有关语言、文学、新闻方面的方针政策，掌握传播学、新闻学、编辑学的基本理论，能够在各级广播电台、电视台、报社、出版社等新闻出版单位从事新闻采编、编辑出版、宣传、广告策划及管理等工作。

四、素质与能力分析表

综合素质和能力	专项素质和能力	对应课程或实践
1. 基本素质与能力	政治素质	思想道德修养与法律基础、中国近现代史纲要、马克思主义基本原理、毛概、形势政策等
	人文科学素质	社交礼仪、中国文化概论、应用文写作、现代教育技术等
	身心素质	军事训练、大学体育、心理学等
	英语应用能力	大学英语Ⅰ-Ⅳ
	计算机应用能力	大学计算机基础、Access 程序设计、Photoshop 设计与制作等
	利用现代化手段获取信息能力	信息检索技术、科研工作与方法等
	组织管理、语言表达、人际交往以及在团队中发挥作用的能力	演讲与口才、领导科学、公共关系学、社会工作导论等
2. 学科基础知识及应用能力	掌握中国历史、文化基础知识，具备运用文史哲的方法分析解决问题的能力	中国古代文学、中国现代文学、外国文学、比较文学等
	掌握文学发生发展的基本原理，具备分析语言现象的能力	文学概论、语言学概论、修辞学等

（续表）

综合素质和能力	专项素质和能力	对应课程或实践
3. 专业基础知识及应用能力	掌握古代汉语基础知识，具备阅读分析古代语言文字材料的能力	古代汉语、中国古代文学等
	具有正确的文艺观点和坚实的汉语言文学基础知识，具备解读和分析古今中外文学作品以及开展语文教学工作的能力	现代汉语、中国文学批评史、中国现代文学、语文教学论等
4. 专业核心知识及应用能力	掌握写作学基础知识，具有一定的写作能力	写作、应用文写作、文学创作实训、应用文写作实训等
	掌握文秘管理的基础知识，具备在企事业单位从事文秘管理工作的能力	秘书理论与实务、秘书资格考试培训、人力资源管理、档案管理等
	掌握新闻学、传播学基础知识，具备在新闻单位从事新闻采编、广告策划工作的能力	新闻采访与写作、编辑学原理、大众传播学、出版学原理、网络编辑等
5. 专业实践技能与动手能力	5.1 具备汉语言文学各类文体写作能力、语文教学能力、良好的沟通与协作能力	秘书理论与实务、新闻采访与写作、专业实习、文学创作实训、应用文写作实训、教育实习、公共关系学等
6. 创新创业能力	创新能力	新闻采访与写作、秘书理论与实务、创新创业论坛等
	创业能力	大学生创业教育、大学生就业指导汉语言文学专业导论等
7. 个性化发展能力	具有一定的自然科学知识与能力	物联网概论、生命科学与人类文明、从爱因斯坦到霍金的宇宙等
	具有专业延伸相关知识与能力、具有良好的人际沟通与协作能力	信息检索技术、出版法律基础、凤画艺术、中国古典文献学、古代诗人与安徽、社会工作导论等

五、学制与学分

学制：标准学制4年，修业年限3~6年。

学分：最低修读158学分，其中课内教学环节必须修满125学分，实践教学环节必须修满33学分。

六、毕业与学位授予

学生在规定的学习年限内，完成各教学环节学习，修满专业规定的最低学分，准予毕业。授予文学学士学位。

七、全学程时间安排总表

学年 / 学期 / 项目	一		二		三		四		合计
	1	2	3	4	5	6	7	8	
军训（含军事理论）	2								2
入学教育和专业导论	（2）								（2）
课堂教学	15	18	18	18	17	18	6		112
专业实习、课程实习及教育实习							12		10
毕业实习								8	8
专业创业创新实训								2	2
毕业论文（设计）								6	6
复习考试	1	1	1	1	1	1	1		7
机动	1				1			3	5
假期	6	8	6	8	6	8	6		48
全学程总周数	25	27	25	27	25	27	25	19	200

八、实践性教学环节

课程编号	实践教学项目	学分	周数	安排学期	实践方式
SJ00001	入学教育及专业导论	1	（2）	第1学期	集中
SJ00002	军训（含军事理论）	1	2	第1学期	集中
SJ00003	社会实践	1	（3）	第2、4、6学期后暑期	由校团委统一安排

（续表）

课程编号	实践教学项目	学分	周数	安排学期	实践方式
SJ18505	教育实习	6	6	第7学期	学院集中安排荆涂学校、凤阳一中、凤阳二中、城东中学等学校进行。
SJ18506	专业实习	6	6	第7学期	集中与分散相结合。学生可自找单位，也可由学院统一安排到凤阳电视台、蚌埠日报社、合肥晚报等单位。
SJ18507	毕业实习	10	10	第8学期	集中与分散结合。学生可自找单位，也可由学院统一安排到前述各单位。
SJ18509	专业创新创业实训	2	2	第8学期	集中与分散结合。
SJ18508	毕业论文（设计）	6	6	第8学期	根据《人文学院本科生毕业论文（设计）改革方案（试行）》实行。
	合计	33	32（5）		

九、课程设置及学时、学分比例表

课程类型		学时	学分	占总学时（总学分）比例	
通识教育课程平台		786	43	34.9%	34.9%
专业教育课程平台	学科基础课程	252	14	11.2%	11.2%
	专业基础课程	360	20	16.0%	16.0%
	专业核心课程	324	18	14.4%	14.4%
创新创业教育平台	创新创业基础课程	51	3.5	2.3%	2.3%
	创新创业核心实训课程	63	3.5	2.8%	2.8%

（续表）

课程类型		学时	学分	占总学时（总学分）比例	
专业方向课程模块	教育类课程	144	8	6.4%	6.4%
	文秘方向 新闻方向	162	9	7.2%	7.2%
个性化拓展课程模块	自然科学	36	2	1.6%	1.6%
	专业技能与地方文化	72	4	3.2%	3.2%
总　计		2250	125	100%	100%

十、主干学科

中国语言文学

十一、专业核心课程

1. 现代汉语（Modern Chinese Language）

学时：72（理论课学时：72，实践课学时：0）

学分：4（理论课学分4，实践课学分0）

课程简介：本课程系统讲授现代汉语的语音、文字、词汇、语法、修辞各方面的基本知识和基础理论，培养学生理解、分析、运用汉语的能力和研究汉语的初步能力，为进一步学习其他专业课程和将来从事中学语文教学工作打好基础。

教学方法和手段：本课程主要采用讲授法、案例分析法和课堂习题训练法展开教学，突出学生主体地位，侧重锻炼学生运用汉语言文字、词汇和语法知识分析和解决问题的能力。

教学评价方式：30%平时成绩+70%卷面成绩。

教材选用：黄伯荣等《现代汉语（上下）》，高等教育出版社。

2. 中国古代文学（Ⅰ-Ⅱ）（Chinese Ancient Literature）

学时：144（理论课学时：144，实践课学时：0）

学分：8（理论课学分8，实践课学分0）

课程简介：本课程主要讲授中国古代文学知识，让学生掌握中国古代文学发展演进状况及其规律。主要介绍历代文学的基本特征、重要作家和文学流派的艺术成就及文学发展演变概况。培养学生对中国古代文学作品的解读与鉴赏能力。

选讲历代文学的重要作品，分析其思想内容，重点赏析其艺术美，并通过重点作品反映作家、流派及时代艺术特征。

教学方法和手段：本课程主要采用讲授法介绍文学史知识，结合任务驱动法和课堂讨论法鉴赏和分析文学作品，突出学生主体地位，侧重引导学生的文学审美品位，领会中国文学的文化内涵。

教学评价方式：20%平时成绩+80%卷面成绩。

教材选用：教材　袁行霈《中国文学史（1-4卷）》，高等教育出版社。

参考用书：朱东润《中国历代文学作品选（上、中、下）》，上海古籍出版社。

3. 文学概论（An Introduction to Literature）

学时：36（理论课学时：36，实践课学时：0）

学分：2（理论课学分2，实践课学分0）

课程简介：本课程主要讲授文学的基本原理，包括文学活动论、文学创作论、文学作品论、文学消费与接受论等。旨在使学生通过学习对文学原理有较完整深入的理解、对文艺理论体系有全面了解，并运用它们对纷繁复杂的各种文学现象进行总结和升华，为从事中学教学工作，为文学史、文学鉴赏与批评及文学创作提高与研究提供坚实的理论基础。

教学方法和手段：本课程采用讲授法、课堂讨论法、案例教学法等展开教学，培养学生学习的主动性、积极性，突出学生的主体地位，侧重培养学生对文学原理的理解和鉴赏能力。

教学评价方式：20%平时考核成绩+20%课堂表现+60%期末考核成绩。

教材选用：教材　童庆炳等《文学理论教程（修订二版）》，高等教育出版社。

参考用书：勒内·韦勒等《文学理论（修订版）》，江苏教育出版社。

4. 写作（Composition）

学时：36（理论课学时：36；理论课学时：0）

学分：2（理论课学分：2；实践课学分：0）

课程简介：本课程主要讲授文学写作的基础理论和常见文体的写作技法，通过教学，使学生系统掌握写作理论，培养学生阅读和分析文章的能力。

教学方法和手段：本课程采用讲堂讲授、实例分析和课堂训练法，以学生为主体，着重培养学生各类文体的运用能力。

考核方式：30%平时成绩+70%卷面成绩。

教材选用：王锡渭《新编大学写作教程》，北京大学出版社。

5. 文学创作实训（Practice of Literary Creation）

学时：36（理论课学时：0；实践课学时：36）

学分：2（理论课学分：0；实践课学分：2）

课程简介：本课程主要训练文学写作技能，通过教学，使学生具备主要文体的写作能力；能熟练地写出观点正确、内容充实、结构严谨、语言流畅、文风端正的作品；具有指导和评改中学作文的能力。

教学方法和手段：本课程采用练习法、体验学习教学法和课堂讨论法，突出学生的主体地位，侧重锻炼学生各文体写作能力。

考核方式：本课程采用多元化考核方式。具体分配为：诗歌、散文、戏剧、小说四类文体各占总成绩的25%。其中每类文体习作2次，总成绩取平均值。

教材选用：琚静斋《文学写作教程》，北京大学出版社2013年9月。

十二、教学进程表

课程类别		课程编号	课程名称	学分	总学时	学时分配		各学期学时分配								考核方式
						理论	实践	1	2	3	4	5	6	7	8	
通识教育课程平台		TS26101	思想道德修养与法律基础	3	48	38	10	48								试
		TS26102	中国近现代史纲要	2	32	24	8		32							试
		TS26103	马克思主义原理概论	3	48	38	10				48					试
		TS26104	毛泽东思想和中国特色社会主义理论体系概论Ⅰ	2	32	32					32					试
		TS26105	毛泽东思想和中国特色社会主义理论体系概论Ⅱ	4	64	44	20					64				试
		TTS15001-4	大学英语（Ⅰ-Ⅳ）	15	270	230	40	60	70	70	70					试
		STS19001-4	大学体育（Ⅰ-Ⅳ）	4	126	126		30	32	32	32					试
		TTS28001	大学计算机基础	3	48	16	32		48							试
		TS28004	Access 程序设计	4	72	42	30			72						试
		TS18111	大学生心理健康教育	1	14	14		14								查
		TTS26106-7	形势与政策	2	32	12	20	16	16							试
专业教育课程平台	学科基础课	JC18515	应用文写作	1	18	18					18					查
		JC18516	应用文写作实训	2	36		36				36					查
		JC18503	中国文化概论	2	36	36		36								试
		JC18508	美学概论	2	36	36			36							试
		JC18510	演讲与口才	1	18	18					18					查
		JC18511	演讲与口才实训	2	36		36				36					查
		JC18512	社交礼仪	2	36	18	18					36				试
		JC18513	办公自动化	2	36	18	18						36			试

（续表）

课程类别		课程编号	课程名称	学分	总学时	学时分配		各学期学时分配								考核方式
						理论	实践	1	2	3	4	5	6	7	8	
	专业基础课程	ZJ18514	古代汉语	3	54	54				54						试
		ZJ18503	中国文学批评史	3	54	54						54				试
		ZJ18517-8	中国现代文学（Ⅰ-Ⅱ）	5	90	90						54	36			试
		ZJ18513	外国文学	3	54	54						54				试
		ZJ18510	比较文学	2	36	36							36			试
		ZJ18515	语言学概论	2	36	36			36							试
		ZJ18516	西方文艺理论	2	36	36							36			试
	专业核心课程	ZH18501-2	现代汉语	4	72	72		36	36							试
		ZH18511-4	中国古代文学（Ⅰ-Ⅳ）	8	144	144		36	36	36	36					试
		ZH18515	文学概论	2	36	36				36						试
		ZH18516	写作	2	36	36				36						试
		ZH18517	文学创作实训	2	36		36				36					查
创新创业教育课程平台	基础课程		大学生创业教育	1	18	18				18						查
		T	大学生就业指导	2	24	24			12				12			查
		CJ18501	汉语言文学专业导论	0.5	9	9		9								查
	核心实训课程	CH18503	创新创业论坛	0.5	9	9		9								查
		CH18501	策划理论与实务	1.5	27	27						27				查
		CH18502	文化创意产业	1.5	27	27					27					查
			创新创业成果学分认定	创新创业成果学分的认定见有关文件												

（续表）

课程类别		课程编号	课程名称	学分	总学时	学时分配		各学期学时分配								考核方式
						理论	实践	1	2	3	4	5	6	7	8	
专业方向课程模块	教育类	ZF18312	教育学	2	36	36							36			试
		ZF18512	心理学	2	36	18	18			36						试
		ZF18513	现代教育技术	2	36	18	18							36		查
		ZF18510	语文教学论	2	36	18	18							36		试
	文秘方向	ZF18511	秘书理论与实务＊	3	54	36	18						54			试
		ZF18502	公共关系学	2	36	36							36			试
		ZF18508	档案管理	2	36	36							36			试
		ZF18512	领导科学	2	36	36							36			试
		ZF18513	人力资源管理	2	36	36						36				试
	新闻方向	ZF18514	新闻采访与写作＊	3	54	36	18						54			试
		ZF18504	大众传播学	2	36	36							36			试
		ZF18509	出版学基础	2	36	36						36				试
		ZF18520	编辑学原理	2	36	36							36			试
		ZF18522	网络编辑	3	36	36							36			试
个性化拓展课程模块	自然科学	GT14501	物联网概论	1	18	18					18					查
		GT14201	Photoshop 设计与制作	1	18	18		18								查
		GT13424W	生命科学与人类文明	1	18	18						18				查
		GT17009W	从爱因斯坦到霍金的宇宙	1	18	18				18						查
		GT13677	插花与盆景	1	18	18								18		查

（续表）

课程类别	课程编号	课程名称	学分	总学时	学时分配		各学期学时分配								考核方式
					理论	实践	1	2	3	4	5	6	7	8	
专业技能与地方文化	CX18801	信息检索技术	1	18	18							18			查
	GT18706	出版法律基础	1	18	18						18				查
	CX18802	科研工作与方法	1	18	18								18		查
	CX18803	社会工作导论	1	18	18						18				查
	CX18501	秘书资格考试培训	1	18	18								18		查
	CX18505	文化产业概论	1	18	18							18			查
	GT18316	风画艺术	1	18	18			18							查
	GT18611	古代诗人与安徽	1	18	18					18					查
	GT18613	修辞学	1	18	18						18				查
	GT18504	中国古典文献学	1	18	18								18		查
学生最低修读的学分/学时			125	2250	1846	404	294	372	390	407	343	336	108	0	
课堂教学周数							15	18	18	18	17	17	6		
周学时数							19.6	20.7	21.7	22.6	20.2	19.8	18.0	0	

说明：1. 军事理论教育、专业导论在第一学期以讲座形式进行；

2. 专业方向模块共设3个模块。其中，教育类课程为必选课。文秘和新闻方向二选一，学生最低修满162学时、9个学分的课程，其中带＊为限选课；

3. 创新创业教育平台，学生获得“创新创业成果”学分可抵免修读创新创业核心实训课程学分；

4. 个性化拓展模块学生至少修满6个学分，其中自然科学至少修满2个学分，且至少选修一门网络课程。